# 乘语言之舟，品世界文化之美

主　编◎孙大为

副主编◎王英莉　李　恩

参　编◎崔　巍　李　婷　高立伟
郑小雪　李惠子　吴　敏
刘　欣　蔡丽坤

西南交通大学出版社
·成　都·

图书在版编目（CIP）数据

乘语言之舟，品世界文化之美 / 孙大为主编. 一成都：西南交通大学出版社，2022.9
ISBN 978-7-5643-8928-4

Ⅰ. ①乘… Ⅱ. ①孙… Ⅲ. ①文化语言学 - 研究 - 世界 Ⅳ. ①H0-05

中国版本图书馆 CIP 数据核字（2022）第 173729 号

Cheng Yuyan zhi Zhou，Pin Shijie Wenhua zhi Mei
**乘语言之舟，品世界文化之美**

**主编** 孙大为

责任编辑 吴启威
特邀编辑 袁巧璐 余景钰 俞武杰
封面设计 原谋书装

出版发行 西南交通大学出版社
（四川省成都市金牛区二环路北一段 111 号
西南交通大学创新大厦 21 楼）
邮政编码 610031
发行部电话 028-87600564 028-87600533
网址 http://www.xnjdcbs.com
印刷 成都勤德印务有限公司

成品尺寸 185 mm × 260 mm
印张 15.5
字数 339 千
版次 2022 年 11 月第 1 版
印次 2022 年 11 月第 1 次
书号 ISBN 978-7-5643-8928-4
定价 46.00 元

# … 前 言

教育部在2019年4月《教育部关于切实加强新时代高等学校美育工作的意见》中提出了新时代高校美育教育的总体方针 “落实立德树人根本任务，引领学生树立正确的审美观念、陶冶高尚的道德情操、塑造美好心灵，切实改变高校美育的薄弱现状，遵循美育特点，弘扬中华美育精神，以美育人、以美化人、以美培元，培养德智体美劳全面发展的社会主义建设者和接班人” 。这是党和国家直接针对美育工作做出指示的重要文件，是对高校美育教育目的、作用的指南，更是对高校美育教育改革与发展的总体要求。

美育教育是实现立德树人、大学生成才教育的必要组成部分。习近平总书记在全国教育大会上强调“培养德智体美劳全面发展的社会主义建设者和接班人”，提出“德智体美劳”的总体要求。为践行总书记指示，在华北理工大学教学与教材建设委员会五育建设专门委员会的规划、指导下，华北理工大学外国语学院以培养“立德树人、学贯中西”的新时代外语人才为己任，立足教学实际、着眼培养目标、结合国际形势，组织相关专业教师，编成美育教育类教材《乘语言之舟，品世界文化之美》，旨在帮助外语专业学生树立马克思主义世界观、人生观，了解世界文化的多样性，弘扬祖国文化，增强爱国感情，激发学习热情。

本教材共分10单元，主要包含中国、英国、美国等十一国的政治、经济、语言、文化知识，每单元附练习题和小项目，使学生在课后巩固所学知识、自发收集资料、参与小组讨论、培养自学能力。

本书为美育类教材，可供高校外语类一、二年级本科生作为美育类课程教材使用，可供跨文化交际方向的本科生、研究生作为基础语料使用，同时也可供对世界和中国文化感兴趣的自学者使用。

本教材由华北理工大学外国语学院孙大为、王英莉、李恩、高立伟、李惠子、郑小雪、蔡丽坤、崔巍、李婷、刘欣、吴敏共11位教师共同编写完成。编写该教材的11位教师都具有相关专业背景和本书所提到的国家的海外留学、研修经历，使得教材的编写更具权威性。经过群策群力、悉心编写，在11位编写者的共同努力下，赋予了本教材历史性的观察、多元视角的解读及务实性的知识覆盖。

本教材在编写过程中得到了华北理工大学和西南交通大学出版社的大力支持，在此表示衷心感谢。本教材在编写时参考了诸多专家、学者的专著、论文，在此表示衷心感谢。全书由孙大为、王英莉、李恩统稿，由孙大为审定全稿。因编写时间仓促、编者能力有限，书中错谬之处在所难免，恳请广大读者指正，以便日后再版时改进。

孙大为

2022年11月

# 目 录

# 第一单元 中国语言文化之美

## 学习目标

（1）知识目标：了解汉英语言的发展及特点；掌握汉英思维对比、汉英词汇对比。

（2）能力目标：建立中国文化的宏观视野和比较研究的思维方法，形成批判性意识，通过对不同文化现象的分析，培养探索发现文化精神内核的能力，提高对中华民族文化的鉴赏能力。

（3）美育目标：科学地、有鉴别地、有比较地学习和借鉴西方文化，在继承中国优秀传统文化的基础上，能够古今参照，中西比较，针对当前社会的文化现象进行客观清醒的思考与认知，也为翻译技能的提高打下坚实的基础。

（4）思政目标：感受中国文化的博大精深，树立文化自信，讲好中国故事，推动中国文化走出去。

## 一、单元导入

汉语作为母语，我们自幼使用；英语作为主要接触的外语，我们亦是相对熟悉。但你是否关注过这两种语言的联系与差别？发现过蕴于其中的文化之美吗？双语之间的翻译又能从中得到什么启示呢？接下来先看一个例子。

**采 ⟺ pick**

汉语中常见的“采”字，其甲骨文字形的上部是一只手（爪），下部是一棵树，树上的小圆圈表示果子，所描摹的正是“一只手采摘树上果实”的形象，充分表现出该字的意义（见图 1-1）。

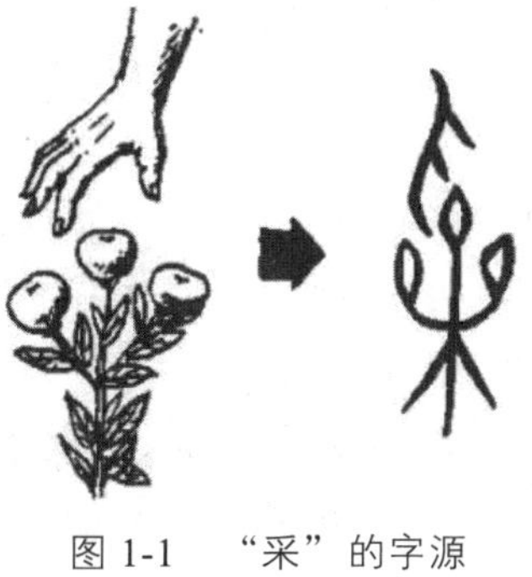

图 1-1 “采”的字源

英语中与其对应的单词“pick”通过音节的拼读，便能说能写，在英语使用者头脑中建立起“采、摘”的意义。

**[pIk]**

由上不难看出，汉英双语都有其各自特点，并为人所用。本单元我们从汉英语言的发展及特点、汉英思维对比、汉英词汇对比的方面，领略中国语言文字之美，兼与英语做简要对比，通过对不同文化现象的分析，探索发现文化精神内核，提高对中华民族文化的鉴赏能力，从而能够更加科学地、有鉴别地、有比较地学习和借鉴西方文化，在继承中国优秀传统文化的基础上，能够古今参照，中西比较，针对当前社会的文化现象进行客观清醒的思考与认知，也为翻译技能的提高打下坚实的基础。

## 二、世界多彩语言之美

中华民族的主体民族是汉族，其使用的语言是汉语。因中国幅员辽阔，人口众多，中国各地的汉族还使用不同的汉语方言进行交流。

中国历代官方语言主要是汉语。由于长期受到汉语的影响，中国的少数民族现在大部分都能使用汉语进行交流。除个别民族以外，绝大多数民族都有自己的民族语言，也享有平等的语言权利并尊重彼此的文化遗产。而且由于长期的交流合作对于语言的影响很大，有的民族同其他民族一起使用同一种语言。

中国各民族语言从语系分类上来说，分别属于汉藏语系、阿尔泰语系、印欧语系、南亚语系以及南岛语系。另外朝鲜语的归属尚存在争议。有十个民族从来没有自己的文字，在中国政府的支持和帮助下，发明了新的语音字母。



在此，我们需简要了解“语系”这一概念。其是指有共同来源的一些语言的总称。是根据语言的演化关系，对语言进行分类的方法，具有相同祖先的语言被归为一类，类似生物分类法。分类的依据为各语言语音、词汇、语法之间的对应特征和演变规律。同一语系又可以根据关系疏密分成一些语族。语族的下一级分类单元称为语支。语支的下一级为具体的语言，称为语种。

汉语属汉藏语系，为世界使用人数最多的语言，目前全球约有五分之一的人口将汉语作为母语。汉语有多种分支，当中现代标准汉语最为流行，为中国的国家通用语言（又称为普通话）。此外，汉语还是联合国官方语言。

中国国内语言学家根据汉语分支的不同特点，一般把汉语划分为传统的七大方言，将官话、吴语、赣语、闽语、粤语、湘语、客家话等列为汉语主要方言。

习惯上所称的“汉语方言”相互之间或与标准汉语之间无法互通，语言距离往往比欧洲同一语系之下的各种语言之间还要远。例如一个只会葡萄牙语的人和另一个只会西班牙语的人大致尚可沟通，但若一个仅懂赣语的人和一个仅懂粤语的人互相对话，几乎是无法听懂对方在讲什么。在地理上的方言分别也是同样状况，操官话或许相隔几百千米的人还可以相互口头交流；然而在中国南方的许多地区，尤其是山区等地理区隔明显的地方，相互口语交流却非常困难，相同语言在某些地区语音和词汇的变化也是很大的。

汉语的七大方言概况如下：

（1）官话，或称官话方言、北方话等，指华北、东北及西北地区、湖北大部、四川、重庆、云南、贵州、湖南西北部、江西沿江地区、安徽大部、江苏大部所使用的方言。官话大致分为华北官话、西北官话、西南官话、江淮官话。华北官话分布在北方东部，以北京话为代表；西北官话分布在北方西部，以西安话为代表；西南官话分布在南方西部，以成都话为代表；江淮官话分布在南方东部，以扬州话为代表。

（2）吴语，或称吴方言，主要通行于中国江苏南部、安徽南部、上海、浙江大部分地区、江西东北部、福建西北角和香港特别行政区，以及日本九州岛、美国旧金山等地说吴语的部分移民中间。典型的吴语以苏州话为代表。

（3）赣语，或称赣方言，以南昌话为代表，主要通行于江西、湖南东部、湖北东南部、安徽西南部和福建西部等地区，是上述地区事实上的公用语。

（4）闽语，以闽东语、闽北语和闽南语为代表。闽东语（或称闽东方言，北片以福安音为代表，南片以福州音为代表）在福建东部的宁德、福州、马祖，东南亚多国以及美国唐人街中使用，分布范围甚广。闽北语（分为东南片和西北片，东南片以建瓯话为代表，西北片以建阳话为代表）通行于福建北部地区。闽南语（或称闽南方言，以泉州府音为正宗）在台湾和福建南部的泉州、厦门、漳州，海南，广东东部以及东南亚华人中使用，分布范围较广。广义的闽南语是河洛语，存在于江苏宜兴、温州苍南、闽南、潮汕、雷州、海南、广西等地。

（5）粤语，以广州话为标准，在广东、香港、澳门、广西东部和海外华人中使用，中国的一些少数民族如京族、部分壮族也使用粤语。在海外华人特别是美洲、澳大利亚华人社区中，已经成为使用人数最多的汉语方言。

（6）湘语，或称湘方言，使用者主要分布在湖南大部分地区，即湘江及其支系流域。湘语内部又可分为老湘和新湘两类，以长沙话（新）及双峰话（老）为代表。

（7）客家话，或称客家方言、客家语、客语，在中国南方和东南亚的客家人和多数的畲族中广泛使用，包括广东东部、北部，福建西部，江西南部，台湾西北部和广西东南部，以广东梅县话为代表。虽然是一种南方方言，但客家话是在北方移民南下影响中形成的。虽然客家话与普通话有很多共同之处，但它们的语音并不能相互理解，客家话的特点是上声、去声不分阴阳，但平声、入声分阴阳，保留了一些中古中原话的特点。

汉语拥有极长且连续的历史记录。古代的汉语有三个明显的发展阶段：以先秦时代为核心的上古汉语，其语音体系一般称上古音，以诗经和形声字的古韵推测，文字为甲骨文、金文和篆书；以唐代和宋代为核心的中古汉语，其语音体系一般称中古音，为等韵和韵图所记录，文字为楷书；以明末清初为核心的近代汉语。亦有人分成先秦、两汉六朝、唐宋、元明清四个阶段。

古代汉语在不同阶段最明显的差别是语音，而上古汉语还有文字也与后世不同。狭义的古代汉语的面貌大体上和中古汉语一致，因为这是古代汉语发展最繁荣、影响力最大、产生最多代表性作品的时期。

先秦时期的汉语一般称为上古汉语，音系以诗经和形声字的古韵推测，文字为甲骨文、金文和篆书，文体为古文。相传黄帝时中原有“万国”，夏朝时还有三千国，周初分封八百诸侯，而“五方之民，言语不通”(《礼记·王制》)。上古汉语存在于周朝前期和中期（公元前11世纪—公元前7世纪），文字记录有青铜器上的刻铭、《诗经》、历史书《书经》以及部分《易经》。春秋初期，见于记载的诸侯国还有170多个。至战国时期，形成“七雄”，“诸侯力政，不统于王，……言语异声，文字异形。”(《说文解字·叙》)先秦诸子百家在著作中使用被称为“雅言”的共同语。“子所雅言，《诗》《书》、执礼，皆雅言也。”(《论语·述而》)秦统一天下之后，实行“车同轨，书同文，行同伦”，规范了文字，以小篆作为正式官方文字。重构上古汉语发音的工作开始于清朝的语言学家。西方的古汉语先锋是瑞典的语言学家高本汉，他主要研究汉字的形式和诗经的韵律。

唐宋时期的汉语一般称为中古汉语，其语音体系一般称中古音，为等韵和韵图所记录，文字为楷书。大致可以分为《切韵》(601年）涉及的早期以及《广韵》(10世纪）所反映的晚期。高本汉将这个阶段称为“古代汉语”。正如印欧语系诸古语言可以由现代印欧语言重构一样，中古汉语也可以透过现代汉语的变体重建。语言学家已能较自信地重构中古汉语的语音系统。这种证据来自几个方面：多样的现代方言、韵书以及对外语的翻译。

中国北方经历辽金元等游牧民族改朝换代，饱经战乱，北方汉语大变。到明清时，北方汉语已经和很多南方汉语变体平行发展。客家话、赣语可能是中古汉语的北朝汉语后裔；而吴语、湘语、粤语可能是南朝汉语的后裔。《水浒传》《西游记》等书所用语言即为近代官话。《二十年目睹之怪现状》等清代小说中的文字更与今日之官话白话文没有多少区别，足以反映清朝官话与今日的官话没有实质差异。



汉语所有变体基本均为声调语言，其声调在漫长的历史时期中不断地分化组合。在学术界，通常以“平上去入”四声作为基本声调分类。在魏晋南北朝期间，汉语四声稳定为“平上去入”四声。作为汉语的标准四声规范，一直沿用到宋元时期。入声通常以-p、-t、-k为辅音结尾。但在宋代，三种辅音结尾界限开始模糊，出现了混合入声。随后在元代，近代官话逐渐形成，入声在华北等地的官话中消亡，原本念入声的字，分到了别的音里面，例如：雪、白等，有时造成诗歌里平仄分辨错误的状况。到了明清，入声消亡的情形在北方地区进一步加剧，并且“平声”逐渐出现了清浊之分，是为“阴平”和“阳平”。到了现代，以北方语为基础的中国大陆地区的“普通话”，中国台湾地区的汉语，马来西亚和新加坡的“标准华语”，均没有入声。但是，其声调为“阴平、阳平、上声、去声”，仍然有四声，只是此“四声”并非中古汉语“平上去入”四声。

汉语各分支可从其声调的类别和入声的存在和消亡程度粗略地推断出其保留了何时期的古汉语音韵结构。闽南语不仅有-p、-t、-k，也有模糊入声，证明闽南语历史上受到不同时期汉语音韵的多次重叠覆盖，可认为是较多地保留了上古及中古汉语音韵。粤语中有-p、-t、-k，部分粤语方言甚至保留了混合入声及全浊音，例如勾漏方言，还非常完整地保留有极少见的“长入”和“短入”之分，并保留了中古汉语音韵。客家话与赣语有-p、-t、-k，有入声韵尾，并保留中古汉语音韵。吴语和湘语都只有混合入声。官话绝大多数次级方言都没有入声，学术界基本认定官话形成于宋元之后的明代初年。

以汉语为代表的中国语言随着时代不断演进嬗变，成为灿烂华夏文明中的瑰宝。至今仍为传播中国声音、讲好中国故事、传承和弘扬中华优秀文化发挥着重要作用。

## 练习题一

1. 填空题

（1）中华民族使用的语言主要是____________。

（2）汉语属______语系，为世界使用人数最多的语言，目前全球约有_______的人口将汉语作为母语。汉语有多种分支，当中________最为流行，为中国的国家通用语言（又称为普通话）。

（3）中国国内语言学家根据汉语分支的不同特点，一般把汉语划分为传统的七大方言，将________、_________、_________、_________、_________、________、_______等列为汉语主要方言。

（4）先秦时期的汉语一般称为_______汉语，_____时期的汉语一般称为中古汉语。

（5）汉语所有变体基本均为声调语言，其声调在漫长的历史时期中不断地分化组合。在学术界，通常以_______四声作为基本声调分类。

2. 选择题

（1）中国历代官方语言主要是________。

A. 藏语　　B. 汉语　　C. 蒙古语　　D. 满语

（2）_______是指有共同来源的一些语言的总称。是根据语言的演化关系，对语言进行分类的方法，具有相同祖先的语言被归为一类，类似生物分类法。分类的依据为各语言语音、词汇、语法之间的对应特征和演变规律。

A. 语系　　B. 语族　　C. 语支　　D. 语种

（3）下列哪一汉语方言使用人数最多。

A. 湘语　　B. 闽语　　C. 官话　　D. 吴语

（4）华北官话分布在北方东部，以________为代表。

A. 西安话　　B. 成都话　　C. 扬州话　　D. 北京话

（5）在________代，近代官话逐渐形成，入声在华北等地的官话中消亡，原本念入声的字，分到了别的音里面。

A. 唐　　B. 宋　　C. 元　　D. 明

3. 思考题

（1）汉语的发展有何特点？

（2）中国语言在中国文化传承发展的过程中发挥了什么重要作用？

## 三、世界多样社会剪影

古代华夏族发源于黄河流域，以为居天下之中，故称其地为中国。后各朝疆土渐广，凡所辖境皆称为中国，亦称中华。

中国文明是世界上最早的文明之一。距今 5 800 年左右，黄河、长江中下游以及西辽河等区域出现了文明起源迹象；距今 5 300 年左右，中华大地各地区陆续进入了文明阶段；距今 3 800 年左右，中原地区形成了更为成熟的文明形态，并向四方辐射文化影响力；后历经多次民族交融和朝代更迭，直至形成多民族国家的大一统局面（见图 1-2）。20 世纪初辛亥革命后，中国废除了封建帝制，创立了资产阶级民主共和国。1949 年中华人民共和国成立后，建立了人民民主专政的社会主义制度。

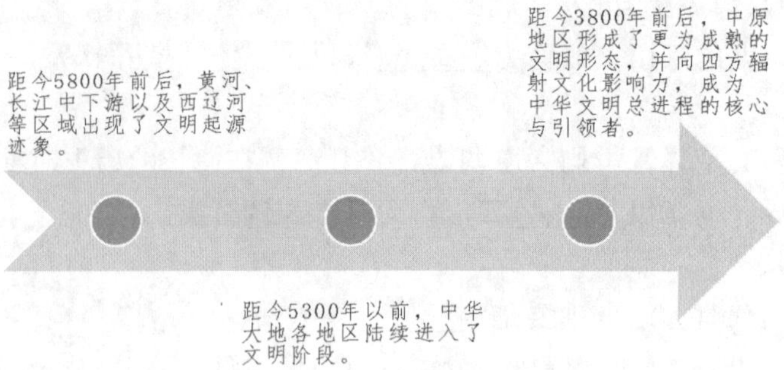


图 1-2　中华文明探源

“中国”最早见于公元前 11 世纪商周之际，此前何时出现则不得而知。《尚书·梓材》中载有“皇天既付中国民越厥疆土于先王；肆王惟德用，和怿先后迷民，用怿先王受命”（公元前 1042 年，周公旦语卫康叔），这个“中国”指的是“居天下之中”的邦国（“国”作“国家”解）；商、周的华夏人认为，在天子居住的都城以外，依次有侯、甸、采、卫等卫戍，再之外则为蛮、夷、戎、狄，“居天地之偏”，称为四夷。最早的实物资料是何尊上的铭文（公元前 1038 年，周成王语何），原文为“隹珷王既克大邑商，鼏廷告于天，曰：余甘宅丝中或，自之辥民”，释读为“唯武王既克大邑商，则廷告于天，曰：余其宅兹中国，自兹乂民”。这个“中或（中国）”指的是以洛阳盆地为中心的中原地区（此处“国”作“地域”解）。春秋战国时期，中国主要指诸夏列邦之全体。

汉代延续了先秦时期的天下观念，并且出现了中外之分、敌我区隔这样与现代相似的用法。魏、晋、宋、齐、梁、陈皆称呼自己为中国，而以吴、蜀、北朝为贼、虏、伪等。北朝亦自称中国。隋、唐自称“中国”。五代十国时期，仅有中原政权自称“中国”，南方的吴、南唐、吴越、楚、闽、南汉、前蜀、后蜀、荆南等没有自称“中国”。宋代则视五代十国是分裂的“中国”。在辽宋和金宋的南北对峙时期，“中国”一词的政治意义再次凸显：辽与北宋、金与南宋都自称“中国”，都不承认对方为“中国”。有论者认为古代“中国”并非一专有名词；然而清代前已陆续有各朝代于其国家律法、对外条约和外交事务中，以“中国”一词行文或发言自称。

对外官方交往中，已知最早使用“中国”的是汉，比如汉使陆贾对南越王赵佗说：“中国之人以亿计，地方万里，居天下之膏腴，人众车轝，万物殷富，政由一家，自天地剖泮未始有也。”唐太宗赐薛延陀国书有：“中国礼义，未始灭人国，以颉利暴残，伐而取之，非贪其地与人也。”元世祖赐高丽国书有：“中国之姓虽更，外邦之贵不阙。”给日本国书有：“日本密迩高丽，开国以来，时通中国，至于朕躬，而无一乘之使以通和好。”明太祖赐日本国书有：“朕本中国之旧家，耻前王辱，兴师振旅，扫荡胡番。”万历皇帝给丰臣秀吉的诏书称：“咨尔丰臣平秀吉，崛起海邦，知尊中国。”后金、清在萨尔浒之战后即以中国自称。1689 年，清与俄国签订的《尼布楚条约》中，正式将“中国”作为现代国家概念的名称使用。1912 年中华民国成立后，通称“中国”，从此“中国”成为国际法现代主权国家正式名称。中华人民共和国成立后，也通称“中国”。

“中国”的同（近）义词有“华”“夏”“中华”“神州”“中土”等。梵文对中国的称呼为 Cina，希伯来文为 Sininm，拉丁文为 Thin，希腊文为 Sinae、Tzinitza，阿拉伯文为 Cyn、Sin、Thin，汉译真丹、震旦、脂那等。南宋以后，意大利语为 Kathay、法语为 Cathay，即契丹，明以后为 Cina、Chine，唯有俄语仍称契丹。英文对中国的称呼为 China，若字面直译，则为 Middle Kingdom 或 Central Kingdom。

古代中国在春秋战国时期，出现过百家争鸣、思想文化飞跃发展的局面，涌现出老子、孔子、庄子、孟子、荀子、墨子、韩非子等众多思想家。古代中国文化自西汉尤其是宋以后，以道家文化、儒家文化等为主体，并含有阴阳、五行等观念。中国文化自成一体，有较大的独立性和稳定性。但在发展的过程中也不断吸收和借鉴其他文化的精华，比如历史上源自古印度的佛教文化就深深地影响了中国。

春秋战国之时，思想进步，人文理性精神焕发，上古嬗变而来之宗教观念革新。季梁曰：“民，神之主也，是以圣人先成民而后致力于神。”神为人创，民为神主，则前古神秘观念渐消。上古“上帝”之概念渐由自然之“天”取代，天为道德民意之化身，这构成儒家信仰的一个基础。儒家以孔子为至圣先师，以昊天上帝为至上神，上帝给人类指派君和师，让他们来教化、治理上帝的子民。“天降下民，作之君，作之师，惟曰其助上帝，宠之四方。”传统的儒家典籍有三类，孔子所定谓之经，弟子所释谓之传，或谓之记。汉武帝“独尊儒术”把儒家立为国教，并设立五经博士，五经成为国家法典，开启春秋决狱的时代。熹平四年（175），汉灵帝乃诏诸儒正定五经，共刻《周易》《论语》《尚书》《春秋》《公羊传》《鲁诗》《仪礼》七经于石碑，为古文、篆、隶三体书法以相参检，树之学门，使天下咸取则焉。隋唐时代，儒家思想法典化，中华法系形成并覆盖汉文化圈。中国在儒家礼教思想的影响下，以四书五经为基础形成冠婚丧祭的习俗，以及衣冠制度等。五四运动后，一部分中国人接受了马克思唯物主义辩证法，并对各种宗教信仰以唯心主义的理由加以否定，成为无神论者。

中华文化虽然孕育了诸子百家（道家、儒家、法家、墨家、杂家、纵横家、阴阳家、小说家、名家、农家等），但主要哲学流派为儒、道、释，且三派间相互影响深远。有人认为中国文化以儒道释三家之说为总本，而又以道家为中心，儒家为主干，佛学为相互配合。中国人的宇宙观方面以《周易》与老庄学说为代表，伦理社会观是以《礼记》、孔孟之说为代表，佛家则以宣扬因果轮回、众缘唯心的道理与儒道互相辅助而成。

儒家思想是以“孔孟之道”为源头，在中国文化发展史上源远流长，对中国人的普遍伦理道德，对中国文化的价值和价值优先观念都有着深刻的影响，已经成为中华民族的一种集体潜意识。儒家的价值观影响古代中国，大多数公开场合以儒家的价值观作为优先的标准。因此可以说儒家的价值取向在总体上代表了中国传统文化的基本价值优先观。儒家注重自身修养并讲求伦理道德，其中心思想乃“仁义”，也就是人与人之间应注重和谐的关系。人际关系以五伦为规范。儒家政治思想是“仁政”“王道”以及“礼制”，其理想是“大同”“大一统”，其政治学主要阐述君臣关系、官民关系。孔子“君事臣以礼，臣事君以忠”，孟子“民为贵，社稷次之，君为轻”，荀子“从道不从君，从义不从父，人之大行也”，是儒家政治学的代表性主张。在现实政治的问题上，儒家要求统治者和被统治者双方都要承担义务，从理论上说，被统治者有权利反抗不正常承担义务的统治者。儒家的理想，是成为专才和通才的结合。大同社会是儒家思想大道之行的描述，也就是说，儒家思想的经济学，是为了人类理想社会而服务。儒家重义轻利，以义为本，以义导利。反对操纵市场，但认可“待价而沽”。儒家重理，又提出格物致知。儒家重视科技及在物质上的实用，但同时注重全面的人格发展，反对把人变成物质的工具。儒家形而上学在以后的理学、心学中进行了展开。儒家有相当重视编修历史的悠久传统。



道家思想是中国重要也是具有影响力的哲学思想之一。道家，是道德家的简称。道家起源有一说是出于史官。道家还有隐士一类的达观厌世者，他们驱使人们以“达观”来解决人生问题。道家的理论奠定于《老子》（又名《道德经》），其与《庄子》为主要思想典籍。道家崇尚自然相处之道，认为人类社会中的难题之所以无法解决，皆是因为干预行为过多，故提倡行为上要无所作为，如此方能达到无为养息。道家也向往着返璞归真的朴实社会，认为人类回归原来朴素、无知、无虑的境界，人类的纷争和烦恼即可真正地解脱。老子在总体上倾向治国方面，在人生观上，老子主张“清虚自守，卑弱自持”，政治上提出“无为而治”，以无为而无不为。道家由人生观和社会观扩展至宇宙论，提出“道”“气”“自然”等哲学概念。道既是生物之源，亦是生成万物之根本，亦是天地万物之本性，亦是人安身立命之根据，亦为治国安邦之根本方略。道家强调“游心”，并推崇自由；道家强调“虚心”，并推崇自然。主张要联系性、心、情三者又有所区别。性是指人之先天之本性，突出者为人之先天性之因素；心是指人之内在精神，突出者为人之为人之主体性因素；情是指人之主观情感，突出者为我之为我之情绪感受。有性、有心、有情，故而之为人。道家所追求的人生，即是自然、自在而自由的人生。道家对人之命运，持一种自然的无可奈何的态度。对于生死，持一种纯自然的态度。与（今之所谓）道教（传统中国并不区分“道家”与“道教”）之追求长生不老有所不同，老子首倡致虚守静，庄子则将致虚守静具体化为“心斋”与“坐忘”，并进而将致虚守静提升为本体论的高度，而标举“齐物”。韩非子提倡的“学本黄老”，将“理”与“道”联结在一起，认为“道”是万物运行的法则。吸取儒家仁义思想与法家治理之数，产生道法共冶一炉，成为汉朝早期的黄老之治。道家思想的核心是“道”，认为“道”是宇宙的本源，也是统治宇宙中一切运动的法则。正是因为道家的社会哲学不以自己发展规格为主，而强调应对的智慧，因此利于人们休养生息的需求，故而让汉初的黄老之治有了实验的理论基础。同时也安定中国士大夫失意于儒家本位的官场文化仍有发挥的舞台。道家则自老庄玄虚之说，后来成为两晋大夫竞尚清谈。南朝宋文帝下旨令何彦德创立“玄学”，另外变化为方士神仙之术，自汉朝张道陵以符水禁咒之法成为“道教”之始。

法家是中国历史上研究国家治理方式的学派，春秋战国时期从未有一个组织或学派叫“法家”，只有西汉司马谈的《论六家要旨》中将韩非子、管仲等理念相似的人归类为一派并命名“法家”。其思想源头可上溯至周代时的诵训。汉代时对他们的学说加以总结、综合，其思想则成为统一天下的理论基础。在中国历史中，第一位法家人物是管仲，他辅佐齐桓公，为齐国谋得巨大财富，使齐国兵不血刃而成为春秋五霸第一霸。管仲最著名的是尊王攘夷下的“右石璧谋”：管仲让齐桓公带着一块齐国特产的“彤弓石璧”觐见周天子以表忠心，并劝说周天子各诸侯国应都带这样的石璧来觐见，不然就是叛逆。各诸侯只能满载“黄金珠玉五谷文采布”到齐国买“彤弓石璧”，齐国则对石璧大幅提价，因此发了大财。此事还因尊王攘夷的口号而得到孔子的大加赞赏，《论语》中记载：“子曰：微管仲，吾其被发左衽矣！”往往所谓法家代表人物都由儒家培养出来，例如：儒家代表人物荀子的两位学生韩非子和李斯都被归类为法家。战国时期韩非子汇聚了儒家、道家与法家“法”“术”“势”三派的思想，乃“法家思想集大成者”。韩非子在儒家荀子的理论上吸收了关于人性的见解，认为人是“性恶”，进而他认为这种性恶，不但对普通人，就连亲子间关系也是这种特质。韩非子对道家《老子》也有所研究，能运用老子的无为等思想来阐发自己的想法。韩非子看了各种法家学说后，总结出“法”“术”“势”三者都是缺一不可的，主张君主必须配合运用此三者，并剥夺广大臣民的经济独立性和人身自由，才能建立起一套有效的独裁统治。法家认为历史是向前发展的，当代必然胜过古代；主张建立君主专制中央集权的国家；主张“法治”。法家是先秦新兴地主阶级的代表，其变法思想和法治主张具有务实和进取精神，推动了当时各国的政治、经济、军事改革，为建立大一统的中央集权的封建国家奠定了物质基础和思想基础。法家这套建立在富国强兵基础上的以法律为根本、以法制为手段、法术势相结合、实行君主专制主义的治国模式适应当时新兴地主阶级的需要，因此很快成为秦国的治国工具。秦在韩非子法家思想的指导下，一方面采取一系列重大措施巩固统一，另一方面又采取了一系列重赋税、严苛法、滥用民力的政策，远远超出了农民所能承受的程度，使阶级矛盾进一步激化，从而使那些本来有利于经济、文化发展的措施，实际上并未起到应有的作用。

古代中国在法家方面的发展自从汉武帝之后就陷入停顿。

佛家对于中国习俗风尚与其他宗教也产生了巨大的影响。佛教从印度传入中国以后，中国人才有三世（过去世、现在世、未来世）、六道、轮回，以及善恶果报等观念。佛家认为，世间的万事万物都是因缘和合而生；众生有生老病死，月有阴晴圆缺，花开花落，生灭相成。佛家有六道轮回之说，虽然现世作恶而得福得寿，但其业果若不报于现世则将报于来世。因信三世六道，故信善恶定有果报，或报之自身，或报之子孙，或报之来世。同时还引进了悔罪植福、延寿荐亡、修德禳灾、设供祈愿等观念。佛学以因果轮回为理论，以五戒十善法为规律，借以出世解脱为佛家一主要思想，以万事无常转变以及生死痛苦为理论。以无我、缘生、苦空为方法，以证得无上正等正觉并达致涅槃为目的。为达此目的强调需要出世与解脱，出世就是指必须厌恶世间欲望，不断自我修炼；解脱是以脱离生存所带来的痛苦为目的。大乘佛教更进一步强调要舍己救世。西汉末年，佛教开始从中国的边疆传入内地。佛教一开始进入中国，就和中国传统文化充满着矛盾。不少文人排斥外来文化，还出现过北魏太武帝和北周武帝的两次大规模灭佛事件。但经过东汉魏晋两百多年的磨合，佛教与中国的本土文化从对抗走向适应，并相互影响。南北朝时期，佛教从南到北，从东到西，跨地区、跨国界地广泛传播开来。发展到隋唐，进入鼎盛时期。在吸收中国传统文化的条件下，形成了独具特色的中国佛教。其与儒家、道家一样，成为中国传统文化的重要支撑，对中国社会各个方面都产生了深远的影响。



人们常说“文史哲”不分家。中国文学，除了因为汉语言文字具有自身的特征以外，还具有其独特的观念体系。这种观念体系受中国传统的思想体系所影响。中国文学从先秦始，通过诗经、楚辞、汉赋、晋书、唐诗、宋词、元曲，以及明清章回体小说等持续发展，延续了数千年。在中文话语里，“文学”一词，最早见于《论语·先进篇》。该篇中，孔子按才能把学生分成四类：德行、言语、政事、文学，后世称为“孔门四科”。按北宋邢昺的疏注释为“文章博学”，意为通晓许多古今文献及学问。按此说法，广义来看，文学可以解释为学问又或是以此为基础发展出来的文化。狭义来看，文学概念可以被认为出自5世纪南朝宋文帝所定立的四学：儒学、玄学、史学、文学。在此之后，正史之中专载优秀文人行事的“文学传”也就是这个意思。但是，那种文学只是代表上流阶层的文学，并不包括像小说、戏曲的大众文学又或是近代的主流文学。因此，当谈及“中国文学”之时，需要注意古人与近代学术之间的文学概念的差别。

另外，自古以来，中国文学包含了政治，许多作品均以现实生活为主题，从政的人也写下不少的文学作品。古人认为文学拥有左右国家发展的强大力量，文学与政治有着密切的关系。因此，自宋以后，文学多出自官僚之手也正是受到这个思想影响，这也是中国文学的特别之处。

在中国漫长的历史中，有不少朝代兴替，虽然外来文化的流入也对文学有一定的影响，但一般而言，中国文学是指以中文所创作的文学。

先秦文学被视为中国文学的起源，是研究华夏民族早期历史文化的重要桥梁。主要包括神话、《诗经》及楚辞、春秋战国时代的散文。

《诗经》原名为《诗》，在西汉独尊儒术五经博士设立之后被尊称为《诗经》。由于共载有305首诗歌，取其约数，故后世又称为“诗三百”。后世所提及的诗之六义，分别为：风、雅、颂、赋、比、兴。其中前三者是《诗经》内容，后三者是《诗经》的文学手法。“风”是指十五国风，指全国各地的民歌。相传周天子定期派官员去民间收集各地的乐曲，因为民歌反映人民的生活，当中有许多带有讽刺意味的作品，可以看成是反映现实的现实主义作品；“雅”分“大雅”“小雅”，是贵族宴饮时所奏的乐章；“颂”分“周颂”“鲁颂”“商颂”，是诸侯宗庙祭祀的乐曲。“赋”，按朱熹《诗集传》，“敷陈其事而直言之者也”，就是一种铺叙的手法；“比”，“以彼物比此物也”，就是比喻手法；“兴”，“先言他物以引起所咏之词”，就是借其他景物作为诗歌的开始，发挥起兴的作用。《诗经》中的文学手法，除了以上三种外，还有双声、叠韵、顶真等。其中“复沓法”是《诗经》许多作品的主要特征。简言之，就是一首诗分成几节，每一节内容基本相同，但当中会置换一些词语，词语的强烈程度会一节比一节强烈，反复唱咏以收一唱三叹之效。另外，《诗经》中，尤其是国风，很多也是四言诗，是中国最早的四言诗。《诗经》中的现实主义思想、许多的辞藻、文学及艺术手法对后世作家影响深远。在春秋时期，孔子认为《诗经》“温柔敦厚”，称之为“思无邪”，并把《诗经》作为教科书教导学生，后世的科举也将其列入考试范围，是入仕必读的作品之一。比较著名的篇章有《关雎》《蒹葭》《桃夭》《硕鼠》等。许多《诗经》的句子被后世的文章多次引用，因此成为熟语在汉语中固定存在下来，如“如履薄冰”(《诗经·小雅·小旻》)，“执子之手，与子偕老”(《诗经·邶风·击鼓》)，“靡不有初，鲜克有终”(《诗经·大雅·荡》)等。

在战国时期，位于南方长江流域的楚国一带出现了与《诗经》大异其趣的文学体裁，一般称之为“楚辞”。最早的记录可见于西汉司马迁的《史记•屈原贾生列传》。楚辞的主要作家是屈原，他在楚怀王时遭谗被流放，至楚顷襄王时，投江自尽。有《离骚》《天问》《怀沙》等作品传世。除了屈原，也有宋玉等作家。司马迁当时还没有用“楚辞”这个名字。到东汉，王逸编成《楚辞章句》一书，并辅以注释，书中所记就是今天我们称为“楚辞”的作品。该书主要从政治、伦理的标准，配合屈原的生平来解释当中的作品，但朱熹的《楚辞集注》就尝试跳离政治伦理观点，自由地解释楚辞。楚辞的特色，正如宋代黄伯思在《校定楚辞序》中概括说：“盖屈宋诸骚，皆书楚语，作楚声，记楚地，名楚物，故可谓之‘楚辞’。”楚辞是用了大量的楚国神话、事物、方言等来进行创作的。在作品中，屈原用很多的比喻，比如香草美人，以配忠贞，恶禽臭物，以比谗佞，可以说是中国文学上最重要的浪漫主义作品之一。《九歌》保存了楚辞最古的文型，内容主要是描写诸神的世界及神与人的互动关系等，这是屈原以当时楚国的神歌神舞为材料写作而成。《九章》则是描写屈原现实的苦恼、放浪等，共有九篇作品。除了以上的短篇作品，还有长篇，如《天问》《招魂》《离骚》等。宋玉则有以悲秋为主题的作品《九辩》。其他的作品如《远游》《卜居》《渔父》等虽有些人认为是屈原的作品，但从内容及韵律来看，应是汉朝时的作品。

如果撇开口耳相传的神话故事，中国最早出现的文章就要数商朝的甲骨文及周朝的金文。但由于两者主要是记录占卜及简单政事，可以看成是书面语的起源，若说成是文学上的散文的起源还处在不成熟的阶段。中国文学史上文学散文的起源，诚如颜之推《颜氏家训·文章篇》指出："夫文章者，原出五经。"五经，就是儒家经典的《诗经》《尚书》《礼记》《周易》《春秋》。该阶段散文主要有说理散文和叙事散文两大类。说理散文，又称诸子散文，如《论语》是孔子及其弟子言论的汇编，由孔子门生及再传弟子记录而成，是儒家重要的经典之一。另如《老子》《孟子》《墨子》《庄子》等；到了战国末年，如《荀子》《韩非子》二书。叙事散文，譬如《尚书》是从尧舜到春秋时期的历史，是中国现存最早的史书；《礼记》内容包括周代的典章制度及各种礼仪，后世很多儒家思想均和此书有关；《春秋》是鲁国的史书，是中国现存最早的一部编年体史书，相传春秋三传为《左传》《公羊传》《穀梁传》，至战国时代，叙事散文发展突飞猛进，《左传》《国语》《战国策》的出现，为中国叙事文树立起楷模。

秦汉文学，特别是汉代文学，是在先秦文学的基础上产生的。就诗歌而言，西汉末年至东汉时期出现的民间歌谣"乐府"诗，以五言为句，相比质朴及单调的《诗经》的四言诗更富起伏及表现力，所叙述的内容范畴极大地扩展。乐府诗中有许多作品内容以故事为格局，如当中的《孔雀东南飞》就是合共有357句的长篇叙事诗。至东汉末期，政治混乱，社会动荡，长久以来唱咏的五言体诗歌受到寻求新的文学体裁的知识阶层重视，逐渐正式地运用到文学创作上。如作者不详的《古诗十九首》，就是这时期的五言诗创作的成果。就散文而言，西汉武帝时期，司马迁编撰了《史记》，内容叙述了由上古五帝至当时汉武帝时期的历史，是一部出色的历史散文作品、中国首部使用纪传体的史书。《史记》共130卷，共分十二本纪、十表、八书、三十世家和七十列传5个部分。本纪12卷，叙述当权者的世系及有关的史事；表10卷，表列春秋、战国、秦末分裂时期诸侯各国的关系状况；书8卷，记载文化制度的沿革；世家30卷，记载春秋以来诸侯的世系及历史；列传70卷，记载各式各样的人物的生平，最后一篇为太史公自序，记述撰写《史记》的缘起。这种史书体裁后世称为"纪传体"。《史记》虽然是一部历史著作，但后世也常常赞赏它的文学价值，鲁迅曾评价其为"史家之绝唱，无韵之离骚"。《史记》在传记中对人物的描写对后世有相当大的影响，冯梦龙的《东周列国志》和明清传奇的许多情节结构就直接取材于《史记》。东汉时期，班固写下了另一部纪传体作品《汉书》。跟通史性质的《史记》相比，《汉书》仅撰写了西汉一朝历史。班固首创的断代史为后世的正史系列史书奠定基础。书中叙述史事较为细致，字里行间也可看到有汉赋的影子。"赋"，受战国时期楚辞的影响而产生出来。刘勰在《文心雕龙·诠赋》中是这样解释的："赋者，铺也，铺采摛文，体物写志也。"换言之，就是用许多不同的辞藻来描画所要表达的对象。这种文体盛行于汉朝的宫廷文人，由《鵩鸟赋》的作者贾谊开其端，其后枚乘写下《七发》，对日后赋的发展产生巨大的影响。至汉武帝时，宫廷文人司马相如写下许多著名的作品，其中以天子游猎为主题的《子虚赋》(《文选》把其分为《子虚》《上林》)最著名，至此汉赋这种文体达至完备。

魏晋南北朝文学，起自天下大乱、群雄并起的时代背景。东汉建安年间，战争连年不断，最后中国大致上分裂成魏蜀吴三个国家，正式进入三国时期。在当时中国经济文化的重心仍然集中在曹魏的中原。曹操用人唯才，一时人才济济。在文坛上，以建安七子为代表，分别为：孔融、陈琳、王粲、徐干、阮瑀、应玚、刘桢。曹操、曹丕、曹植父子三人本身也长于写诗，他们与建安七子创作了不少拥有真实情感及反映现实的文学作品，风格慷慨悲凉，世称“建安风骨”。建安诗人的作品继承了汉朝五言诗及乐府的主题和精神，文学的形式也从民歌蜕变而来，表现技巧也大大地提升。他们的作品大致可以分成沿袭汉朝故事式的乐府作品及一些指明特定对象，也包括自己在内的私人的赠答诗。至魏晋交替时期，深受道家思想影响的阮籍把五言诗的题材带进到一个新领域。三国末期，魏国统治者的大权逐渐落到司马氏父子之手，而司马氏父子也用尽不同的阴谋企图篡夺帝位，杀害忠良。在这个政治黑暗之世，阮籍写下《咏怀诗》八十二首，表达出他那复杂曲折的情感及从多角度暗暗地反映当时现实的作品。踏入西晋，社会上的贵族阶层基本上定型，诗歌也偏向于反映贵族的生活，此时期的代表诗人有潘岳及陆机。西晋时期的诗人相比于诗的题材，更重视诗的表达技巧。因为外族侵逼，晋室南渡，建立东晋政权。那时候许多贵族沉迷于佛老思想，崇尚清谈，而富道教神仙色彩的“玄言诗”盛行于一时，代表作有郭璞《游仙诗》十四首。这类型作品主题主要是反映诗人离开俗世，向往山中的神仙世界，当中加入一些自然景物。随着“玄言诗”的盛行，诗歌开始偏离错综复杂的现实世界，转而以美丽山川自然为对象。到南朝，诗歌的题材也开始从老庄思想转变至山水景物，当中以刘宋的山水诗人谢灵运为代表。在东晋末，陶潜以归隐田园生活为主题创作了许多诗歌。相比谢灵运那种讲究修辞技巧及描写山水景物的山水诗，陶潜用一些比较淡雅的文字来歌颂自己对田园隐遁生活的热爱，对官场及俗世感到厌恶，这类型的主题与五言诗以悲歌为主调的潮流完全不同。他的文学成就在当时还没有受到重视，一直到宋朝才正式被肯定。南朝此后的齐梁陈朝，均是短命的王朝，诗歌也重新转向描写贵族生活。当中不少诗带有强烈的颓废倾向。随着这种倾向的发展，南朝诗人越来越讲求表达技巧，也开始重视诗歌的音律。梁朝沈约顺应这个潮流，开始对音律进行研究，并把语言的声调归纳为平、上、去、入四声，提出作诗的时候也要跟音律取得平衡。五言诗的发展在这时期踏入最后的阶段，其后逐渐催化成唐朝的近体诗形式。但是，由于南朝诗人讲究诗歌表现技巧及音律，忽视了诗歌的思想内容，使诗歌发展陷入内容空泛、无病呻吟的困境。沈约慨叹两百年来没有诗人能够在诗歌上取得思想内容及音律的平衡，除了谢朓。谢朓诗风纤细，在描绘自然景物时也带有个人的思想感情，这一种清新的诗风受到唐朝诗人如李白等的推崇。在魏晋南北朝时期，短篇小说也开始盛行。由于当时社会动荡，人民生逢战乱，许多人对现世失去兴趣，转而重视奇怪的事物，而当中的“志怪小说”正是这个时代应运而生的产物。这一类型的小说虽然是记载一些奇怪的事物，但不像后世的小说内容完全是虚构的，代表作有东晋历史学家干宝的《搜神记》。另外，由于当时佛道盛行，也有一些以道教游仙思想为主题的作品，如葛洪的《神仙传》，虽与志怪小说不同，但与集中叙述异界、仙界的主题一致。在这一时期，另外一种题材是收录历史上名士逸话的“志人小说”，代表作有刘宋时期刘义庆编修的《世说新语》。其内容叙述东汉末到东晋末的名士言行，共 1 030 个故事，分成 36 个纲目。其思想环绕当时崇尚清谈的风气，也描画出贵族的独特生活，与志怪小说一样，也可以看成没有正视动荡的政治社会的作品。虽然小说内容简单及篇幅短小，结构也不一定完整，但却为后世小说创作提供了不少的题材。

唐朝文学以诗最为出名。唐代被视为中国历来诗歌水平最高的黄金时期，因此有唐诗之说。唐代以后，唐诗的选本不断涌现，现今流传最广的是蘅塘退士编选的《唐诗三百首》。清朝康熙年间的《全唐诗》整理收录了二千二百多名诗人的超过五万首唐诗。唐前半期社会安定，经济繁荣，文人来往和百官游宴，酬唱传诵蔚为风尚。安史之乱后，继以藩镇之祸，百姓生活流离困苦，郁结之情正可用诗歌来抒发。不论从题材、体裁，还是风格等方面，唐诗都对后代的诗歌创作产生了重大的影响。唐以后依然有人以古体诗和近体诗的格式创作，在后人的文学之中亦常常引用唐诗。唐诗和当时的书法、艺术和音乐互相影响，亦和佛教、道教和儒家思想有紧密关系，为研究当时的语言、历史、宗教和文化提供了重要的资料。在唐朝，作诗是科举考试中一个考核的项目。除此以外，唐诗亦成为中国重要的文化，无论是文人还是一般平民百姓都会接触到。唐朝除了影响之后中国的文学和艺术，亦影响到日本、韩国的诗词。在 19 世纪初，不少唐诗亦被翻译成欧洲语言。散文领域随着新的表达形式出现而开始得到新的发展。韩愈、柳宗元所提倡的“古文”就是如此。六朝以来，以四字句、六字句作对偶，合乎声律，堆砌文学辞藻及典故的骈文就是当时的主流。“骈俪文”或是“四六文”这些名称在古文运动之前还没有出现。古文在形式上废除了许多骈文的规则，高举骈文盛行以前古代自由的散文，也强调复兴六朝以来衰落的儒家价值，是公然对南朝文学持否定的态度。但是，跟盛唐诗歌从继承及反对南朝文学中诞生一样，古文也同样吸收了骈文在形成过程中成熟的表达手法。古文并不单是汉以前散文的重新呈现，也是一种按时代的需要而形成的新文学体裁。传奇为唐朝的短篇小说，是继承六朝的志怪小说发展而来的一种文学体裁。在这时期，虽然也沿袭南北朝志怪的题材，但内容开始偏向从现实取材，出现了一些没有“怪”的“才子佳人小说”作品，比如《莺莺传》及《李娃传》；以及一些英雄小说，如《虬髯客传》，寄托了人民在中唐乱世中出现富有正义感的英雄的期盼。从这一点来看，唐朝的传奇可以看成是后世中国白话文学的先驱。著名作品还有《杜子春传》《游仙窟》《枕中记》《南柯太守传》等。

宋朝文学以词最为出名。词，是一种诗歌艺术形式，是中国古代诗体的一种，亦称曲子词、诗余、长短句。在宋代达到顶峰。一开始伴曲而唱，所以写词又称作填词。北宋前期词人基本上继承了五代婉约清丽的词风，多写春愁秋恨、离别相思。体制上仍以小令为主。代表词人有晏殊、范仲淹、欧阳修、张先、晏几道等。北宋词至柳永而一变，由小令时期进入慢词时期。有“凡有水井处，皆歌柳词”之说。柳永开始大量作长调，喜用慢词，以长调的形式和手法为主。在词的内容方面，柳永也有所开拓，内容多写都市的繁荣生活，以及沉溺其中的男女心理。其后苏轼在婉约词之外，另立豪放一派，想象丰富奇特、个性鲜明。苏轼扩大了词的题材，抒情写景、说理、怀古感事等题材，无一不可入词；他又开拓词的意境，提高了词的格调，使词脱离音乐的束缚，又以诗为词，词境广大，个性分明。不过当时仿效苏轼的人不多，即使苏门学士黄庭坚、秦观，词风都近柳永而不近苏轼。到了北宋末之周邦彦，于慢词的审音调律上有所贡献，集北宋婉约词之大成，其词影响大多数南宋词人，有结北开南之称。北宋末期女词人李清照，则善于表达女子闺阁之情。南宋初期金兵入侵，中原沦陷，南宋主和派当政，有志之士报国无门。故词坛兴起豪放之词风，代表词人有张元干、张孝祥、陆游、辛弃疾、岳飞等，多豪放激越，悲凉沉郁之词。南宋中期代表词人为姜夔、史达祖、吴文英。格律派雅词由此兴起，讲究声律，注重辞藻。南宋后期蒙古入侵，词人目睹时艰，心伤离乱，于是发为悲苦之音。主要有两种趋势：一种是进一步发展姜夔风格的格律派，词多咏物寓意，以寄家国之恨、身世之感、遗民身世的凄凉，以周密、张炎、王沂孙为代表；另一种是继承辛弃疾的词风，沉郁悲壮，充满亡国之痛，以刘辰翁、文天祥、汪元量为代表。散文方面，柳开、王禹偁、穆修及姚铉重新提倡古文，其后继承古文运动的欧阳修、王安石、苏轼更以卓越的文笔奠定日后中国散文的形式。宋古文作家与唐的代表作家加起来并称为“唐宋八大家”，其中的宋代作家有欧阳修、苏洵、苏轼、苏辙、曾巩及王安石六人。六人横跨两个世代，从北宋中期到后期，中国近世的主流文体也是在这时候奠定成熟的。

元朝文学以曲最为出名。元曲，是盛行于元代的戏曲艺术，为散曲和杂剧的合称。曲同词的体式相近，但一般在字数定格外可加衬字，较为自由，并多使用口语。音乐部分亦有宫调之分，元曲中最常用的有五宫四调。杂剧的戏剧形式是由故事情节、曲词、宾白、科介等几部分组成。科介是演出提示，规定表演动作和舞台效果，宾白就是说白，曲词是歌唱部分。元杂剧剧本一般由四折组成，一套乐曲伴唱一折；所以“折”是音乐的单元，也是剧情的大段落。在四折之外，还可以有楔子。楔子常常在剧本开头，相当于序幕，但也可以作为过场戏放在折与折之间。剧本的结尾一般有两句或四句对子，叫“题目正名”，来总结内容。题目正名最后一句常用作剧本名称。散曲是可配乐演唱的歌曲形式。元散曲的歌唱有多种形式，如表演唱、舞蹈伴唱、乐器伴唱等。元散曲主要有小令和套数（又叫散套、套曲）两种形式。小令原是民间的小调，文人的小令多半较典雅，民间的小令语言俚俗。小令以描写为主，比起唐宋诗词通俗生动，具有一番独特风格与精神。

明清文学以小说最为出名，戏曲也影响深远。明清时期，章回小说发展蓬勃。四大名著皆创作于此间。这种小说把整个故事分成不同的回，每回记录故事的小部分，在每回结尾会留下一些悬念，让读者产生读下去的兴趣。从章回小说的格式，我们也可以推想演说者的演说惯例。但是，章回小说不是按演说者的说话一字不漏地记录下来。在初期，比如宋元时期，小说的文字比较粗糙，但经过不断的洗练，慢慢发展出文言跟白话文巧妙地融合在一起的文体。用来阅读的小说正式确立也同时促使白话文发展成熟。在明朝章回小说成形之前，“话本”及“平话”有不少韵文的成分，但随着小说本身的对象从听众变成读者，韵文比例不断减少，而散文的比重增多。传世的明朝小说如《水浒传》

及《西游记》基本上是用口语体的散文写成，但小说中也有相当的篇幅是韵文，这是以前“讲唱文学”留下来的痕迹。随着章回小说文学地位的提升，至明朝后期，当时的一流文人也积极从事写作小说。他们注意到小说对社会的影响力，很大程度上认同通俗文学的功用，明确地从事小说创作。在小说文学发展的过程中，当作者意识到小说的地位不比传统诗文及史书逊色，其后，一些作者在某程度上脱离道德及历史的制约，尝试创作一些以纯文学为理念的小说作品。在高度文学性的白话小说出现的同时，一些大众化及通俗的小说也仍然存在。后者本身与说书有很大的关系，内容多是一些历史或是打斗的故事。如《说唐演义》《三侠五义》就是当中的代表。到清朝，既有像《红楼梦》《儒林外史》般作者花一生心血所写的纯文学大作，也有以大众娱乐为目的而创作的通俗小说，各式各样的小说在文坛出现。除了白话小说，明清时期也出现一些继承唐传奇的著名文言小说，如《剪灯新话》及《聊斋志异》，小说的流行盛况空前。戏曲也同样为民众喜闻乐见。明朝万历年间，明朝著名的剧作家汤显祖写下许多戏曲作品。他的代表作有《紫钗记》《牡丹亭还魂记》（简称《牡丹亭》）《南柯记》《邯郸记》。由于四部作品均是以梦来展开故事剧情，所以又称为“临川四梦”。明代中后期除了汤显祖，也有梁辰鱼、沈璟、周朝俊、高濂等剧作家。他们许多都是受过传统教育的文人，大家也把创作诗文的才能用于创作戏曲之上。这既使戏曲成为正式的文学之一，又影响到戏曲的题材。明朝传奇的大半作品均是环绕才子佳人的故事，与元杂剧既朴素又描写出社会各阶层人物的风格不同。此后，在清朝康熙年间，昆曲中出现了两部著名的作品，分别是《长生殿》和《桃花扇》。乾隆年间宫廷乐团上演的戏曲可以划分为继承明朝继续传唱昆曲的“雅部”及来自地方剧、富有多样化旋律的“花部”。在清朝中后期，京剧逐渐取代在文学上得到一席位的南戏，盛行起来。



由上观之，中国文学发展史，是中国文化发展史中的一部分，也是中华民族情感与思想发展的历史。

今日之中国，是历史之中国的延续；中国之今日，是中国之历史的沿承。中华民族有着五千多年的悠久历史和灿烂文化，中华文明从远古时期一直延续发展到今天。中华民族之所以能够在几千年的历史长河中顽强生存和不断发展，很重要的一个原因是我们民族有一脉相承的精神追求、精神特质、精神脉络。中华文明具有讲仁爱、重民本、守诚信、崇正义、尚和合、谋大同的深厚传统，从根本上塑造着中国人的精神世界和行为方式。在几千年的历史流变中，中华民族锤炼出独具特色、博大精深的中华文明，为中华民族克服困难、生生不息提供了强大精神支撑。

### 练习题二

1. 填空题

（1）中国文明是世界上最早的文明之一。距今________年前后，黄河、长江中下游以及西辽河等区域出现了文明起源迹象；距今________年前后，中华大地各地区陆续进入了文明阶段；距今________年前后，中原地区形成了更为成熟的文明形态，并向四方辐射文化影响力。

（2）中华人民共和国成立后，在中国大陆建立了________的社会主义制度。

（3）“中国”的同（近）义词有________、________、________、________、________等。

（4）1689 年，清与俄国签订的________中，正式将“中国”作为现代国家概念的名称使用。

（5）中华文化虽然孕育了诸子百家，但主要哲学流派为________、________、________，且三派间相互影响深远。

2. 选择题

（1）希腊文对中国的称呼为____。

A. Cina　　B. Sininm　　C. Thin　　D. Sinae

（2）诸子百家中据信出于史官的是____。

A. 名家　　B. 儒家　　C. 道家　　D. 法家

（3）下列属于儒家代表著作的是____。

A.《孙子兵法》　　B.《论语》　　C.《道德经》　　D.《商君书》

（4）下列不属于法家代表人物的是____。

A. 管仲　　B. 韩非　　C. 李斯　　D. 孟轲

（5）黄老之治存在于哪个时期。

A. 西汉初年　　B. 西汉末年

C. 东汉初年　　D. 东汉末年

3. 思考题

（1）“中国”一词的概念随着历史演进发生了哪些变化？

（2）中国哲学思想对中国社会产生了哪些作用？

## 四、典型文化分析

汉字作为汉语的书写文字，是迄今为止连续使用时间最长的主要文字，也是上古时期各大文字体系中唯一传承至今的。相较而言，古埃及、古巴比伦、古印度文字都早已消亡，所以有学者认为汉字是维系中国南北长期处于统一状态的关键元素之一。

汉字在古代已发展至高度完备的水准，不单中国使用，在很长时期内还充当东亚地区唯一的国际通用文字，在 20 世纪前都是朝鲜半岛、越南、琉球和日本等国家和地区的书面规范文字。除了中国的汉字之外，古代东亚诸国都在一定程度上自行创制汉字。

目前汉字历史可追溯至三千多年前的甲骨文，商朝的殷墟出土的动物甲骨上的甲骨文为现在所发现的最早的成熟的汉字。同时青铜器上的钟鼎文也有很高的历史价值。

先秦的文字并不统一，春秋战国时期各国分治都不同程度地将汉字发展分化，直到秦始皇统一六国后，改秦国的大篆为小篆，才结束了文字分化的历史。

小篆在发展过程中，不断有新的形声会意字出现，让文字记载更为准确精密。小篆笔画以曲线为主，后来逐步变得直线特征较多、更容易书写。

到汉代，隶书取代小篆成为主要书体。隶书的出现是汉字的一大进步，奠定了现代汉字字形结构的基础，成为古今文字的分水岭。隶书进一步发展为楷书，到唐代，楷书完全定型。除端正的楷书外，亦同时派生出适于手写的行书，并进一步派生出笔画更加简省而飞动的草书。楷书、行书、草书等书体都发展为艺术（见图 1-3）。古代印刷术发明后，明朝出现了用于印刷的宋体、仿宋体，宋体亦传入日本、韩国等使用汉字的国家，同样成为当地通行的汉字印刷体。

图 1-3　汉字主要书体

在纸张被发明之前，汉字通常写在竹简上。因此，传统汉字书写方向为从上往下、从右往左的竖排格式。自 20 世纪中叶开始，越来越多的汉语出版物开始使用横排发行，尤其是有关科学技术的期刊，因为横排便于书写数学公式和化学表达式等，并且便于穿插同为横排书写的西方字符。

由于中国大陆进行过简化字的改革，如今的华人社会里存在繁体中文和简体中文两种主要书写系统。前者主要用于中国香港、澳门以及台湾地区，而后者由中国大陆制定使用，并为新加坡、马来西亚、印度尼西亚等国家采用。

在汉字的影响下，还产生过契丹文、女真文、西夏文、古壮字（方块壮字）、古白字（方块白字）、古布依字（方块布依字）、字喃等文字，但它们都因各种原因而消亡。日语的假名在创制时也大量受到汉字字形的影响。韩国也制定了官方的朝鲜汉字使用规范。而历史上曾使用过汉字的越南、朝鲜、蒙古等国，汉字现今已不再具有官方规范地位。此外如蒙古文、满文、锡伯文等也是在汉字影响下，书写方式改为从上到下书写，文字的结构也随之有所变化。

六书是汉字组字的基本原理，在周礼中就提到了六书，只是没有说明具体内容。到了东汉，许慎在《说文解字》中，详细阐述了“六书”这个汉字构造原理（见图 1-4）：

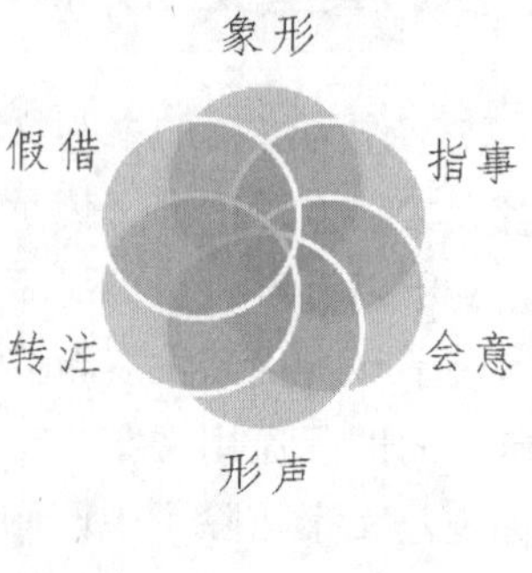


图 1-4　汉字“六书”

（1）象形：是依照物体的外貌特征来描绘出来，所谓“画成其物，随体诘诎”是也。如“日”“月”“山”“水”等四个字，最早就是描绘日、月、山、水之图案，后来逐渐演化变成现在的造型。

（2）指事：是指表现抽象事情的方法，所谓“各指其事以为之”是也。如人在其上写作“上”，人在其下写作“下”，有人称为抽象的象形。

（3）会意：是将两个字根组合起来，使派生出新的含意。如“日”和“月”组起来，就是日光加月光变成“明”。“人”字和“言”字合成“信”字，意思就是人过去所言；有信，就是这个人都很遵守自己说过的话。

（4）形声：是文字内以特定形状（字根）表特有的音。例如：“胡”这个字也可为一个声符，结合不同的属性部件，表不同意义如“蝴”“湖”“葫”“瑚”“醐”等，而以同样的发音元素（也有的是完全同音），表达不同的事物。但形声字，也因古今语言音韵变迁，不少古代同类形声字在今天的官话已无共同音素了，如“过”“蜗”。

（5）转注：是用于两个字互为注释，彼此同义而不同形。汉代许慎解释道：“建类一首，同意相受，考、老是也。”此二字，古时“考”可作“长寿”讲，“老”“考”相通，意义一致，即所谓“老者考也，考者老也”。《诗经》中的《大雅·棫朴》亦云：“周王寿考。”苏轼的《屈原塔诗》也有“古人谁不死，何必较考折。”其中的“考”皆“老”意，特别注意的是，后代的文字学家针对许慎的前述的定义也做了大量的解释。其中包括“形转说、声转说、义转说”三类，只是这三种说法有人认为不够全面，当代古文字学家也有解释说“转注”就是一个形体（字根）记录两个读音和意义完全不同的两个词。例如“帚和婦”与甲骨文中的“母和女”等。

（6）假借：此法简言之，借用一字，去表达别的事物。一般来说，是有一个无法描述的新事物，就借用一个发音接近或是属性近似的字根，来表达这个新事物。例如：“又”，本来是指右手（最早可见于甲骨文），但后来被假借当作别的意思。“闻”，本意是用耳朵听东西的意思，《大学》中有“视而不见，听而不闻，食而不知其味”，但后来被假借成嗅觉的动词（不过也有人认为这是错用）。

由此形成的汉字有以下几项特点：

（1）字根组字：每个汉字可由物体及抽象事物构成。一个汉字偶尔只由一个构成字组成，通常是由两个以上构成部分合体而成。汉字本身即有意义的 869 个声母及 265 个形母的象形、指事字为最基本字根部件，称为“字源”，通常为独体字，例如“日”“月”，可组成各种复合部件（如“明”，可再堆栈组合成汉字“盟”“萌”“盟”等字），以及一般认知的字（“明”本身就是一个字）。

（2）表意：承上，字根本身表义，多个字根合成新义，且空间的配置对字义有影响。

（3）兼容并蓄：各语言、各领域应用可以六书作为基本规则，可贴近自身领域、地域所需组出所需要之字。

（4）书同文：汉字本身不完全表音，不同方言、语言之间，仍可书同文，以文意、字义来互相了解。由此形成了独特的文化形式，如对联、书法艺术等。

（5）任意排列：汉字可由上而下、由右而左或由左而右排列，不像其他文字只能固定一个方向读。

（6）方格字：一般汉字不论笔画多少，每个字都可以一个方格呈现，故能创作文句大小等距、对称的楹联、诗文。

汉字是承载文化的重要工具，目前留有大量用汉字书写的典籍。不同的方言甚至语言都使用汉字作为共同书写体系。因而汉字在历史上对文明的传播分享有着重要作用。由于汉字和发声的联系不是非常密切，比较容易被其他民族所借用，如日本、朝鲜半岛和越南都曾经有过不会说汉语，单纯用汉字书写的历史阶段。其对周边国家的文化产生巨大的影响，形成了一个共同使用汉字的汉字文化圈。

## 练习题三

1. 填空题

（1）_______作为汉语的书写文字，是迄今为止连续使用时间最长的主要文字，也是上古时期各大文字体系中唯一传承至今的。

（2）汉字历史可追溯至三千多年前的_____，其书写在商朝的殷墟出土的动物甲骨上，为现在所发现的最早的成熟的汉字。同时青铜器上的__________也有很高的历史价值。

（3）先秦的文字并不统一，春秋战国时期各国分治都不同程度地将汉字发展分化，直到秦始皇统一六国后，改秦国的________篆为________篆，结束了文字分化的历史。

（4）到________代，隶书取代小篆成为主要书体。

（5）传统汉字书写方向为从上往下，从________往________的竖排格式。

2. 选择题

（1）_______的出现是汉字的一大进步，奠定了现代汉字字形结构的基础，成为古今文字的分水岭。

A. 篆书　　B. 隶书　　C. 楷书　　D. 行书

（2）楷书到________代完全定型。

A. 汉　　B. 唐　　C. 宋　　D. 元

（3）东汉时期，许慎在______中，详细阐述了“六书”这个汉字构造原理。

A.《说文解字》　　B.《尔雅》　　C.《玉篇》　　D.《类篇》

（4）“信”字的构造原理属于“六书”中的_________。

A. 象形　　B. 形声　　C. 会意　　D. 指事

（5）下列哪个国家或地区不属于汉字文化圈？

A. 日本　　B. 朝鲜半岛　　C. 越南　　D. 英国

3. 思考题

（1）汉语与汉字的联系与区别有哪些？

（2）中国汉字与西方拼音文字的各自特点有哪些？

## 五、中外文化品鉴

语言的基本要素之一是词汇。汉英两种语言属于不同语系，两种语言的词汇在很多方面都存在很大差异。

我们从汉英构词法、词类、词义等方面，简要对比汉英词汇（见图 1-5）。

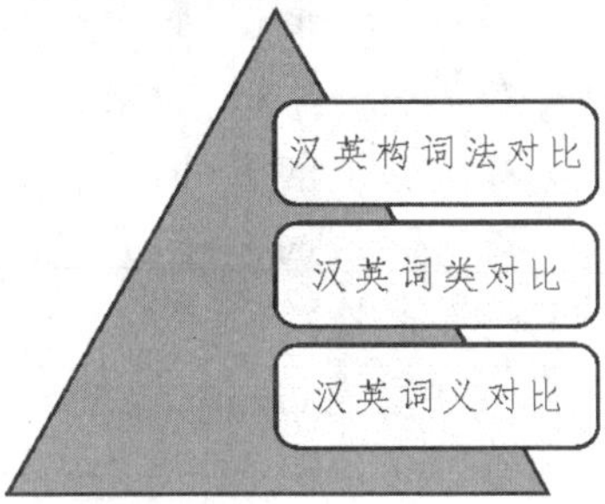


图 1-5　汉英词汇对比范畴

### （一）汉英构词法对比

1. 汉语构词法：复合法、加缀法、重叠法、缩略法

（1）复合法：

- 联合式：语言、干旱、树立、开关、美丑、早晚
- 主谓式：心跳、人为、胆小
- 偏正式：雪白、漆黑、重视
- 动宾式：跳舞、立项、照样
- 补充式：展开、提前、说明

（2）加缀法：

- 前缀：老师、老外、阿姨、阿姐、非凡、非礼
- 后缀：花儿、盆儿、帽子、桌子、深度、长度
- 前缀+后缀：小虫儿

（3）重叠法：

- AA 型：慢慢、天天、人人
- ABB 型：毛茸茸、笑嘻嘻、赤裸裸
- AAB 型：毛毛雨、轻轻说、好好干
- AABB 型：漂漂亮亮、干干净净、高高大大
- ABAB 型：雪白雪白、蜡黄蜡黄、考虑考虑
- ABAC 型：慌里慌张、傻里傻气、啰里啰唆

（4）缩略法：

- 化工=化学工业，环保=环境保护，股市=股票市场
- 外长=外交部部长，农行=农业银行，通胀=通货膨胀
- 人大=人民代表大会，少先队=少年先锋队，北约=北大西洋公约组织
- 三好=身体好、学习好、品德好，四化=工业现代化、农业现代化、国防现代化、科学技术现代化，五谷=黍、稷、麦、稻、菽

2. 英语构词法：复合法、派生法、转换法、缩略法

（1）复合法：

- 紧密复合词：football，airport，mankind，withhold

- 联字复合词：snow-white，make-up，audio-visual
- 松散复合词：credit card，washing machine，cold war

（2）派生法：

- 前缀+词根：disagree
- 词根+后缀：movement
- 前缀+词根+后缀：internationality
- 词根+后缀+后缀：carelessly
- 前缀+前缀+词根：re-export
- 前缀+词根+后缀+后缀：undoubtedly

（3）转换法：

- Please empty the basket.（形容词→动词）
- He is to chair the meeting.（名词→动词）
- Here is a suit for everyday wear.（动词→名词）

（4）缩略法：

- 截短法（Clipping）：phone=telephone，plane=aeroplane，exam=examination，lab=laboratory，fridge=refrigerator
- 首字母缩略法（Abbreviation）：BBC=British Broadcasting Corporation，WTO=World Trade Organization



### （二）汉英词类对比

- **汉语**：名词、动词、形容词、数词、量词、代词、拟声词（以上实词）、副词、介词、连词、助词、叹词（以上虚词）
- **英语**：名词、动词、形容词、冠词、数词、代词、副词、介词、连词、感叹词

由上可知，汉语和英语的词类有很多重叠部分，但又有一种语言中存在，另一种语言中不存在的现象，譬如汉语中的助词、英语中的冠词等。

在翻译过程中，特别是汉译英时要注意补足相应的冠词。对于某些固定短语会由于添加或改变冠词，导致其含义有所变化。

- out of question　毫无问题
- out of ***the*** question　不可能
- take ***the*** chair　（当会议主席）主持会议
- take ***a*** chair　坐下
- She served me with ***a*** kind of coffee.　她请我喝一种咖啡。
- She served me with coffee of ***a*** kind.　她请我喝一种不大好的咖啡。

汉英词类划分大致相仿，但在数量上和使用频率上及语法功能方面都存在差异。

英语介词的使用频率高于汉语：

○ He walked ***around*** the house with a gun. 他拿着枪，**绕着**屋子走。

○ ***Across*** the street，he went into the bank. 他**穿过**大街，走进银行。

英语代词的使用频率远高于汉语：

○ ***He*** put all the money in ***his*** pocket. 他把所有钱放到了兜里。

英语名词的使用频率高于汉语，而汉语多用动词，在汉译英时，汉语的很多动词要转换成名词：

○ 屋顶需要特别**考虑**，以确保**经受日晒雨淋**。Roofs require special ***consideration*** to ensure adequate ***durability*** in relation to the ***exposure*** to the sun and rain.

## （三）汉英词义对比

### 1. 语义错位

汉英之间上义词和下义词不对称。

同文化密切相关。如亲属的称谓。传统中国社会非常重视家族的概念，常常是几代人同堂，同时又要求长幼有序。因此，汉语中的亲属称谓远多于英语：

○ “sister” 对应汉语 “姐姐、妹妹”。

○ “aunt” 对应 “姑母、姨母、伯母、婶母、舅母”。

○ “cousin” 对应 “堂兄、堂弟、表兄、表弟、堂姐、堂妹、表姐、表妹”。



### 2. 词汇缺省

某种语言里的词汇所指概念在另一种语言里不存在，缺少对应词。

受地域环境影响，中国人吃的“包子”“肉夹馍”“汤圆”“年糕”在英语中处于缺位状态。

受历史文化差异影响，中国的“来世”“太极”“三九”“惊蛰”等很难在英语中找到对等的表达方式。

英语中的 priest、churchman、clergy、chaplain、vicar、pastor 差异细微，笼统译为“牧师”。

“sheriff”一词即便是在英语国家内部，所在地区不同，指称意义也不同，存在一词多义现象（见图 1-6）。

### 3. 文化差异

语言的语音、词汇、语法等有形的东西只构成了语言的外壳，其后隐藏了极其丰富的民族文化背景知识，而这些知识对于正确理解语言的含义非常重要。

例如**东风**和**西风**：

○ 中国处于欧亚大陆东边，东风盛行于春天，且从温暖的热带海洋吹来，其文化含义是“温暖、春风”等美好的意象，而西风则是从寒冷的欧亚大陆内陆吹来，盛行于冬季，寒冷且干燥。

○ 辛弃疾“东风夜放花千树，更吹落，星如雨。”

○ 马致远“古道西风瘦马，夕阳西下，断肠人在天涯。”

与之相反的是：英国西风是从大西洋吹来，温暖而湿润，恰似中国的东风。而其东风与中国的西风相似。

○ John Milton “And west winds with musky wing.”

○ John Masefield “It's warm wind，the west wind，full of birds' cries.”

○ Charles Dickens “How many winter days have I seen him, standing blue-nosed, in the snow and east wind.”

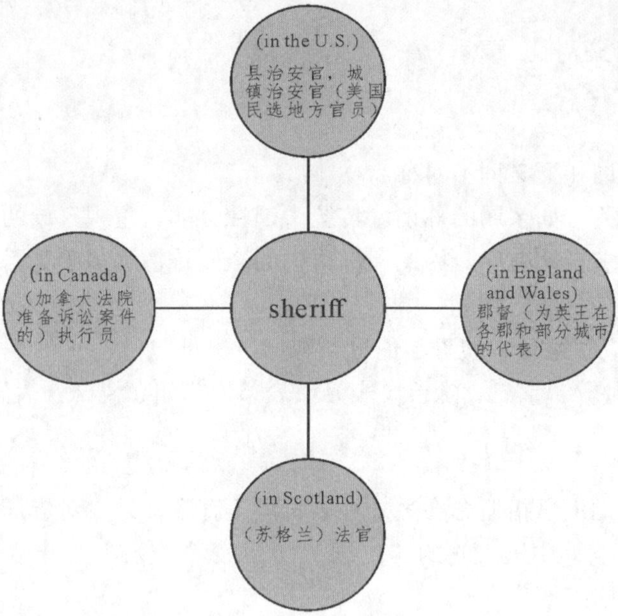


图 1-6 sheriff 一词多义



一个民族的思维方式是该民族文化长期积淀的结果。它一方面与文化密切相关，另一方面又与语言密切相关，而这正是形成文化差异的重要原因。

汉英传统思维在思考重心、思维模式、认知定式和思维原则等方面各具特点。

我们从整体性与分析性、归纳性与演绎性、具象与抽象、主体意识与客体意识四对范畴切入，研讨汉英思维的异同（见图 1-7）。

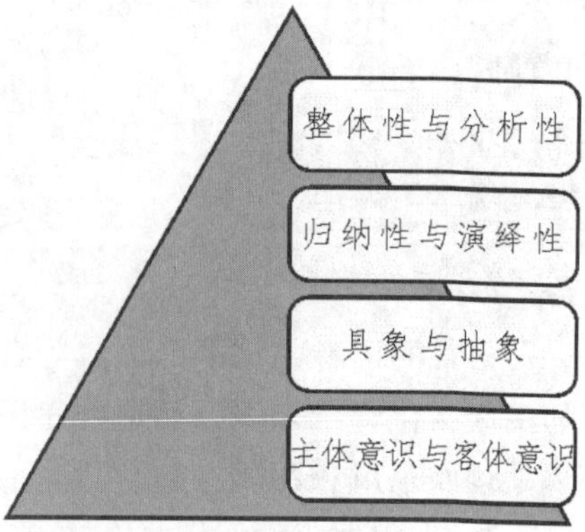


图 1-7 汉英思维对比范畴

（1）整体性与分析性。

①中国人重整体的整体性思维。

传统的“天人合一”思想把人与自然看成是一个有机的整体，强调整体上的和谐统一、稳定平衡。

习惯于从整体出发，将众多认识对象作为一个统一体来全面考虑和分析继而呈现出“主客一体”“阴阳交感”“万物一体”等思想意识。

思维顺序：大→小；宏观→微观

②西方人重个体的分析性思维。

强调对事物进行具体的分析和研究，将其从所处的环境中抽离出来，然后对其特性进行分析，进而将其归入一定的范畴中。

倾向于把物质与精神、主体与客体、思维与存在等对立起来，把世界分为不同层次。

思维顺序：小→大；微观→宏观

汉英双语的时间和地点表达习惯便是此差异的体现（见图 1-8）。

（2）归纳性与演绎性。

①中国人在进行辩证思维时，偏重归纳法。

古人善于一分为二看问题，习惯从事物的正反面进行比较，侧重对立的统一与融合。

写作方式呈“螺旋形”，即不直接切入主题，而是在外围旁敲侧击，最后进入主题。

思维顺序：特殊→一般；具体→抽象

②西方人在进行逻辑思维时，偏重演绎。

讲求逻辑实证，追求精确的非此即彼、非对即错的观点。

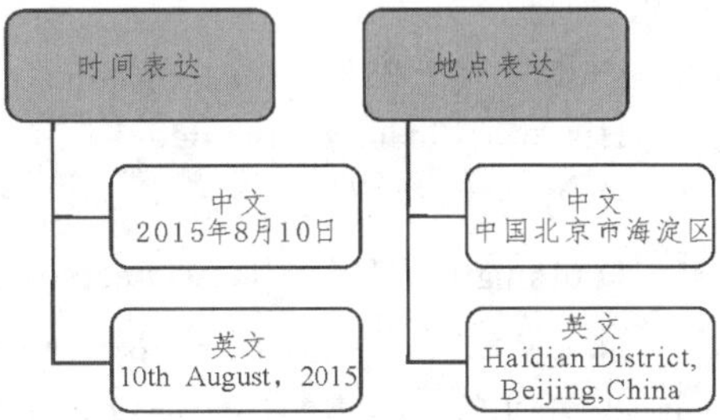

图 1-8　汉英时间地点表达习惯差异

写作方式呈“直线形”，即直截了当陈述主题、进行论证，通常每一段的第一句就是主题句，其后围绕该主题展开阐述和举例论证。

思维顺序：一般→特殊；抽象→具体

（3）具象与抽象。

①中国人重具象思维，重实践经验，通过知觉从总体上模糊而直观地去领悟认识对象的内在本质和规律。

②西方人重抽象思维，重科学理性，强调借助形式逻辑，运用概念进行判断推理，以认识事物的本质和规律。

③汉语倾向以实表虚，以具象描绘抽象：

他这一阵心如**十五个吊桶打水**，七上八下，老是宁静不下来。

His mind was ***in turmoil*** these days and he was quite unable to think straight.

他等着她来，急得像**热锅上的蚂蚁**。

He waited for her arrival with a ***frenzied agitation***.

④英语中抽象名词使用很频繁，含义概括，指称笼统，显出虚泛玄隐：

The ***signs*** of the times points to the necessity of the ***modifications*** of the system of ***administration***.

管理体制需要改革，已经越来越清楚了。（可释义为 It is becoming clear that the

administrative system must be modified.）

Was this the ***realization*** of an anticipated liability?

你原先就料到得做这件事了吗？（可释义为 Did you expect that you would have to do this?）

（4）主体意识与客体意识。

主体：哲学上指有认识和实践能力的人。

客体：哲学上指主体以外的客观事物，是主体认识和实践的对象。

汉语强调主体意识，在大多数情况下必须言明主体或施动者，常用主动语态。

英语强调客体意识，在很多场合下偏重事实或客体的存在，突出其地位，往往使用被动语态。

人民创造了历史。

History is made by the people.

中美已建立了外交关系。

Diplomatic relations have been established between China and the USA.

此外，主客体意识的差异还体现在英文行文中行为动作的主语既可以是指称人的词，也可以是指称物的词，而汉语中行为动作的主语常常是指称人的词。

她感到震惊，心情抑郁，甚至惊恐不安。

Astonishment，apprehension，and even horror oppressed her.



我走在走廊厚厚的地毯上，一点脚步声也没有。

The thick carpet on the corridor killed the sound of my footsteps.

### 练习题四

1. 填空题

（1）汉语常用构词法有：________法、________法、________法、________法。

（2）英语常用构词法有：________法、________法、________法、________法。

（3）汉语和英语的词类有很多重叠部分，但又有一种语言中存在，另一种语言中不存在的现象，譬如汉语中的________词、英语中的________词等。

（4）中国人在进行辩证思维时，偏重从特殊到一般，从具体到抽象，属于____法。

（5）西方人在进行逻辑思维时，偏重从一般到特殊，从抽象到具体，属于____法。

2. 选择题

（1）下列词类属于汉语实词的是________。

A. 助词　　B. 介词　　C. 名词　　D. 连词

（2）下列词类属于汉语虚词的是________。

A. 动词　　B. 形容词　　C. 代词　　D. 副词

（3）下列亲属称谓在英译汉中，对应含义最多的是________。

A. parent　　B. aunt　　C. cousin　　D. sister

（4）在单词 “undoubtedly” 中，词缀有________个。

A. 1　　B. 2　　C. 3　　D. 4

（5）下列词语中没有用到缩略构词法的是________。

A. 环保　　B. 化工　　C. mankind　　D. lab

3. 思考题

（1）语言的差异对人认识世界是否会产生影响？

（2）汉英互译中，译者应具备哪些素养？

## 六、单元小项目

根据本单元的内容，基于汉英双语的学习经验，思考汉语和英语有什么异同。用英文阐述对所学中国文化之美的收获、体验等，词数不少于 200 词。

## 第一单元　参考文献

[1] 郭尚兴. A History of Chinese Culture[M]. 开封：河南大学出版社，2000.
[2] 王蕙. 中国社会与文化翻译教程[M]. 北京：清华大学出版社，2016.
[3] 杨敏. 中国文化通览[M]. 北京：高等教育出版社，2006.
[4] 程裕祯. 中国文化要略[M]. 北京：外语教学与研究出版社，2003.
[5] 王志茹，陆小莉. 英语畅谈中国文化[M]. 北京：外语教学与研究出版社，2017.
[6] 吕思勉. 中国文化史[M]. 北京：商务印书馆，2015.
[7] 梁漱溟. 中国文化要义[M]. 上海：上海人民出版社，2018.
[8] 王力. 中国古代文化常识[M]. 南京：江苏教育出版社，2005.
[9] 吴小如. 中国文化史纲要[M]. 北京：北京大学出版社，2001.
[10] 张岱年. 中国文化概论[M]. 北京：北京师范大学出版社，2004.

# 第二单元 英国语言文化之美

**学习目标**

（1）知识目标：英国文化相关的语言表达。

（2）能力目标：能够灵活运用英国文化相关的语言表达和相关知识，分析英国文化的深层表征，能够比较我国君子文化和英国绅士文化的差异性。能够对英国典型文化相关事件进行理性评价，增强学生对世界文化相关事件的理解、判断、分析、推理、综合和论证的能力。

（3）美育目标：能够品味世界文化之美，珍惜身边的美好。能够树立积极、正确的审美标准，

（4）思政目标：能够更加深刻地体会到家国情怀，坚定文化自信，树立正确的人生观、世界观。

## 一、单元导入

今天，我们将从一些看似简单但实际上会让英语学习者感到困惑的事情开始。

首先，我要问你一个问题：如果我让你用英语表达“英国”这个词，你会说什么？你将如何翻译它？可能有人会说“Britain”“English”“United Kingdom”或者“Great Britain”。我们看看这些名字，看看它们的区别，也看看英国的不同地区。

大不列颠及北爱尔兰联合王国，简称联合王国或英国。

当你谈论“英国人”时，你可以说“British”，也可以说“Brit”。你可以说他或她是个“Brit”。你可能想知道这是否含有贬义或不礼貌。别担心，这是一种非正式但常用的称呼。

你可能还会看到另一个词，它略微过时和正式。你有时会在报纸文章或杂志文章中看到它，你可以称某人为“Briton”。

现在让我们看一看“大不列颠及北爱尔兰联合王国”。事实上，它由四个部分组成，每部分都有自己的特殊文化，在某些情况下也有自己的政府，以及自己非常独特的历史

和传统。第一个是英格兰，英格兰人被称为“English”。其次是苏格兰，苏格兰人被称为“Scottish”或“Scot”。还有威尔士和北爱尔兰，该如何称呼呢？

**当人们说大不列颠（Great Britain）时，是在指英国（the UK）吗？**

不，实际上大不列颠是这些岛屿的名字。因此，英格兰、苏格兰和威尔士被称为大不列颠。北爱尔兰不包括在内。

爱尔兰和大不列颠之间的历史非常复杂。爱尔兰原来由大不列颠统治，并于 1921 年独立。但北爱尔兰仍属于英国。所以有时候你可能会听到爱尔兰共和国，它是一个独立的国家。

**你可能听到的另一个词是凯尔特人（Celtic），是关于爱尔兰的吗？**不，它不仅与爱尔兰有关，也和苏格兰有关。有时它是爱尔兰或苏格兰文化的形容词。这个词与英语的历史有关。

让我们从英格兰开始，走遍这四个部分。

英格兰是最大的。首都是伦敦。

第二大是苏格兰。首府是爱丁堡。那里的人被称为“Scottish”或者“Scot”（苏格兰人）。苏格兰人既说英语，也说苏格兰语。有些人认为苏格兰语是方言，也有些人认为它是官方语言。

苏格兰相对独立。他们有自己的法律、议会，甚至警力。苏格兰几乎独立于英国进行中央管理。他们也有自己的货币。2014 年，在独立公投之后，苏格兰已经非常接近成为一个独立的国家。

威尔士也有自己的议会和法律。他们有非常独特的文化，与英格兰迥然不同，主要是因为他们的语言威尔士语与英语完全不同。威尔士人在日常生活中确实讲英语。但是在威尔士，孩子必须在学校学习威尔士语。所以很多人都说某种程度的威尔士语。

北爱尔兰的历史比较复杂。他们有天主教徒和新教徒。天主教和新教之间有很多问题。但自 1997 年以来，他们和平共处，共享权利。他们说英语，但北爱尔兰有不少人说爱尔兰语。

这听起来仍然很复杂，但至少现在我们理清了一些基本问题：如何称呼来自英国不同地区的人。

**你能称某个英国国籍的人为“English”吗？**

你不能广义地称呼某个英国国籍的人为“English”。因为他们会说：“不，我不是英国人。我是苏格兰人。”你不能称苏格兰人或威尔士人为英国人，因为他们实际上对自己来自哪里感到非常自豪。他们不喜欢被认为是英国人。

**一个人什么时候会自称为英国人？**

描述自己是英国人更多的是关于一个人的公民身份或者国籍。但如果他在谈论自己或自己的文化，会更偏向于说自己是英格兰人或者苏格兰人。

以上是关于英国的一些最基础的常识，希望当你与英国人交流时，知道该如何表达。

英国作为当今世界上一个具有重要影响的工业化国家，在其发展过程中逐渐形成了自己的文化，包括政治、建筑、文学、饮食等。在本单元中，我们将深入分析英国语言和文化之美。

## 二、世界多彩语言之美

英式英语由于地理因素分为许多种。其中英格兰英语在口音（accent）上主要分为标准发音（Recevied Pronunciation，RP）、河口英语（Estuary English）、伦敦英语（Cockney English）。标准英语即 Standard English，也称 BBC（British Broadcasting Corporation，英国广播公司）英语，这种公认的英语普通话又因为社会构成和使用人群分为若干种。王室英语（Queen’s English）即属于标准英语的一种。

河口英语是介于上流社会的标准英语和底层社会的伦敦英语之间的另一种口音，它的出现正是因为不同阶层的人想要通过模糊口音而掩盖自己的社会地位，由此河口英语开始以一种不可抵挡的力量代替了过去的标准英语作为一种新的上流社会语言，同时也是中下层民众所喜欢使用的口音。其背景是英国从一个等级森严的国家过渡为一个等级模糊的国家，过去作为贵族阶层顶层的王室的地位从原来的政治、经济操控者变成君主立宪体制的象征，其家族成员语言也从过去的王室英语演变为河口英语。

学者吴莹（2008）基于实际情况和理论结合分析，对于英式英语目前存在的各种口音可做如下推断：即王室英语终将随着时代的发展消失；标准英语不再作为唯一的标准英语，河口英语会取代标准英语成为新的标准英语；河口英语今后变化趋势是朝向更为贫民化的伦敦英语方向发展，形成一种新的语言变体；伦敦英语随着对于伦敦东区的改造和建设有所变化，最终其将与和河口英语一道互相影响渗透而向前发展。



英式英语在口音上有多种，在意思表达方面，也有显著的特点。让我们通过下面的内容来了解一下英式英语的言外之意。

如果你询问一位英国人假期过得如何，对方很可能会这样回答："It was not so bad." 这句话的意思到底是说假期过得好呢还是不好呢？类似这样的表达，在英式英语中还有一些，其含义与实际听到或看到的语言表达字面意思不同，经常让人迷惑。这就是英式英语中的"言外之意"。

字面意思让人感觉是在说它不太好，但其实对方是在表达玩得很开心。英国人在说某件事很好时，喜欢说"not so bad"。

**是真的"对不起"吗？**

"excuse me." 或者"I beg your pardon? "这两个表达，含义的不同多源于语调和重音的不同。比如，英国人用平调来说"I beg your pardon."，意思是在听不懂的时候，请别人再说一遍。用升调说"I beg your pardon?"，是比较有礼貌地、比较委婉地请别人再说一遍。如果是用降调来说"I beg your pardon."，通常是有人说了一些令英国人觉得冒犯的话，让他们很生气，所以用降调说了这句话，意思类似于汉语中的"你再说一遍试试"。

**是真的“不客气”吗？**

再比如“You’re welcome”。通常情况下，如果有人说谢谢，英国人一般会回答说“You’re welcome”，意思是“不客气”。但如果对方没说谢谢，英国人往往会用降调说“You’re welcome”，通常这句话听起来有些生气，这句话就是表示愤怒，可能还带有间接的攻击性。

**是真的邀请吗？**

有时英国人会说“Pop around any time or you must come for dinner”。他们可能并不是真的邀请你，只是出于礼貌的一种表达，一种礼节性邀请。这与汉语里的“改天来家里玩啊”类似。他们并不是真的邀请你来家里玩，除非说了具体时间和地点。英式英语也是一样。如果有人说“You must come for dinner tomorrow night”，因为说了具体时间，这就是一个真正的真诚的邀请。

**是好是坏？**

当英国人说“It’s quite good”，意思就是不太好。而说“It’s not bad”，意思却是表示好。类似汉语中的“不错”。比如问一个英国人：“How are you these days?”他可能会说 fine，但大多数人会回答“Not too bad”或者说“Not too bad actually”。

**是真的很有趣吗？**

另一个非常令人困惑的词就是“interesting”。如果把东西交给英国人的老师或老板，当他们说“That’s interesting”，就意味着大事不妙了。“That’s interesting”意味着“这很糟糕”。虽然字面意思是很有趣，但实际是在表达很糟糕、没意思。但很多深层含义都是来自上下文，它与汉语非常相似，英语中所说的“quite”和“rather”与汉语中使用的“比较”和“有一点”一样。

**是真的完美吗？**

在英式英语中，不太常用“That’s perfect”这个表达。因为它有不同的言外之意。如果是用升调说的“That’s perfect.”，就是褒义的。如果是降调，就是贬义的，通常表达事情很糟糕，而表达上故意说反话。试比较下面两个对话中的“That’s perfect”的用法。

对话一

A: Hi, I have got the book you always wanted.

B: Oh, that’s just perfect. Thank you.

对话二

A: Hi, I’m so sorry. I have lost your favorite book.

B: Oh, that’s perfect.

在第一个对话中，因为 B 对 A 借到了自己想要的书而表示感谢，因此要用升调来表示褒义。而第二个对话中，因为 B 对 A 弄丢了自己喜欢的书而表示愤怒，因此要用降调来表示贬义。

**是同意还是反对？**

当表达不同意时，一般人会说“I disagree.”或者“I don’t agree.”，但英国人不是那么直接，他们认为这样说话有点粗鲁，非常生硬唐突。他们会委婉地说“I hear what you say. But...”。这个“but”非常重要，它表示“我听到并理解你所说的，但是我还是不同意”。再比如，“That's certainly one way to look at it.”这句话的意思是“你有自己的看法”，言外之意是“但那是错误的方式”或者“这是我不认同的方式”。另外，有时英国人会说：“That's a good point, I'll bear it in mind.”这句话意味着他们准备说一些不好的话了，但在这之前先说表示肯定的话。英国人还会说“Em, with all due respect...”，类似于汉语中的“恕我直言”，意味着后面要说一些不好听的话了。可以理解为“恕我直言，尽管我尊重你，但我还是要说些难听的话”。例如：“With all due respect, your plan is absolute rubbish.”意思是“恕我直言，你的计划真是糟糕极了”。英国人一般不会直接对别人说你糟糕极了，而会把“with all due respect”放在不好的话之前。可以把它当作一个信号预警，当听到有人说“with all due respect”，就要知道不好听的话要来了。

**是轻描淡写还是情况严重？**

最后我们说说“understatement”（轻描淡写的陈述）。这是英国文化的一个重要部分，“understatement”让事情听起来没有实际情况严重，轻描淡写地说一些很严重的事情。这也是英式幽默的一大组成部分，有很多英国喜剧片、英式笑话都依赖于轻描淡写的这种陈述方式。所以想理解英式幽默，需要先理解“understatement”。

有一个很好的例子是：30多年前，有一名飞行员正在驾驶一架飞机，突然所有发动机都停止了运转。飞机高度下降，离地面越来越近，他非常平静地说：“Ladies and gentlemen, this is your captain speaking, we have a small problem, all of our engines have stopped, we are trying our best to start them again, I hope you are not too upset.（女士们，先生们。我是本次航班的机长。我们遇到了一个小问题，目前飞机所有的发动机都已停转。我们正尝试重启它们，希望你们不要太悲伤。）”这个例子中，尽管飞机即将坠机，但这个英国飞行员却只是说“我们遇到了一个小问题”。英国人在日常生活中也会使用这些轻描淡写的陈述，比如“It's a bit wet”，字面意思是“有点湿”，但英国人往往会在雨下得很大的时候这么说。还有早上去上班的路上，尽管天寒地冻，但一个英国人却说“It's a bit chilly”，字面意思是说“天气有点冷”。再比如有时人们也会说“I'm a bit busy”，字面意思是“我有点忙”，而这往往意味着他们非常忙。

我们了解了英国人话语中的言外之意，下次当你看英国喜剧，或者和一个英国人交谈时，希望你能想一想他们是否真的在说字面意思。



**练习题一**

1. 填空题

（1）英格兰英语在口音（accent）上主要分为________、________和________。

（2）“I beg your pardon.”用降调说，是表示________。

（3）当英国人说“随时来玩”或者“你必须来吃晚饭”时，类似于中国人说________。

（4）“With all due respect”意思是________。

（5）“It's a bit wet”意思是________。

2. 选择题

（1）“That's just perfect.”，表示非常感谢，应该用______。

A. 升调 B. 降调

（2）“That's just perfect.”，表示非常糟糕，应该用______。

A. 升调 B. 降调

（3）英国人说“That's interesting.”，表示______。

A. 很有趣 B. 很糟糕

（4）“Excuse me.”，表示生气，应该用______。

A. 升调 B. 降调

（5）Queen's English 是______的一种。

A. Cockney English B. Received Pronunciation

3. 思考题

（1）你能想出三个英语中言外之意的例子吗？

（2）你能区分“Britain”“United kingdom”和“Great Britain”吗？



## 三、世界多样社会剪影

### 英国女王伊丽莎白二世

如果你打开英国报纸，通常都会有关于王室的故事，英国女王伊丽莎白二世（1926—2022），在位 70 年，是英国迄今为止在位时间最长的君主。今天，我们来谈谈女王生前的事。

英国女王的真名是什么呢？她的名字是女王伊丽莎白二世。她有姓吗？有的，王室的姓氏是温莎。因为王室通常来自德国，所以他们有一个德国的姓。在第一次世界大战期间，英国与德国交战，王室将他们的德国名字改为温莎。也就是说，她的名字应该是伊丽莎白·温莎。

人们怎么称呼她？如果你要去见女王，你不能直接称呼她“你”。你要先称呼她为“Your Majesty”“Her Majesty”，这有点像“陛下”。在你说“Your Majesty”之后，你可以称呼其为“ma'am”，和“madam”一样。因为在英国，我们不像在美国那样经常使用“ma'am”这个词。所以“ma'am”实际上只用于称呼女王和用于一些其他的场景，但很少使用。

女王出生于 1926 年 4 月，但她有两个生日——真实的生日是在 4 月，但在 6 月过官方的生日。这是因为在她官方生日那天会举行皇家军队的阅兵仪式。这是一场盛大的阅兵式。因为 4 月天气不是很好，所以他们有意改到 6 月，那时可以确保天气良好。

她出生在伦敦一个离白金汉宫很近的地方。当她出生时，她还不是王位继承人。她父亲是国王的兄弟。但国王退位了，他在 1936 年放弃了王位继承权，于是她的父亲成为国王，然后她成为王位的下一位继承人。

她于 1947 年与菲利普亲王结婚。亲王比女王大几岁，他们是远亲。1952 年她父亲去世时，她成为女王。她于 1953 年加冕，那是场著名的加冕礼。她是英国迄今为止在位时间最长的君主。她在 70 年的任期内经历了 16 位英国首相。当前，大约有 75%的英国人出生在她的统治时期。

白金汉宫实际上是她的办公室，这是一个主殿，周内她都住在这里。周末，她会去伦敦郊外的温莎城堡。

不过我有个问题。有那么多人参观白金汉宫，她怎么能允许人们参观她真实居住的地方呢？那是因为他们只在夏季开放宫殿，每年夏天她都会去苏格兰度暑假，所以你不能全年都去参观白金汉宫，只能在夏天去。

有一个信号表明她什么时候在或不在白金汉宫。如果你去了白金汉宫，你会看到一面旗帜在飘扬。如果挂的是英国国旗，那么这意味着她不在。但如果挂的是她的旗帜，也就是所谓的皇家旗帜，就表明她在居住。



因为她是女王，我们不知道她对许多问题的观点和看法。比如她的政治观点，她不能表现出偏袒，必须保持中立。

但她也有爱好，众所周知的是赛马，她总是去看赛马和遛狗，比如柯基犬。所以，英国的柯基犬几乎总是被认为是皇家犬。

女王是这个国家唯一不需要护照的人，她也不需要驾驶执照，她在第二次世界大战期间可是一名机械师。

### 练习题二

1. 填空题

（1）英国女王的名字是________。

（2）人们用________或________或________来称呼英国女王 。

（3）周末英国女王会去________。

（4）在英国，________被认为是皇家犬。

（5）第二次世界大战期间，英国女王是一名________。

2. 选择题

（1）英国女王有姓氏吗？

A. 有　　　　B. 没有

（2）女王生日的阅兵仪式在________。

A. 4 月　　B. 6 月

（3）人们只能在______去参观白金汉宫。

A. 春季　　B. 夏季　　C. 秋季　　D. 冬季

（4）白金汉宫悬挂______，表示女王不在。

A. 英国国旗　　B. 女王旗帜

（5）温莎这个姓氏来源于__________。

A. 英国　　B. 法国　　C. 德国　　D. 意大利

3. 思考题

（1）请查阅材料，完成英国王室家庭关系树。

（2）请分享一个关于英国女王的故事。

## 四、典型文化分析

### （一）英国绅士的定义

对许多人来说，谈到英国人，首先想到的词是“绅士”。英国人也的确享有礼貌、优雅和侠义的声誉。绅士精神是英国文化的精髓，是在日常生活中以绅士精神作为标准的英国人的价值取向。绅士的一般定义是循规蹈矩、礼貌和尊重女性。

据“韦氏在线”（Merriam Webster Online）报道：“绅士是指从房产、遗产或其他来源获得收入的人，因此他独立富有，不需要工作。”

直到 18 世纪，英国才转变为资本主义国家。“绅士”的定义逐渐包含了新的因素：富有的商人和毕业于名校的知识分子。

维多利亚时代，随着工业和经济的快速发展，绅士群体变得更加广泛。一个人是否是绅士不再取决于他的出身，而是取决于他对社会的贡献以及他的品行，这种新的定义方式正在被人们所熟知。

在当代社会，“绅士”一词是指所有品行端庄、彬彬有礼的人。

### （二）英国绅士文化的形成因素

首先，与其他欧洲国家相比，英国的历史相对较长。封建主义和官僚主义的统治塑造了英国人的容忍之心和社会习俗。

此外，英吉利海峡将英国与欧洲大陆隔离开来，几千年来，这种隔离导致英国人的思维方式与欧洲大陆不同。“一个独立的岛屿让英国人深感孤立。这份孤立造就了英国人自身，也是其保守的主要原因。”

除了以上因素，维多利亚女王的影响也不容忽视，在她的统治下，英国走上了繁荣的大道，也形成了各种主流的礼仪。女王不仅为其家庭而且为自己制定了严格的规矩。王室的礼仪、道德、自我满足感等对当时的英国中产阶级产生了巨大影响，成为他们的最高道德标准。绅士一词起源于女王统治时期，这是英国绅士文化最终确立的时代。

良好的教育也是绅士文化背后的另一个因素。教育不仅来自学校，更来自整个社会。英国在教育方面处于世界领先地位，教育塑造了整个国家和人民。礼貌、举止从早期教育开始就深受重视。

然而，英国绅士文化近年来趋于衰落。2006 年进行的一项调查显示，英国酗酒、家庭不和与学校秩序混乱等问题比欧盟其他任何国家都严重，这为英国绅士的声誉蒙上了阴影。

### （三）英国绅士的一般礼仪

虽然作为一个绅士并不意味着像机器人一样古板行事，或成为礼仪的奴隶，但一些基本的礼貌会让人们认为你是一个有教养、有品位的人，使人们愿意与你进行人际交往和生意往来。以下是一些典型的绅士礼仪。

英国绅士不太爱说话，因为他们认为保持沉默是绅士的重要特征。他们讨厌闲聊，话题也很典型。家庭、地位、年龄、工作甚至职业都被视为他们的隐私。询问他们的隐私是不礼貌的。对他们来说，这是一个原则问题，任何人都无权干涉他们的私生活。家是英国人牢不可破的城堡。英国人重视私人空间，尊重他人的私人空间。天气是一个永恒不变的话题，这归因于两个影响因素：一个是地理因素导致英国天气变化无常，另一个是“谈论天气不会伤害到任何人”。英国人更愿意保持沉默。外出时，他们会带着报纸或书籍打发时间。“沉默是金”是个永恒的定律。



尊重女性是绅士的另一个特点。在“女士们和先生们”这句话中，女士是第一位的，这表明了他们对女性的尊重。在英国，男士为女士开门、帮女士入座、拿行李是很常见的。尊重女性是英国人的天性和道德标准。

永远要有礼貌，不大声说话，不发脾气，不盯着看，不要打断别人，尊重长者，不嘲笑别人的错误，在室内摘下帽子，有骑士精神，等等，这些都是一些日常的绅士行为。

### （四）中国君子与英国绅士之比较

第一，从教育的角度来看，20 世纪以来盛行的素质教育借鉴了传统儒家教育和绅士教育的经验。儒家思想的主要目的是为君主服务。广泛的绅士教育是为了满足当时社会发展的需要。

第二，从道德修养的角度看，君子具有强烈的意志力和雄心壮志。“故天将降大任于是人也，必先苦其心志，劳其筋骨……然后知生于忧患死于安乐也。”(《孟子·告子下》)在英国，几乎找不到溺爱孩子的父母。公立学校是英国绅士的摇篮，在那里，吃苦是光荣，拥有坚强的意志力是高尚的品质。公立学校让学生经历人为塑造的挫折，使他们有能力过艰苦的生活。

第三，在社会影响方面，当代社会，绅士比君子更受关注。这意味着“绅士观”在日常生活中更具可行性。可行性是“君子”与“绅士”在社会价值上的最大区别。“君子”关注的是心灵和精神的完美，这在短时间内是无法感知的。“绅士”专注于外在。如果一个当代人被誉为绅士，那么人们会从他的衣着、言语和行为来评判他。然而，礼貌背后的精神永远无法被了解。因此，在恭维语中，“绅士”比“君子”更常用。这就是为什么“绅士”的社会影响力远远大于“君子”。

### （五）总结

古代圣人的圣光仍然存在于传统的儒家君子和传统的西方绅士身上，值得欣赏和学习。君子和绅士对道德的重视，仍应为当代人所遵循。任何时代都应该重视公民的道德修养。诚信的缺失是构建和谐社会过程中一个不容忽视的现实问题。和谐社会应该是一个维护道德的社会。

### 练习题三

1. 填空题

（1）在当代社会，“绅士”是指________。

（2）绅士一词起源于________统治时期，是英国绅士文化最终确立的时代。

（3）英国绅士不太爱说话，因为他们认为________是绅士的重要特征。

（4）君子关注的是________的完美，而绅士专注于________。

（4）君子和绅士对________的重视，仍应为当代人所遵循。任何时代都应该重视公民的________。

2. 选择题

（1）在______，绅士的定义逐渐包含了富有的商人和毕业于名校的知识分子。

A. 18 世纪　　B. 维多利亚时代　　C. 伊丽莎白一世时期

（2）______塑造了英国人的容忍之心。

A. 封建主义　　B. 官僚主义　　C. 资本主义

（3）在英国，______是一个永恒不变的话题。

A. 天气　　B. 家庭　　C. 政治

（4）下面错误的一句是______。

A. 从教育的角度来看，君子和绅士所受的教育都是素质教育

B. 从道德修养的角度来看，君子和绅士都具有强烈的意志力

C. 从社会影响方面来看，君子和绅士具有同样的社会影响力

（5）______是君子和绅士在社会价值上的最大区别。

A. 意志力　　B. 受教育程度　　C. 可行性

3. 思考题

（1）请举例说明绅士文化的特点。

（2）请分享一个关于中国文化中君子的故事。

## 五、中外文化品鉴

谚语是一个国家人民日常工作生活中日积月累的经验概括与总结，其内容精辟，寓意深邃，具有广泛的感染力，从中折射出一个国家的地理、历史、社会制度、生活哲理、社会观点和态度及其丰富的文化内涵。因此，若想了解生活在这一文化之中的人们以及他们的风俗习惯和行为模式，我们即可从其谚语的字里行间窥见一斑。正如培根所说："谚语是一个民族天才、机智和精神的体现。"

价值观是文化的核心和灵魂，它是特定文化中人们对好与坏、对与错、善与恶进行判断的标准，为人们的思想、行为提供了一套基本准则。由于中西价值观在许多方面存在着差异，因此，对价值观差异的描述必须分类进行。美国人类学家弗罗伦斯·克拉克洪（Florence R. Kluckhohn）在对数百种文化进行研究后得出结论：每种文化都必须对人和自然关系取向、时间取向、行为取向、人性取向和社会关系取向五个方面的问题做出回答，它们是价值观中最基本的五个问题。学者朱益平借助克拉克洪分析文化模式的五种取向，通过一些汉英谚语对比，来逐一剖析中西文化价值观的差异。



### （一）人和自然关系取向（Relationship of Humankind to Nature）

克拉克洪认为不同文化对人和自然的关系问题有三种不同的回答：人类受制于自然、人类与自然和谐相处和人类掌控自然。在相信人类受制于自然的文化中，人们被动地接受自然的安排；在崇尚人类与自然和谐相处的文化中，人们根据自然的节奏生活；在接受人类掌控自然的文化中，人们努力地改变自然和征服自然。追求人与自然的和谐，是中国几千年传统文化的主流。中国儒家提出"天人合一"，人事必须顺应天意，要将天之法则转化为人之准则，顺应天理，方能国泰民安。中国道家提出"道法自然"。所谓"道法自然"，指的是"道"按照自然法则独立运行，而宇宙万物皆有超越人主观意志的运行规律。老子认为，自然法则不可违，人道必须顺应天道，人只能是"辅万物之自然而不敢为"。诚所谓"顺天者昌，逆天者亡"。

汉语中有许多谚语通过阐释自然来关照社会、启迪人生。"天有不测风云，人有旦夕祸福""天下无不散之筵席"，说明自然规律和人事规律是相对应而存在的不可分割的统一体。"天不可违，时不可失"，是说人类只有遵循自然规律，顺时应天，才能把握时机，运筹帷幄；"打铁看火候，庄稼赶时候"也是说人们要取得好收成，达到天从人愿的结果，就务必要顺从大自然的安排。同时，天还是公理和正义的化身，如“皇天不负有心人”“天理难容”“天网恢恢，疏而不漏”表达了人们对公理和正义的坚定信念和惩恶扬善的美好愿望。

而西方传统宇宙观是“天人相分”的观点。认为人和自然是一对对立的实体。人和自然的对立中，人占主动，处于支配和改造自然的地位。因此，他们突出人与自然的抗争，把人与自然看成是征服与被征服的关系、主人与仆人的关系。人们不断地应付自然的挑战，努力支配、改造自然。

与此相应的，英语中有许多谚语也反映了西方天人相分的价值观。“Man proposes, God disposes.”（谋事在人，成事在天。），说明人的意愿与上帝相违背（此处“上帝”可理解为“天”）；“Man is the soul of the universe.”（人是宇宙的灵魂。），“Man is the measure of all things.”（人是衡量万物的标准。）等谚语强调了人作为万物之灵的至高地位；“Where there is a will，there is a way.”（有志者，事竟成。）“Knowledge is power.”（知识就是力量。）表明如果人类意志坚强，掌握知识就会有改造自然的力量。

### （二）时间取向（Time Orientation）

时间观念作为民族文化精神的重要组成部分，与本民族的宇宙观和思维模式有着千丝万缕的联系。根据克拉克洪的研究，不同文化有不同的时间取向。在过去时间取向（past-oriented）的文化中，人们尊重历史和传统；在现在时间（present-oriented）取向的文化中，人们强调此时此刻；在未来时间取向（future-oriented）的文化中，人们规划和掌控未来。

在中国几千年的历史中，儒道两家的教义贯穿始终，都主张回归自然，回归过去。作为儒道的泰斗，孔子和老子被后人认为具有高度的人生智慧，给人类决定了一个终极的人生方向。天道与圣人的境界已摆在了世人的面前，人们要做的也就是朝着那个目标努力。因此，历史与前人的经验教训，对于中国人极其重要，在时间上就表现为过去取向。“前事不忘，后事之师”表明人们对过去怀有鲜明的崇敬，过去的经验和教训往往是今天事情成败的重要参考。

西方人把“跟上时代”和“关注未来”作为行动的指南，采取未来时间取向。因为他们认为，回归过去如同走向“原罪”，后退是没有出路的。所以，西方人往往不那么注重历史与传统。他们认为未来是可以驾驭的，现在发生的一切只不过是为更美好的未来做准备而已。人们普遍认为变革意味着进步，新事物总是优于旧事物，谚语“There is nothing permanent except change.”（只有变化是永恒的。），“Change of pasture makes fate calves.”（要得牛犊肥，需要换块地。），“Wise men change their minds，fools never.”（智者改变主意，愚者从不改变。）和“To an optimist every change is a change for the better.”（对于乐观者都是越变越好。）就说明了这一点。“Experience is the mistress of fools.”（愚人受经验控制。），“Experience keeps a dear school，yet fools will learn in no other.”（经验开了一所昂贵的学校，而傻子不得不去上学。），“An expert is one who knows more and more about less and less."（专家就是对少而又少的事知道得多而又多的人。）说明西方人也并不过分迷信权威，经验也未必都对。

（三）行为取向（Activity Orientation）

在行为取向方面，克拉克洪认为有些文化看重做人，强调在其位、谋其政；有些文化注重发展，强调个人的潜能；而有些文化倾向于做事，更在乎目标的实现。

几千年来，中国道家哲学最主要的思想就是崇尚自然，倡导无为。人们力图"无为而有为"，"无为"是"自然"的延伸，一切人为的东西都不自然，要"自然"就必须"无为"。为人处世也应该顺应自然，办任何事情都不可凭主观欲望胡作非为。当然"无为"并不是说什么也不做，不是坐以待毙，而是顺应自然的更大程度、更高境界的有为。顺自然而为，即为"无为"，即循道而为。然而后人却扭曲了老子的本意，硬是用自己的行为给"无为"贴上了"消极"的标签。因此，虽然中国有一部分谚语如"无名无位，无忧无虑""急流勇退，与世无争"和"忍一时风平浪静，退一步海阔天空"等表明了中国人淡泊名利、宁静致远的个人修养；然而"识时务者为俊杰""人怕出名猪怕壮""枪打出头鸟""树大招风"和"人的命，天注定"等谚语则暴露了中国人向往平凡无争，不愿冒险的民族性格。



西方文明的源头之一是古希腊海洋文化，恶劣而博大的自然环境造就了西方人热衷于冒险，敢于挑战一切的坚毅性格。拼搏、进取是他们精神的动力，因此做事就成了重要的价值观念。人们相信只有不断努力，快速行动，追求效率，并获得成功才是被推崇的品质。"We learn by doing"（在做事中学习），"Actions speak louder than words"（行动比语言更响亮），"The shortest answer is doing"（最简单的回答就是干。），以及我们耳熟能详的 "Time is money"（时间就是金钱），"Nothing ventured，nothing gained"（不入虎穴，焉得虎子）和"No sooner said than done"（说干就干）都强调做事的重要性。做事取向使西方人养成了外向的性格——大胆直率、热衷冒险、行动迅速、敢于挑战、不依靠他人。

（四）人性取向（Human Nature Orientation）

人性指人之所以区别于动物的根本属性。克拉克洪的研究对于人性的看法大致有三类：人性本恶、人性本善以及善恶结合。

中国古代经典之一的《三字经》中写道："人之初，性本善，性相近，习相远。"意思是人出生之初，禀性都是善良的，天性也都相差不多，只是后天所处的环境不同和所受教育不同，彼此的习性才形成了巨大的差别。这种人性论观点深刻地影响了中国文化发展的道路。与中国古代圣人相反， 西方古代哲人，尤其古代宗教先知是明确的人性本恶论观点的代表者。基督教《圣经》和基督教神学中关于人性本恶论的观点普遍地为西方人所接受。基督教主张原罪（sin）说，他们的罪先天地来自其祖先——亚当与夏娃。因此，任何人天生即是有罪的。“The sins of the fathers are visited upon the children”(父辈的原罪会传给他的后代，即父辈的罪孽会殃及子孙），“Our sins and our debts are often more than we think” (我们背负的原罪和所欠的债远比自己想象的深重)和“Every man has his besetting sin” (人人都有他易犯的恶习)，表达了人性本恶的观念。

### （五）社会关系取向（Social Orientation）

对于社会关系，不同文化也有不同的回答。克拉克洪发现在某些文化中，社会等级森严，人人服从权威；有些文化中，人们对群体或集体有很强的归属感；而在另一些文化中，人们更看重个人的独立和自我奋斗。

中国人比较崇尚集体主义（或称人伦本位）价值观，它是中国文化的主线。受其影响，汉语谚语中有着极其浓厚的人伦本位色彩，它体现为倡导人与人之间的互助友爱和团结合作关系，是两千多年来中国封建社会结构所形成的产物。汉语谚语“一个篱笆三个桩，一个好汉三个帮”“众人拾柴火焰高”“独木不成林，单丝难成缕”体现的就是一种典型的集体力量。人伦本位也体现在个人与集体之间的关系，主张“个人服从集体，小家服从国家”，因此有了诸如“先天下之忧而忧，后天下之乐而乐”等崇高的集体主义思想。此外，还有部分中国人也习惯于避免锋芒毕露，因为“枪打出头鸟”“出头的椽子先烂”，而“与世无争，难得糊涂”才是做人的最高境界。



英美价值观念的主线是个人主义，崇尚个人相对社会的独立自主性。谚语“Don’t put your finger in the pie”（不要多管闲事）体现的就是英美社会奉行的个人主义处世哲学，它告诫人们不要多管别人的闲事，专心搞好自己的事才是上策。“Every man is the architect of his own fortune”（个人的命运掌握在自己手中），“Every man must labor in his own trade”（人人都应为自己从事的职业而辛劳），“Do not expect strangers to do for you what you can do for yourself”（不要指望别人为你做自己能做的事情）表明每个人都应该是自主的、独立的，而不应该依赖别人而生活。受个人本位价值观念的影响，英美人士十分重视个人的隐私，故年龄、收入、宗教信仰以及私人住宅等均列入个人隐私范围。英谚“An Englishman’s home is his castle”（英国人的家是座城堡）即为一例。

### （六）结语

作为各民族语言的重要组成部分，要说铭刻人心、意味深长、寓意深远，恐非谚语莫属。从一个民族的谚语中，我们既可以找到他们的历史踪迹，也可以领略到他们对生活的体验，对社会、对人间百态的观察以及对事物哲理的精辟总结。因此国家之间、民族之间的价值观念所存在的差异具有其客观性。所以不存在绝对积极的价值观和绝对消极的价值观。而且，中西方价值观念的差异不是绝对的、一成不变的。在文化交流和相互渗透过程中，有些价值观念已被普遍认同和接受，而有些价值观念则随着跨文化交际的深入被人们逐渐适应和接受。在跨国交际日益频繁、跨文化交际日新月异的21世纪，我们研究汉英谚语，品味其中所浸含的精神营养，客观辩证地理解和对待中西价值观念，对更好地增进交流与合作，是十分有意义的。

### 练习题四

1. 填空题

（1）克拉克洪分析文化模式的五种取向是指________、________、________、________、________。

（2）中国文化追求人与自然的和谐，比如，儒家提出________，道家提出________。而西方传统宇宙观是________。

（3）中国文化在时间上表现为________取向，而西方文化是________取向。

（4）中国文化中对于人性的看法是________，而西方文化认为________。

（5）中国人崇尚________主义价值观，或称________；而英美价值观的主线是________。

2. 选择题

（1）“天有不测风云，人有旦夕祸福”体现的是______。

A. 中国的天人合一　　B. 西方的天人相分

（2）“To an optimist every change is a change for the better.”体现的是______。

A. 中国的过去时间取向　　B. 西方的未来时间取向

（3）“We learn by doing”体现了______。

A. 中国的无为　　B. 西方的拼搏进取

（4）基督教主张______，即人天生是有罪的。

A. 原罪说　　B. 性恶论

（5）“独木不成林”体现了______。

A. 中国的集体主义价值观　　B. 英美的个人主义价值观

3. 思考题

（1）请举例说明中国人的“天人合一”思想。

（2）请分享一个关于中国集体主义价值观的事例。

## 六、单元小项目

设计并制作一个旅游宣传册，要求包括英国名胜古迹、语言特点、文化特点，并对比英国绅士文化和中国君子文化。

## 【拓展阅读】

### 第一篇　剑桥轶事

因徐志摩《再别康桥》而在华人圈相当有名的剑桥（Cambridge），是英国历史最悠久的大学城，自古便名人辈出，科学家牛顿（Newton）、诗人拜伦（Byron）、作家狄更斯（Dickens）皆出自剑桥大学。用一天的时间，漫步在一栋栋雄伟的哥特式校舍间，享受充满学术气息的独特乡村景观，累了便来到河畔体验撑篙，坐着小船一路经过一座座桥，从水上欣赏两岸绝美建筑，度过悠闲的下午时光。除了欣赏剑桥的美，今天来给大家讲讲它背后的故事。

在英国，牛津大学和剑桥大学总是被一起提起，剑桥牛津已经成为英国顶级名校的代名词。但是，这两所名气和成就都很相似的名校，创立的缘由却是截然不同，并且充满戏剧性。如果说牛津大学是吵架“吵出来”的学校，那剑桥大学就是因为“不想吵架只想静静”而诞生的学校。背后的故事是这样的：剑桥大学的创办，是因为牛津大学的学者和当地普通居民的矛盾冲突升级，为了躲避与当地居民的争斗，牛津大学的一部分教授停止讲课并离开牛津来到剑桥郡，并在1209年创建了剑桥大学。这是史上绝无仅有的为了不想吵架而诞生的学校。捎带一句，剑桥大学还擅长培养伟人，这些伟人的成就基本都写入了我们的教科书，成为考试的重点考点。有趣的是，400 多年后，剑桥大学的教授同样出走，创建了另一所美国顶级名校：哈佛大学。

1. 国王学院（King’s College）

剑桥大学内最有名的学院之一。成立于 1441 年，距今有 580 余年历史。由当时的英国国王亨利六世设立创建，因而得名“国王”学院。整个建筑前后落成花了近 100 年时间。最初创立时只有 1 名院长和 70 名学生，全部来自伊顿公学。当时国王学院是专门为亨利六世所创的伊顿公学的毕业生而建立的，不收其他学生。

为了显示国王的雄厚财力，学院建立之初就追求宏伟壮观的建筑，而其建筑群中最著名的当属礼拜堂，它高耸入云霄的尖塔和恢宏的哥特建筑风格已经成为整个剑桥的标志和荣耀。

国王学院最引以为傲的历史是：1689 年，学院的师生们成功抵制国王任命来自三一学院的牛顿作为国王学院院长的命令。显示了国王学院的尊严和独立自主的精神。学院还以敢于创新闻名，据说学生在正式的晚宴上无须穿黑色学袍，也没有专为导师们设立的高桌，也无须在导师们入场时起立肃穆，因为人们认为，这些导师值得尊敬的是他们的学问，而不是他们的服饰和虚礼。

原本由保守的国王一心建立的国王学院，如今却成了剑桥最激进的改革者，成为在礼节和等级方面最不正式的一个学院，这也许是当初的亨利六世所无法想象的吧。

国王学院礼拜堂（King’s College Chapel）是学院内最具代表性的建筑，英国最杰出的哥特式风格建筑之一。由亨利六世亲自设计，耗时近 100 年才于 1547 年建成完工。礼拜堂唱诗班也是英国非常著名的唱诗班。

2. 三一学院（Trinity College）

三一学院由亨利八世于1546年钦点建立，结合两所更早以前就已存在的学院：1324年建立的麦可学院（Michaelhouse）以及1317年建立的国王学堂（King's Hall），因此学院里最古老的建筑可追溯到其前身国王学堂所使用的钟楼。因为是亨利八世所建立的学院，三一学院各处可见都铎王朝的标志。

仔细看看亨利八世像，不知道大家有没有发现这个雕像好像有些不寻常的地方呢？——亨利八世像的左手捧着金光闪闪的“主权宝球”（Sovereign's Orb，拉丁文：globus cruciger，原意为“带有十字的球”），可是右手握住的东西并不是金令牌或金宝剑，而是破旧木头桌子腿！据说这是维多利亚时期学生的恶作剧，半夜里爬上去偷换的，从此就留在那里了。

对于有夜间攀爬癖好的学生们来说，换掉国王手中的权杖并不是一件困难事。《夜间攀爬者》一书在剑桥随处可见，这本书详细指导了剑桥每一座标志性建筑该怎么爬上去，记录了多年来在夜间攀爬中留下传奇的学生。1978年6月13日凌晨4点30分，两名学生爬上了剑桥大学图书馆的钟楼，也是剑桥目前的最高点。5年后，其中一人——皇后学院的博士杰弗逊，在秘鲁攀登阿特森拉杰峰时遇难。

参观三一学院的时候，或许会听见另一个很有名的传说：这株在学院正门与学院礼拜堂间草地上的苹果树，就是当初牛顿坐在其下被苹果砸到而悟出地心引力的那一棵苹果树！



不过后来有另一种说法是，牛顿的苹果树在瘟疫期间移植到牛顿的家乡林肯郡了，而现在这棵苹果树则是那株苹果树的苹果籽栽植出来的。

3. 竞技剑桥

剑桥大学这所悠久著名的大学，不了解的人可能会认为它是传统刻板的，但事实恰好相反，除保持传统严谨的治学之外，剑桥大学的课外生活十分丰富，每年都有许多有趣的活动。其中，剑桥大学和牛津大学间的赛艇比赛是最为人津津乐道的。这项体育赛事起源于1829年，当时牛津大学的一名学生突发奇想，向剑桥大学的另一名学生写下赛艇的挑战书。此后这项赛事不时举行，并在1856年正式化，每年复活节，剑桥大学和牛津大学都会举行赛艇比赛。现在，两校间的赛艇比赛已经成为英国体育赛事的一大热门，每年都有25万人现场观赛，为各自喜欢的大学队伍摇旗呐喊。目前，剑桥大学的胜利总场数略多于牛津大学。

此外，剑桥大学还参加或举行过许多体育比赛，比如国际帆船赛、橄榄球赛、板球、国际象棋等，都有不错的成绩。剑桥大学对体育竞技的热爱，也是剑桥竞争、拼搏精神的集中体现。

4. 造就众多时代的伟人

创立800多年来，剑桥大学培养了许多对人类有巨大贡献的伟人。例如：发现了万有引力、三大运动定律，发明了反射望远镜，发展了微积分学，奠定物理学基础的牛顿；

提出19世纪自然科学三大发现之一的生物进化论的达尔文；提出黑洞蒸发理论和无边界的20世纪最伟大的科学家霍金；英国文学史上最伟大的六大诗人之一，创作《失乐园》的诗人弥尔顿；还有卡文迪许、开尔文、罗素、拜伦等众多的科学巨匠、文学大师，连我国的著名诗人徐志摩和著名文学家金庸也曾就读于剑桥大学。

## 第二篇　英国下午茶

在英国文化里，有这么一种说法："When the clock kicks at four everything in this world stops for tea"（当时钟敲响四下时，世上的一切瞬间为茶而停）。

1. 英国人有多爱下午茶

不知道朋友们是否看过英剧《女王》中的一个桥段：镜头中伊丽莎白女王与菲利普亲王正在静静地享受下午茶时光，镜头之外戴安娜王妃去世的消息使所有舆论压力直指王室，事态的发展不容乐观，而菲利普亲王却只是说："亲爱的，你的茶都凉了。"

可见，对于王室来说，没有什么比下午茶更重要的事情了。英国女王只有在下午茶的时候才最为放松。即使是安妮公主，想和母亲共度这段安逸时光，也需要提前和母亲商量，得到允许才行。

在英国女王每日餐单中，下午茶是绝不能少的一环，哪怕是出宫巡访，也会随身带着红茶和茶点。

女王的下午茶搭配的甜点，一般是司康饼或者是加了蜂蜜和奶油的海绵蛋糕，当然姜饼和巧克力蛋糕、巧克力饼干、加了烟熏三文鱼和火腿的迷你三明治也是选择之一。

通常，正统的英国下午茶所用的点心是用三层点心瓷盘装盛，第一层放三明治和手工饼干，第二层放传统英式点心——scone（英式松饼）。第三层则放蛋糕及水果塔，其次序是由下往上开吃。

而如果下午茶是在下午6点进行的，则称为high tea，把茶和晚饭合并在一起。但这多是平民习惯，但桌上也会加上面包、奶酪、鱼肉等。

自从200多年前茶叶从中国传入英国之后，饮茶一直被英国人看作是一种悠闲和舒适的享受。无论发生什么国家大事，下午茶依然是不可缺少的一部分。

在英国的家庭中，"我把茶壶坐上了！"是一句对忙碌一天疲倦归家的主人极好的关切话语。英国家庭最习惯的欢迎客人的话也是："我把茶壶坐上吧，你一定得喝一杯茶。"

2. 英国下午茶背后的故事

1662年，葡萄牙国王约翰四世之女、布拉干萨王朝公主凯瑟琳嫁给了英国国王查理二世，其嫁妆极其丰厚，据说其随身物品中包含一些散装茶叶。

"与查理国王联姻之后，凯瑟琳迅速成为众人关注的焦点——她的穿着打扮、她使用的家具……所有与她相关的东西都成为王室谈资。"《布拉干萨王朝公主凯瑟琳：查理二世的王后》的作者莎拉·贝丝·沃特金斯说，"她的日常饮茶活动引来许多人纷纷效仿，贵妇们纷纷模仿其饮茶习惯以便融入王后的社交圈。"

凯瑟琳刚到英国之时，茶叶只是作为一种药品在市场流通，有帮助人们振奋精神、理气健脾的药效。但是，这位年轻的王后习惯于每天饮茶。久而久之，茶叶便不再是健康提神药品，而是发展成为社交饮品，开始在英国盛行。

准确来说，虽然茶叶在凯瑟琳嫁来英国之前已经出现，但是当时并不流行。伦敦玛丽王后大学教授马克曼·埃利斯指出："在1657年瓦勒就有饮茶的习惯，这比凯瑟琳早了整整六年。饮茶在当时并不多见，究其原因是茶叶价格昂贵。"

当时茶叶的价格确实高得惊人，一磅茶叶的价格相当于工薪阶级一年的收入。

根据埃利斯的说法，"除了社会上层最富有的人，其他人都不可能负担得起茶叶。因此茶叶成为贵妇与王室结交的手段，通过茶叶与凯瑟琳结交便是最好的例子。"

"无论王后做什么，其他人都会效仿。于是到了17世纪末，贵族们自然而然开始饮茶。"佩蒂格鲁说。

关于英国下午茶还有很多有趣的小故事。最广为人知的一则笑话是这样的：

一位初到英国的法国外交官，被某公爵夫人请去喝下午茶，他喝到第四杯时腹胀难忍，只能恳求夫人不管怎么样都不能再添了。

原来这位法国人不懂英国人的规矩，每次"干杯"后，没有将茶匙放进杯中以示到此为止，不知底细的公爵夫人只能不停地续茶，直到那位法国人的肠胃受不了，公爵夫人更是万分痛惜她那宝贵的茶叶被如此豪饮。

3. 精美的周边文化



英国人下午茶最重要的是环境。主人会在家中最好的房间招待客人，当客人们围坐就位后，主人通常会吩咐侍女捧来放有茶叶的宝箱，在众人面前开启，以示茶叶之金贵。

其中，高档的茶具更是重中之重——细瓷杯碟或银质茶具、茶壶、过滤网、茶盘、茶匙、茶刀、三层点心架、饼干夹、糖罐、奶盅瓶，水果盘、切柠檬器，全都银光闪闪，晶莹剔透。

在缺乏阳光的英国，银质茶具往往透着人们对阳光的渴望。当然最好再有悠扬轻松的古典音乐来佐茶，宾主都要衣着得体。维多利亚时代的女人去赴下午茶会必穿着缀了花边的蕾丝裙，将腰束紧，茶要滴滴慢饮，点心要细细品尝，交谈要低声絮语，举止要端庄大方。男士则要衣着淡雅入时，举止彬彬有礼。

下午茶会是仅次于晚宴和晚会的非正式社交场合。但如今的下午茶已经简略了许多，只不过"举止优雅"这一条铁律，却一直没有改变过。

饮茶瓷器在英国的风靡，与凯瑟琳的母国葡萄牙也有一定关联。"葡萄牙是瓷器进口到欧洲的路线上的一站，"埃利斯说，"虽然瓷器价格昂贵，但却非常精致漂亮。饮茶之所以受欢迎的一个重要原因，就是人们可以使用这些精美的茶具。"

后来，18世纪的英国人又发明了骨瓷，因在其黏土中加入30%左右的食草动物骨灰（一般是牛骨粉）而得名。

骨灰的加入增加了瓷器的硬度与透光度，强度高于一般瓷器，是日用瓷器的两倍。独特的烧制过程和骨炭的加入，使瓷土中的杂质被消除，骨瓷显得更洁白、细腻、通透、轻巧，极少瑕疵，并且比一般瓷器薄，在视觉上有一种特殊的清洁感。

现在，英国的一些精美名品茶具更是受到全世界喜爱茶文化人士的追捧，比如著名的韦奇伍德瓷器、皇家瓦塞思等。

其中，皇家道尔顿是英国最大的骨瓷出口制造商，曾被维多利亚女王誉为“世界上最美丽瓷器的制造者”，广受世界各王室喜爱。其代表作有最受英国黛安娜王妃生前青睐的皇家阿尔伯特和怀旧的田园风光与英式典雅相结合的“老镇玫瑰”系列。皇家道尔顿的骨瓷中含有大约50%的牛骨粉末，烧制技术超级高难，透光性好就是源于此。

有机会去英国旅游的朋友，别忘了体验一下英国的下午茶文化哦。

## 第三篇　英式幽默

大多数国家都有自己独特的幽默感，觉得一些事情比他们的邻国有趣得多。对于英国人而言，情况确实如此，对他们来说，讽刺和挖苦的乐趣是很常见的——通常被称为“打趣”，也很难被理解。

英式幽默经常颠倒意思，用词却传达相反的意思。我们可以在英国一些最伟大的作家的作品中看到这一点——查尔斯·狄更斯和简·奥斯汀就是典型的例子；在英国电视上看到的喜剧和与人的日常对话中，即使是陌生人也会对他们不认识的人使用讽刺或挖苦的字眼。这可能会令人困惑。

在这篇文章中，我们将展示如何发现这种幽默，理解它，甚至自己使用它。我们还会看到一些其他类型的典型英国幽默。

1. 什么是讽刺（反讽）？

讽刺（反讽）是一种语言工具，其中一个短语的意义是相反的，或接近相反的词的字面意义。它通常用于喜剧效果，并且经常强调一点。

在英国的幽默中，反讽的用法常常是针对自己的。英国人的幽默常常是自嘲，换句话说，是说话者在自说自话。

所以，让我们看一个例子。首先，了解下反讽的一般形式。想象一下，你看到你最喜欢的足球队以0比5输了一场比赛。你回到家，你的妻子/丈夫说：“Did you enjoy the game?”

你回答说：“Yeah，it was great.”很明显，你不喜欢这场比赛，因为你支持的球队输了，你讽刺性地强调了你的失望感。

举个自嘲的例子，想象一下你去拜访一个朋友或亲戚时迷路了。当你到了朋友或亲戚的家时，你的朋友说：“You found us OK then?”

你回答说：“No problem.”“no”这个词有点强调，或者你用微笑或者扬起眉毛来表示另一个意思。在这个例子中，显然你很艰难才找到朋友的新家，你在暗指你找的方向出了问题。在这些情况下使用讽刺在英国语言的表达方式中确实起着重要作用。让我们以第一个例子来说明这一点。

想象一下，你直截了当地说："No，the game was terrible. We lost 5-0." 这种说法往往是一种无意义的解释。

我们期望得到的答复要么是肯定的，要么是有趣的。当回答是直截了当的否定的时，这意味着说话人是生气的。虽然讽刺性的回答会得到对方一个微笑，或是一个理解的点头，但字面上直截了当的回答可能会得到别人过度的同情，或是不赞成，因为看你起来好像很烦恼。这样的回答会给别人留下小题大做的感觉。

有时很难理解这些讽刺的表达。当你试图将一顿饭的费用分摊到四个人身上时，你可以想象一下下面虚构的对话。账单已经交给你了，但你不想计算每个人该出多少。

"Eighty-seven pounds，plus a tip" 你接着说，"Who is good at math?"

一个人回答说："I've got a Masters Degree in Applied Mathematics." 这句话是在表明他或她不想承担计算费用的责任。他或她用讽刺来夸大他的反应。A Masters Degree in Applied Mathematics——应用数学硕士学位。

2. 发现讽刺的幽默

这可能很困难，尤其是当你在学习说或读英语的时候。从这里发现：言过其实的表达和似乎很夸张的反应。

3. 当讽刺变得讨厌时——嘲讽、挖苦

Irony：大多数情况下，反讽被用来表达愉快的幽默，以保持谈话轻松友好，或者嘲笑那些值得一些有针对性的观察的对象，比如傲慢的人或政客。例如：



It is one of the ironies of life that by the time you have earned enough money for the things you always wanted，you no longer have the energy to enjoy them.

当你挣到足够的钱去买你一直想要的东西时，你已经没有精力去享受它们了，这是生活中的讽刺之一。

Sarcasm：但是有一种讽刺的形式不那么令人愉快，那就是嘲讽。它存在于英语口语中，是一种旨在侮辱、贬低或嘲笑他人的讽刺形式。这不那么令人愉快，但因为演讲者想让他的对象知道他们受到了侮辱，所以更容易被发现。然而，在英国，反讽通常被用来反讽自己，嘲讽则被用来嘲笑别人。例如：

"You have been working hard,"he said with heavy sarcasm,as he looked at the empty page.

"你工作很努力，"他看着那张空白的纸嘲讽地说道。

4. 双关语

双关语是一种文字游戏。事实上，对于一个学习这门语言的人来说，通过双关语找到幽默的表达确实有助于词汇的掌握，并发现发音相似的词之间的差异。这是一个有趣的方式，而且对学习语言是非常有益的。

这里有一个双关语的例子。一位女士走进杂货店（a grocer's shop）。

"Can I have a pear，please,"she asks. "Here you are madam,"says the grocer(杂货店老

板)as he hands over a ripe(成熟的)green fruit. The lady stands waiting，and an awkward silence(一种令人尴尬的沉默)grows. “Is everything OK,Madam?” asks the grocer “I asked for a pair,and you only gave me one,”complains the lady.

这个笑点是“pear”和“pair”两个词听起来是一样的（它们是同音词），但意思完全不同。

大家可以找出其他同音词并用它们创造自己的双关语。

双关语经常出现在喜剧电视节目中。喜剧演员米尔顿·琼斯（Milton Jones）以使用双关语而闻名。他最常说的一句是：Our daughter has a very large stripy head. We called her Melanie.

5. 斯普纳现象

很遗憾最后的这种英国式幽默正在逐渐地消失。斯普纳现象（Spoonerisms）又称斯普纳首音误置现象。首音误置现象由英语中单词的辅音交错互换而造成滑稽效果。类似于汉语中“枫叶红了”被说成“红叶疯了”的说法。这种原本是口误的现象，后来逐渐演变成一种文字游戏，很受17世纪英国贵族的欢迎。

据称，斯普纳现象是由阿尔伯特·斯普纳（Albert Spooner）发明的，他天生就有语言缺陷。一个著名的首音误置的例子：

“It is customary to kiss the bride”（亲吻新娘是习俗）这句话被说成：“It is kisstomery to cuss the bride”（诅咒新娘是亲吻仪式）。



## 第二单元　参考文献


[1] 罗琼宇. 中国“君子”与英伦“绅士”之比较研究[D]. 湖北：湖北工业大学，2013.

[2] 吴莹. 从社会语言学角度分析现代英式英语的演变及预测其发展[D]. 陕西：西北大学，2008.

[3] 朱益平.从汉英谚语对比看中西价值观差异[J]. 理论导刊，2009（12）：120-121+119.

[4] 剑桥轶事[EB/OL]. [2021-08-03]. https://baijiahao.baidu.com/s?id=1609590536845712622&wfr=spider&for=pc.

[5] 英国下午茶[EB/OL].[2021-08-03].https://zhuanlan.zhihu.com/p/259250537?utm_source= wechat_session.

[6] 英式幽默 [EB/OL]. [2021-08-03]. https://baijiahao.baidu.com/s?id=1645328166396148375&wfr=spider&for=pc.

[7] 中华人民共和国外交部. 英国国家概况[EB/OL].（2022-06-01）[2022-09-21].https://www. mfa.gov.cn/web/gjhdq_676201/gj_676203/oz_678770/1206_679906/1206x0_679908/.

[8] 索沃 Andy. 剑桥大学各个学院都有哪些趣闻轶事？[EB/OL]. [2021-08-03].（2022-10-02）. https://www.zhihu.com/question/20807960/answer/1537837464.

[9] 每日英语.《闲话英伦》英国人的“言外之意”你懂了吗？[EB/OL].（2022-09-12）. https://dict.eudic.net/webting/play?id=268d56fe-e1ab-499b-9982-b2d12ea8f753&order=0&ua=%2Feusoft_ting_en_android%2F10.3.0%2F19a4bc522f956fe3%2F%2Fhuawei%2F.

# 第三单元 美国语言文化之美

## 学习目标

（1）知识目标：学生能够掌握美国文化相关的语言表达，能够描述美国的文化概况，能够阐释所讲国家的典型文化特征。

（2）能力目标：学生能够灵活运用美国文化相关的语言表达和相关知识，能够分析美国文化的深层表征，能够比较中国和美国相关领域文化的差异性。

（3）美育目标：学生能够感受美国文化的精髓和底蕴，体验美国文化的多样美，让学生能够品味美国文化之美，珍惜身边的美好。

（4）思政目标：学生能够深切体验到文化背后所承载的美好的灵魂，美好的灵魂才能创造出美好的一切。学生能够树立积极、正确的审美标准，树立文化自信。

## 一、单元导入

众所周知，美国国名在正式、严肃场合使用“美利坚合众国”（The United States of America）。此外，美国国名还有几种说法，它们之间有什么区别，在各种场合如何恰当选择使用呢？下面我们来看一下美国各种名字的讲解：

U.S.是 United States 的缩写，也可写成 US，意为“合众国”。通常前面要加 the。这是对美国最传统也最正式的说法，经常用在外交和政治领域。比如美国政府就是 U.S. government。

U.S.A.其实是美国的缩写，也可以写成USA，其全称是 The United States of America，它经常在通信、邮政中使用，也是一个国际通用代码。

通常情况下，USA 与 US 意思是完全互通的。但在相对正式和严肃的场合，这两个词有着一定程度上的区别，具体如下。

世界上有两个合众国：美利坚合众国（The United States of America）和墨西哥合众国（The United Mexican States），但是一般情况下，“合众国”这个词特指美利坚合众国，在文章中要写作 the United States 或者 the US/the U.S.，注意要加 the 表示特指。严格意义上，United States（US）才是对美国最符合传统最为正式的称呼。包括联合国在内的所有国际机构的美国代表席位，均使用这个称呼。

Untied States 的缩写为 US 或 U.S.，它可以表示两个意思：United States; of the United States；

例如：

美国公民：U.S. Citizen

美国总统：U.S. President = President of the United States（POTUS）

美国国务院：U.S. Department of State= United States Department of State

美国人口普查局：U.S. Bureau of Labor Statistics

美国联邦调查局：U.S. Federal Bureau of Investigation

还有国防军事力量的各个组成部分也一律使用 U.S.，例如：

美国陆军：U.S. Army= United States Army，USA

美国海军：U.S. Navy= United States Navy，USN

美国空军：U.S. Air Force=United States Air Force，USAF

美国海军陆战队：U.S. Marine Corps= United States Marine Crops，USMC

美国海岸警卫队：U.S. Coast Guard= United States Coast Guard，USCG

当然一些特殊机构会有特殊的缩写，例如：

美国邮政署 United States Postal Service，一般直接缩写成 USPS，这是个政府直属的、企业性质的独立邮政服务机构，类似于中国邮政。

此外美国国家顶级域名为.us，类似中国的.cn。

USA 才是最标准的美利坚合众国（United States of America）全称的缩写，但有意思的是，它的应用度远没有 US 广泛。

USA 使用最多的地方就是在体育赛事上。包括国际奥委会在内的几乎所有国际体育赛事管理机构有严格规定，国家简写必须使用国家和地区代码表（ISO 3166-1，E.164）。就是我们经常能看到的，在电视上显示参赛选手国家的国旗下方相对应的国际三位拉丁字母代码。例如：

美国（USA）

中国（CHN）

英国（GBR）

法国（FRA）

俄国（RUS）

这些三位码是国际标准化组织（ISO）严格制定的，任何国家和组织都不得随意更改。比如，苏联英文缩写为 USSR（Union of Soviet Socialist Republics），但是在各种国际体育赛事中的简写，一律为 URS。

所以，无论是美国国家足球队、篮球队等团体项目的运动员还是个人项目的运动员，其运动服上印的字样全部都是“USA”。美国的观众无论在现场还是电视机前观看体育赛事，往往会齐声高喊“USA”，类似“中国加油”。

"America" 常用在口语中，用来专指美国。最初 "America" 指美洲，因为美国的崛起，现在大部分情况下 "America" 指 "美国"。相比 USA 或者是 US，America 更侧重于地理概念，表示美国这片土地。在宗教中赞美国家或人民时，就要用到 America。比如"天佑美国"——God bless America。当然也有例外，比如有一首美国歌曲就叫 *God bless the USA*。还有说到和美国的双方国际关系，需用 America（n）。

"America" 前面还可以加上 North 或 South 等方位。"North America"（北美洲）包含了美国、加拿大、墨西哥，还有"Central America"（中美洲）包括危地马拉、伯利兹、萨尔瓦多、洪都拉斯、尼加拉瓜、哥斯达黎加和巴拿马 7 个国家，"South America"（南美洲）包括玻利维亚、哥伦比亚、厄瓜多尔、秘鲁、委内瑞拉、阿根廷、巴西、乌拉圭和巴拉圭等国家。The Americas 指美洲，包括南美洲和北美洲。

"the States" 一般用在口语中，美国国内不使用，是美国国外对美国的一种不太正式的称法。

"Uncle Sam"（山姆大叔）是英语口语中对"美国""美国政府""美国人"的一种诙谐称法。1812 年，美国和英国为了争夺殖民地而大动干戈，打得不可开交。当时，纽约州的特罗伊城有一位名叫山姆尔·威尔逊的商人，专门负责向美军提供牛肉。他因此而小有名气，认识的人都称其为"山姆大叔"。根据有关规定，政府采购部门在收购"山姆大叔"的牛肉时，都要在包装箱盖上"US"的符号，以此作为美国财产的标记。十分凑巧的是，"山姆大叔"的英文缩写也是"US"。人们看到那些经过"山姆大叔"之手的牛肉成为美国的财产，很自然地把这两个"US"名称联系在一起。这样一传十，十传百，结果"山姆大叔"渐渐地成了美国的"绰号"。"山姆大叔"是一个什么样的形象呢？19 世纪 30 年代，一位美国漫画家发挥了充分的想象，将"山姆大叔"描绘成一个瘦弱的高个子老人。他长着白头发，蓄有山羊胡子，头上戴着的是一顶有星条图样的高帽。到了 1961 年，美国国会通过一项决议，正式确认"山姆大叔"为美国的象征。

美国的首都为华盛顿哥伦比亚特区（Washington D. C.），人口约 69 万。

美国的国庆日为 7 月 4 日，又称美国独立日，始于 1776 年。

美国是一个由 20 个州和 1 个联邦直辖特区组成的宪政联邦共和制国家。自 1870 年以来，美国国民经济就高居全球第一，是联合国安理会五个常任理事国之一，其在全球的政治、经济、军事、娱乐等众多领域具有庞大影响力，本单元将对其进行深入研究。

美国原为印第安人聚居地。15 世纪末，西班牙、荷兰、法国、英国等开始向北美移民。英国后来居上，到 1773 年，英国已建立了 13 个殖民地。1775 年，爆发了北美人民反对英国殖民者的独立战争。1776 年 7 月 4 日，北美殖民地人民在费城召开了第二次大陆会议，组成"大陆军"，由乔治·华盛顿任总司令，通过了《独立宣言》，正式宣布建立美利坚合众国。1783 年，独立战争结束，1787 年，制定联邦宪法，1788 年，乔治·华盛顿当选为第一任总统。1812 年后，美国完全摆脱英国统治。1860 年，反对黑奴制度的共和党人亚伯拉罕·林肯当选总统。1862 年 9 月宣布《解放黑奴宣言》后，南部奴隶主发动叛乱，爆发了南北战争。1865 年，战争以北方获胜而结束，从而为资本主义在美国的迅速发展扫清了道路。19 世纪初，随着资本主义的发展，美国开始对外扩张。在 1776 年后的 100 年内，美国领土几乎扩张了 10 倍。第二次世界大战后，美国国力大增。

美国是现存历史最悠久的宪政立宪共和国，有世界上最早并仍在运作的成文宪法《联邦条例》。宪法的主要内容是建立联邦制的国家，各州拥有较大的自主权，包括立法权；实行三权分立的政治体制，立法、行政、司法三部门鼎立，并相互制约。宪法规定，行政权属于总统，国家元首和政府首脑职权集中于总统一人，总统兼任武装部队总司令，总统不对国会负责。总统的行政命令与法律有同等效力。总统通过间接选举产生，任期四年。政府内阁由各部部长和总统指定的其他成员组成。内阁实际上只起到了总统助手和顾问团的作用，没有集体决策的权力。美国国会为最高立法机构，由美国参议院和美国众议院联合组成。

美国具有高度发达的现代市场经济，其国内生产总值和对外贸易额居世界首位。2001 年，美国经济在经历长达十年的增长后陷入短暂衰退，之后进入新一轮繁荣期。2008 年 9 月，随着雷曼兄弟等多家金融机构接连破产、被兼并或由政府接管，次贷危机迅速升级演变成大萧条以来最严重的国际金融危机。为摆脱经济危机困扰，美国政府相继推出多项政策措施，使经济金融形势开始好转。制造业在美国工业中占有主导地位，是美国经济的重要基础支柱。美国农业高度发达，机械化程度高。粮食产量约占世界总产量的 1/5。

早期的移民把欧洲文化带到美国，很快地，这些文化遍及美国各地。作为多民族多种族的移民国家，美国文化也显示出了与之适应的包容性和多样性，并融合产生出了许多新的文化类型和子系。尤其值得一提的是，美国有世界上最发达的流行文化产业，当代流行音乐、好莱坞电影和形形色色的现代、后现代艺术是个中代表。如今，美国已经成为世界文化的主流之一。许多的美国艺术家们对于发展新的风格、新的自我表现方式，甚至新的文化形式都做出了巨大的贡献。美国文化的主要内容是强调个人价值，追求民主自由，崇尚开拓和竞争讲求理性和实用，其核心是个人中心主义，强调通过个人奋斗、个人自我设计，追求个人价值的最终实现。

### 练习题一

1. 填空题

（1）美国国名在正式、严肃场合使用“美利坚合众国”，英文为____________。

（2）英语口语中对“美国”“美国政府”“美国人”的一种诙谐称法是________。

（3）美利坚合众国是一个由 50 个州和 1 个联邦直辖特区组成的________国家。

（4）1776 年 7 月 4 日，北美殖民地人民在费城召开了第二次大陆会议，组成“大陆军”，由乔治·华盛顿任总司令，通过了________，正式宣布建立美利坚合众国。

（5）美国文化的主要内容是强调个人价值，追求民主自由，崇尚开拓和竞争，讲求理性和实用，其核心是________。

2. 选择题

（1）1862 年 9 月宣布______后，南部奴隶主发动叛乱，爆发了南北战争。

A.《独立宣言》　B.《解放黑奴宣言》　C.《联邦条例》

（2）三权分立的政治体制，是指______三部门鼎立.

A. 立法、行政、司法　B. 立法、施政、司法　C. 立宪、行政、司法

（3）美国粮食产量约占世界总产量的______分之一。

A. 七　B. 六　C. 五

（4）总统通过______产生，任期四年。

A. 间接选举　B. 直接选举　C. 任命

（5）美国文化的主要内容是强调个人价值，追求民主自由，崇尚开拓和竞争，讲求理性和实用，其核心是______。

A. 自由民主　B. 自由平等　C. 个人中心主义

3. 思考题

（1）美国的英文国名有几个？分别是什么，一般在什么场合应用？

（2）美国的绰号“山姆大叔”是如何得来的？



## 二、世界多彩语言之美

英语是美国事实上的官方语言，就整个联邦而言，并没有统一的官方语言。由于多年来推动英语为官方语言的运动，美国 50 个州中已有 31 个州通过立法规定英语为官方语言，也有其他一些州提出相关议案，不过，面临的阻力相当大。有 3 个州承认其他语言与英语有平行地位：路易斯安那州的法语、夏威夷州的夏威夷语和新墨西哥州的西班牙语。本节主要针对美国英语来进行阐述。

### （一）美国英语的发展历史

英语是世界上使用最广的语言。除了英语国家以外，世界上很多非英语国家都非常重视本国的英语学习。语言的强弱与国家的强弱紧密联系。但是英语的各种变体在国际上的地位并不平等，那么，对于个体学习者来说，到底哪种英语最值得学习呢？本节通过介绍美国英语的发展历史与现状，从语言变体理论视角概述美国英语与英国英语的差异，分析美国英语的特点，阐述影响美国英语竞争力的因素，从而，对我们的英语教育、学习提供一些参考或借鉴。

美国的历史是从英国在北美建立殖民地开始的，美国殖民时期的历史是指从 1607 年到 1776 年美国宣布独立这一时期的历史。从 1607 年到 1733 年，英国殖民者在北美大

陆上陆续建起了 13 个英属殖民地。他们借助众多的人口、强大的经济与军事势力占据了北美大陆上丰富的自然资源和广阔的土地，借武力征服、削弱和驱除了荷兰、法国、德国等竞争对手，成了北美的主人。人口的增加和殖民地的建立促进了英语在世界的传播与发展。北美英属殖民地第一代移民都是在英国本土学会英语的。英格兰的殖民者肩负着英国王室的指令来到新大陆传播英语。一方面，他们竭力维护英语的一致性和纯洁性；另一方面，他们同化其他欧洲语言，更是对印第安人的语言进行污蔑、打击和排挤。通过各种途径，他们在北美新大陆树立起了一座英语的“通天之塔”。就这样，英国英语在北美大陆上得到维护和传播。

### （二）美国英语和英国英语的差异

众所周知，北美大陆与欧洲之间有大西洋相隔，当时的通信、交通都不发达，加之政治因素，大西洋两岸的人们来往还比较稀少。随着时间的推移，加上北美大陆独特的地理环境，美国英语与英国英语之间就逐渐出现差异。与现代英国英语相比，现代美国英语既保持了 17、18 世纪英国英语的一些特点，又显示出极大的统一性，同时在新的环境中又有了创新。

现代美国英语保留了 17、18 世纪英国英语的某些特征，而这些特征在现代英国标准英语中已经过时了。与英国英语比较，美国英语更具有保守性。英语单词 fast 和 pass 等中的[a]在现代美国英语中发的是单词 bag 和 map 中的扁平音[e]，而[e]却是 17、18 世纪英国英语的发音，现代英国标准英语发的是宽音[a:]。单词 bar 和 four 中的[r]音在现代美国英语中依然保留，但在现代英国英语中[r]是不发音的。单词 either 和 neither 在美国英语中发的是 17、18 世纪英国英语中 teeth 的[i]音，现代英国标准英语发的双元音[ai]。美国人用 mad 表达生气，莎士比亚时代的人们也这样用，可现代英国人已经不这样用了。单词 sick 在美国英语中用法比较普遍，现代英国标准英语仅用来表示“作呕”。美国人依然喜欢旧词 fall，现代英国标准英语已改用 autumn 了。美国英语中保留的“have gotten”是 17 世纪英国英语的表达形式，现代英国标准英语已经变成“have got”了。

约翰·威瑟斯庞神父（Father John Wethersburn）在 18 世纪末发现：在英国，郡与郡之间方言的差异要比美国洲与洲之间方言的差异还要大。一是早期的美洲移民大多来自英格兰的中部与东南部，其中很多人来自伦敦，其余的很分散，这样相对比较统一。语言学家约翰·皮克林（John Pickering）在 19 世纪也指出了整个美国方言的统一程度超过了英国，其原因是，人们频繁地从一个地方迁移到另一个地方。初期的殖民地相对集中。首批英国殖民者在美国东海岸建立了连在一起的 13 个殖民地。这是一个极为重要的因素。这 13 个殖民地既是一个坚固的根据地，同时也是一个向外扩展的语言大本营。

当殖民者来到新大陆时，他们见到了很多新奇的、以前未见过的新鲜事物，也经历了以前未曾经历的事情。首先，他们需要用新的词语来表达这些新鲜事物。一方面，他们创造了一些新词，如 bluff，foothill，notch，gap，watershed，clearing，underbrush 等；

另一方面，他们从土著居民印第安人语言里借来了许多如 moose，skunk，wigwam，terrapin 等词汇，也从法语、西班牙语、德语、荷兰语等中借了很多词汇，从而大大地丰富了他们的英语语言词汇。其次，殖民者强烈的语言意识和政治独立意识促使他们需要一种独立国家语言，一种不同于英国英语的英语语言。美国词典编纂家诺亚·韦伯斯特编写的《美国英语词典》（今简称为《韦氏大词典》）对美国英语产生了很大的影响。他对美国英语的影响主要集中在语音及拼写方面，由此也造成了英国英语与美国英语在语音与拼写方面的主要差异。

拼写上，美国英语有简化倾向。美国英语中的 honor，wagon，center，defense 等在英国英语中分别是 honour，waggon，centre，defence 等。发音方面，单词 past，top 和 four 中的[a:]，[a]和[r]就是典型的美国发音。韦伯斯的《美国英语词典》对美国英语的发音和拼写进行了规范，也树立了一个标准。

美国英语同样有标准变体与非标准变体之分。通常提到的美国英语主要指美国英语的标准变体，相当于中国的普通话。美国的标准英语广泛使用于国家的新闻广播、电视、官方文件、学校教育、教科书、对外英语教学及许多正式的语言使用场合。然而，美国由于其地域广袤，其语言自然也存在地域差异，于是就出现了许多方言。方言的发展丰富了美国英语。1949 年，汉斯·库拉斯（Hans Kurath）教授发表了题为 *A Word Geography of the Eastern United States* 的研究，他把美国英语划分为三大方言区：北部方言（Northern Dialects）、中部方言（Midland Dialects）和南部方言（Southern Dialects）。在这三大方言区中，又划分出六个次方言区，加上另外两个特殊的方言，共有八个方言。美国英语方言为美国英语的发展输送了营养，也增添了美国英语的民族性与多样性。



### （三）美国英语的国际竞争力

美国英语富有幽默感、词意丰富，且具有独创性。它远离了英国后，不但没有消亡，而且不断发展壮大，对英国英语也产生了巨大影响。20 世纪以来，在美国电影、广播以及连环漫画的影响下，大部分美国英语的新词在英国的传播速度几乎同在美国一样快。英国的青年一代早已能十分流畅地讲出美国英语。英国《庞奇》杂志甚至专门发表系列文章，介绍解释美国俚语、新词组的含义，用以指导青年人。

语言没有优劣之分，却有强弱之分。国家强，语言强；国家弱，语言弱。决定某种语言或方言强弱的多半是语言之外的社会文化经济因素。语言综合竞争力主要取决于六项要素的综合竞争力，而不是其中的一种。这六种要素分别是政治竞争力、文化竞争力、经济竞争力、人口竞争力、文字竞争力和宗教综合力。其中，政治竞争力最为重要。王逢鑫认为，一种语言成为国际语言，主要取决于使用这种语言的人民的政治实力，尤其是要靠军事实力开道。他同时认为，一种语言要保持其国际地位，巩固和扩大其影响，则需要经济实力。

一种语言之所以成为国际语言及地位不断加强和巩固，除民族的政治、经济、科技实力外，该民族的语言意识、语言政策以及语言教育也是十分重要的。美国一贯十分重视国家的语言问题与语言教育问题。语言规划就是国家或政府对其语言、语言教育等一系列问题的有目的的规划活动。语言政策表现国家或社会团体对语言问题的根本态度。早期的英国殖民者将英国英语带到北美大陆，通过实施英语教育将法语、德语、西班牙语挤出竞技圈，通过英语教育毁灭性地打击原住居民语言，通过英语同化其他移民的语言。从20世纪80年代到21世纪初，在美国的历史上出现了轰轰烈烈的英语官方化运动。官方化运动将英语确定为美国的官方语言，并颁布了一系列确定和维护英语为官方语言的法律，废除了联邦政府长达30多年的《双语教育法》。英语成为唯一的官方语言。美国语言、文化政策的根本目的是为"美国利益"服务。

在对海外推广英语方面，美国从20世纪50年代开始，奉行积极主动的对外文化外交政策。作为官方主管的对外英语教学的部门是美国国务院下属的英语项目办公室，其主要职能是指导和帮助在美国以外地区推广英语的各项活动，其运作主要通过美国驻各国的大使馆。此外，美国还将托福考试（Test of English as a Foreign Language，TOEFL）列为外国学生进入美国大学的先决条件。然而，起决定作用的还是美国的民间机构，它们比政府更为主动、积极，它们不仅出钱，而且出力。目前，美国的对外英语教学基本上已经形成了官方负责管理、民间机构负责派遣教师、大学负责培养教师这样一个三位一体模式。美国强大的政治、经济、军事及科技实力为其向全世界推广英语和美国文化提供了坚实的后盾。

在世界政治多元化、经济一体化发展趋势下，语言的发展也呈现一种全球化发展趋势。语言濒危全球化愈演愈烈。世界上约6 000种语言中，有近半数在21世纪面临消亡的危险。据推测，22世纪也将有50%的语言消失。50%是3 000种语言，100年是1 200个月，这意味着平均每两个星期至少有一种语言消失。另外，全球语言越来越少，少数语言被越来越多的国家和人们使用。语言使用呈现全球化趋势。而以美国为首的英语国家大有称霸世界的倾向。为了对抗英语的影响，法国和意大利就采取过保卫本国语言的行动。那么，如何加强中国的母语教育？如何处理好中国的英语教育与汉语母语教育的关系？这些都是我们必须严肃思考的现实问题。

### （四）美国俚语

美国俚语来源于美国人日常闲谈和调侃的口语之中，曾经被视为"粗俗低级""不登大雅之堂"。如今，在美国，俚语的流行程度却大大地出乎了语言学家的意料，俚语频繁出现于影视作品、文学作品、报刊中；在日常生活中，很多受过高等教育的人也大量使用俚语交流；从嬉皮士到雅皮士，都有自己的一套俚语；保守的中产阶级也讲俚语，就连一贯严谨的政客为了树立"亲民"形象，也在某些场合使用俚语。美国各阶层如此广泛地使用俚语，主要是由于美国俚语具有极强的语言表现力、感染力和生活情趣。

本节拟从美国俚语的修辞特征和语用功能两个方面来分析一下美国俚语的特点，使读者更好地把握纯正地道的“活”的美国英语，以便更好地了解美国社会和美国文化以及俚语盛行的原因。

1. 美国俚语的特征

俚语之所以在英语词汇中占有相当的比例，为较多的公众所理解和普遍使用，是由俚语的特征所决定的。俚语的幽默生动、富有形象性、易于表达情感、言简意赅等特征，反映出俚语与美国民族特点相符合，并使其显得更为独特，更为突出。

美国俚语广泛运用委婉、比喻、夸张、拟物等各种幽默有趣的修辞手法来达到其生动诙谐逼真的表达效果，寓游戏于文字之间，给使用者带来极大乐趣。这也是其主要的语言特色。

（1）委婉。

采用那些迂回曲折、模糊不清的表达手法来替代直截了当的说法就叫委婉。当谈到人类忌讳的事物时，人们总是会避免直接提及。这样的俚语相当多。如：以“to kick the bucket”或“to go one’s last home”表示死亡；以“to kiss something goodbye”表示舍弃某物；以“a lead balloon”（一个铅制气球）表达失败之意；以“to go and see one’s aunt”“John or little boy’s room”表达上厕所之意。这样的说法既避免了令人感到尴尬，又起到了一定的诙谐幽默的作用。

（2）比喻。



比喻的使用使美国俚语活泼而灵动，少了刻板，多了智慧，这也是美国俚语能够经久不衰地流行于美国社会的一个重要原因。比如：以“a pie in the sky”比喻不切实际的计划；以“to be over the hill”喻指人过了巅峰岁月；“a couch potato”喻指总待在沙发上看电视的人；“to be down on all fours”比喻人的消沉或是经济萧条；“there are plenty of other fish in the sea”以海里的鱼多比喻世上机会多。这样就把一些司空见惯的事情表现得生趣盎然，使本来苍白的表述充满了生命力。

（3）夸张。

夸张是强调和夸大事实以增强感染力的一种修辞手法。它能加深听者和读者的印象，增强他们的感性认识。俚语的这一用法也是其能得以流传开来的重要原因。例如“a lady-killer”表面含义是杀死女人的男子。但深层含义可拓展为让女人一见倾心、风度翩翩的男子。“I was really put through the wringer at my joy interview.”如果理解为：在我的求职面试会上我被扔进了“绞衣机”内，可能就要闹笑话了。“put through the wringer”用于形容某人精力耗尽。这句话应译为：“我的求职面试真让我耗尽了精力。”

（4）拟物。

拟物将人的某些特点与动物或某些静物相比，使表达更形象，思想内涵的传达更精确。例如：“You can’t teach an old dog new tricks”（老人难适应新事物），“You can’t judge a book by its cover”（人不可貌相），“The early bird gets the worm”（捷足先登），“Every dog has it’s day”（人人皆有得意日）。美国俚语通过委婉、比喻、夸张和拟物的表达，使我们切实地了解到交谈者的思想感情，使交流更具魅力，交谈更有活力。

2. 美国俚语的语用功能

美国俚语出于大众之口，跳出了规范语言的框框，使人们不受拘束，畅所欲言，但是在不同的场合和环境中，俚语的使用所表达的感情是不同的，这就需要交流者具有较好的素质进行判断。

（1）积极情感。

在美国俚语的特定语境中，话语的含义并非表面指称语义，而是表达喜爱、赞美、欣赏等情感。如："You got a new car？ Cool!"（你买了辆新车？太棒了！），"She is a real fox！"（她真有魅力！），"Your new jacket is really evil"（你的新夹克真酷），"I got some videodiscs that are really bad"（我搞到些影碟，好极了），显然，cool，fox，evil，bad 已经演变成褒义的语义。这样由贬义或中性意味的词语的词义提升，使语言表达更加俏皮和充满活力。这也体现了俚语的演变，正所谓"万事无常规，寻求新奇特"。

（2）消极情感。

俚语也可表现说话者厌恶、愤怒的情感以及诅咒、惊讶的语气。如："a kiss-ass"（马屁精）；"a loan shark"（放高利贷者）；"to play dirty"（使用卑劣手段）；"monkey business"（不道德行为）等。又如："Damn it!"（该死！），"Bite your tongue"（别胡扯了！），"You had rocks in your head"（你真是太蠢了）。

（3）表示讽刺、挖苦、幽默。

美国俚语中把"五角大楼"（the pentagon）称为"target A"（头号目标）。美国俚语 NATO 是 North Atlantic Treaty Organization（北大西洋公约组织）的首字母缩略词构成的，但富于创新、生性幽默的美国人却把它发展成另一含义截然不同的俚语："No Action，Talk Only"（光说不做）。从而成功地讽刺了真正的 NATO。

美国俚语作为语言中丰富多彩和充满活力的成分，既多元勤变，又求新务实，这也使它与标准语言相互依存，活跃于社会的各个角落。我们通过其修辞特征及语用功能两大特点入手，不仅可以了解和把握好美国英语，也可以从中窥见不断变化的美国语言文化和社会文化。

3. 美国盛行俚语的原因

美国俚语有两个方面十分特别：第一，美国俚语的数量特别多。第二，美国俚语的应用特别广。据估计，美国俚语占日常会话的 10%，为什么在美国流行使用俚语呢？我们可以从俚语本身的特性和美国民族特色等以下几个方面来谈。

（1）从俚语的第一个定义来看，它最基本的特征是非正式性。它适应了美国人不在乎礼节的生活方式。诗人卡尔·桑德·伯格就俚语说过这样的话："俚语是脱掉礼服，卷起衣袖时所用的语言。"美国人与其他国家的人相比，他们性格比较活泼开放，无拘无束，乐于接受新的思想、新的行为方式和新的语言，他们能够接受在其他许多国家难以接受的东西。如果发明了新的词汇并把它引入美式英语中，美国人会欣然接受它。在英国，人们的思想相对于美国来说要保守得多，所以俚语的数量以及使用都较美国少。例如："fink"（工贼）原是工会组织内部的用语，指那些背叛同伴的人，现在它远远超出了工会运动的范畴，成为一个广泛应用的词汇，以至于你可以听到："As far as I'm concerned, the new hunch is a fink."（在我看来那个工头是个贼。）。这句话里的 hunch 意为工头，或常用来指某一部门的老板。

（2）从俚语的第二个定义来看，它是某一阶级，或某一职业所特有的用来表示专门意义的词。基于这个特点，这类俚语有时被叫作行话，能够成为一种秘密语言。有一种不让外人听懂内部说话内容的传达信息的手段，经常是很有用的。这种秘密语言现在许多团体的人中间很盛行，譬如：在美国演艺界，演员失业被说成是"at liberty"；而"claptrap"是目的在于博得掌声的噱头。美国语言中俚语多、使用广的另一个原因是：美国是一个许多民族聚居的国家，有很多民族小集团的存在。如德裔美国人、意大利裔美国人、华裔美国人等，这些集团中的任何人都有可能把自己的语言中的词汇汇入自己所说的英语中，而他所汇入的词汇就有可能变成俚语。这些小集团之间并不是处于隔离状态，这样的词汇就有可能被其他集团人们所听到并汇入到大多数人的口语之中。一句外语都不会说的人可能会说："I took him out for some chow to see what he's like."（我带他出去吃饺子，让他尝尝鲜。）；"I think he's a clucky，who takes a lot of balone."（他尽胡说八道，我想他是个大笨蛋。）。"chow"（饺子）是一种食物，它来自中文。"clucky"是指蠢笨的人、易把事情干糟的人，它来自德语。"baloney"来自意大利语，它的原意为"巴罗那大香肠"，但是作为美国俚语，它的意思是"胡说八道"。



美国俚语作为语言中丰富多彩和充满活力的成分，既多元勤变，又求新务实，这也使它与标准语言相互依存，活跃于社会的各个角落。我们通过其修辞特征及语用功能两方面的学习，不仅可以了解和把握好美国英语，也可以从中窥见不断变化的美国语言文化和社会文化，从中同时可以了解美国俚语盛行的主要原因。

## 练习题二

1. 填空题

（1）与英国英语相比，美国英语更具有________。

（2）拼写上，美国英语有________倾向。

（3）汉斯·库拉斯（Hans Kurath）教授把美国英语划分为三大方言区：________________、________________、________。

（4）语言综合竞争力主要取决于六项要素的综合竞争力：分别是________、文化竞争力、经济竞争力、人口竞争力、文字竞争力和宗教综合力。

（5）________运动将英语确定为美国的官方语言，并颁布了一系列确定和维护英语为官方语言的法律，废除了联邦政府长达 30 多年的《双语教育法》。

2. 选择题

（1）美国俚语来源于美国人日常闲谈和调侃的口语之中，曾经被视为______。

A. 粗俗低级　　B. 优美高雅　　C. 标准英语

（2）美国各阶层广泛地使用俚语，主要是由于美国俚语具有极强的语言表现力，感染力和______。

A. 生活情趣　　B. 竞争力　　C. 创造力

（3）采用那些迂回曲折、模糊不清的表达手法来替代直截了当的说法就叫______。

A. 比喻　　B. 委婉　　C. 夸张

（4）在美国俚语的特定语境中，话语的含义并非表面指称语义，如："She is a real fox!"是表达______的情感。

A. 批评、指责　　B. 贬低、歧视　　C. 喜爱、赞美

（5）俚语是某一阶级，或某一职业所特有的用来表示专门意义的词。基于这个特点，这类俚语有时被叫作______，能够成为一种秘密语言。

A. 暗语　　B. 行话　　C. 专有名词

3. 思考题

（1）简述美国英语的国际地位。

（2）举例说明美国俚语的语用功能。

（3）简述美国俚语盛行的原因。



## 三、世界多样社会剪影

美国位于北美洲中部，领土还包括北美洲西北部的阿拉斯加和太平洋中部的夏威夷群岛。美国北与加拿大接壤，南靠墨西哥和墨西哥湾，西临太平洋，东濒大西洋，本土面积 937 万平方千米，东西长 4 500 千米，南北宽 2 700 千米，海岸线长 22 680 千米。大部分地区属于大陆性气候，南部属亚热带气候。中北部平原温差很大，芝加哥 1 月平均气温为−3℃，7 月为 24℃；墨西哥湾沿岸 1 月平均气温为 11℃，7 月为 28℃。

美国人口约 3.33 亿人（截至 2021 年 8 月 15 日）。据美国 2020 年人口普查数据显示，非拉美裔白人占 57.8%，拉美裔占 18.7%，非洲裔占 12.4%，亚裔占 6%，印第安人和阿拉斯加原住民占 1.1%，夏威夷原住民或其他太平洋岛民占 0.2%（以上比例存在重叠）。通用英语。人口中约 46.5%信仰基督教，20.8%信仰天主教，1.9%信仰犹太教，0.9%信仰伊斯兰教，0.7%信仰佛教，0.5%信仰东正教，1.2%信仰其他宗教，22.8%无宗教信仰（少部分人群属于多宗教信仰被重复统计）。

美国共分 50 个州和 1 个特区，有 3143 个县。联邦领地包括波多黎各和北马里亚纳；海外领地包括关岛、美属萨摩亚、美属维尔京群岛等。各州名称：亚拉巴马、阿拉斯加、亚利桑那、阿肯色、加利福尼亚、科罗拉多、康涅狄格、特拉华、佛罗里达、佐治亚、

夏威夷、爱达荷、伊利诺伊、印第安纳、艾奥瓦、堪萨斯、肯塔基、路易斯安那、缅因、马里兰、马萨诸塞、密歇根、明尼苏达、密西西比、密苏里、蒙大拿、内布拉斯加、内华达、新罕布什尔、新泽西、新墨西哥、纽约、北卡罗来纳、北达科他、俄亥俄、俄克拉荷马、俄勒冈、宾夕法尼亚、罗得岛、南卡罗来纳、南达科他、田纳西、得克萨斯、犹他、佛蒙特、弗吉尼亚、华盛顿、西弗吉尼亚、威斯康星、怀俄明。

美国实行总统制。总统是国家元首、政府首脑兼武装部队总司令。总统通过间接选举产生，任期 4 年。政府内阁由总统、副总统、各部部长和总统指定的其他成员组成。内阁实际上只起总统助手和顾问团的作用，没有集体决策的权力。

1776 年 7 月 4 日，制定了宪法性文件《联邦条例》。1787 年 5 月，制定了宪法草案，1789 年 3 月，第一届国会宣布生效。它是世界上第一部作为独立、统一国家的成文宪法。宪法的主要内容是建立联邦制的国家，各州拥有较大的自主权，包括立法权；实行三权分立的政治体制，立法、行政、司法三部门鼎立，并相互制约。两百多年以来，共制定了 27 条宪法修正案。重要的修改有：1791 年 9 月由国会通过的包括保证信仰、言论、出版自由与和平集会权利在内的宪法前 10 条修正案，后通称“民权法案”(或“权利法案”)；1865 年和 1870 年通过的关于废除奴隶制度和承认黑人公民权利的第 13 条和 15 条修正案；1951 年通过的规定总统如不能行使职权则由副总统升任总统的第 25 条修正案。

美国国会是最高立法机构，由参、众两院组成。两院议员由各州选民直接选举产生。参议员每州 2 名，共 100 名，任期 6 年，每 2 年改选 1/3。众议员按各州的人口比例分配名额选出，共 435 名，任期 2 年，期满全部改选。两院议员均可连任，任期不限。参众议员均系专职，不得兼任政府职务。



美国的司法机构设联邦最高法院、联邦法院、州法院及一些特别法院。联邦最高法院由首席大法官和 8 名大法官组成，终身任职。联邦最高法院有权裁定联邦和各州的任何法律违宪而不被采用。

美国主要政党有共和党、民主党。

(1) 共和党 (Republican Party)：成立于 1854 年。1861 年林肯就任总统，共和党首次执政。此后至 1933 年的 70 多年中，除 16 年外，共和党一直主政白宫。1933 年以来，共和党人艾森豪威尔 (1953 年 1 月至 1961 年 1 月)、尼克松 (1969 年 1 月至 1974 年 8 月)、福特 (1974 年 8 月至 1977 年 1 月)、里根 (1981 年 1 月至 1989 年 1 月)、乔治·赫伯特·沃克·布什 (1989 年 1 月至 1993 年 1 月)、乔治·沃克·布什 (2001 年 1 月至 2009 年 1 月)、特朗普 (2017 年 1 月至 2021 年 1 月) 先后当选总统执政。

(2) 民主党 (Democratic Party)：1791 年成立，当时称共和党。1794 年改称民主共和党，1828 年改为民主党。1861 年南北战争前夕，民主党内部分裂，该党的南方奴隶主策划叛乱。南北战争结束后，民主党在野 24 年。1885 年克利夫兰当选总统。此后该党又大部分时间在野。1933 年开始，民主党人罗斯福 (1933 年 3 月至 1945 年 4 月)、杜鲁门 (1945 年 4 月至 1953 年 1 月)、肯尼迪 (1961 年 1 月至 1963 年 11 月)、约翰逊 (1963 年 11 月至 1969 年 1 月)、卡特 (1977 年 1 月至 1981 年 1 月)、克林顿 (1993 年 1 月至

2001 年 1 月)、奥巴马(2009 年 1 月至 2017 年 1 月)、拜登(2021 年 1 月 20 日至今)先后当选总统执政。

美国有高度发达的现代市场经济，其国内生产总值居世界首位。

美国自然资源丰富，矿产资源总探明储量居世界首位。煤、石油、天然气、铁矿石、钾盐、磷酸盐、硫磺等矿物储量均居世界前列。其他矿物有铜、铅、钼、铀、铝矾土、金、汞、镍、碳酸钾、银、钨、锌、铝、铋等。战略矿物资源钛、锰、钴、铬等主要靠进口。森林面积约 44 亿亩，覆盖率达 33%。

近年来，美国着力优化产业结构，实施“再工业化”战略，振兴实体经济，推动制造业回流，美国工业生产保持稳定，信息、生物等高科技产业发展迅速，利用高科技改造传统产业也取得新进展。在新冠疫情背景下，2020 年，美国工业生产萎缩 3.6%；美国主要工业产品有汽车、航空设备、计算机、电子和通信设备、钢铁、石油产品、化肥、水泥、塑料及新闻纸、机械等。

2019、2020 财年美联邦财政赤字分别为 9 840 亿、3.1 万亿美元。2021 年 8 月，美国国债总额为 28.4 万亿美元，约为国内生产总值的 136%。为助力美国经济衰退后的复苏进程，美国政府签署并实施多轮经济救助法案。美联储于 2020 年两次紧急大幅降息至 0 ~ 0.25%的近零利率，实施“无限量”量化宽松政策，并承诺在实现充分就业的目标前将维持当前联邦基金利率和购债规模。

美国对外贸易主要出口商品为：汽车、大豆、精炼石油、飞行器、原油、集成电路等。主要进口商品是：汽车、原油、广播设备、计算机、汽车零件等。

2020 年，美国前五大货物贸易伙伴为中国、墨西哥、加拿大、日本、德国。美国前五大货物出口市场为加拿大、墨西哥、中国、日本、英国。美国前五大货物进口来源地为中国、墨西哥、加拿大、日本、德国。

美国的社会福利分为社会保险和非社会保险两种。属于社会保险福利项目的有：老残保险、失业保险和其他就业保险；属于非社会保险福利项目的有：对抚养儿童困难家庭的补助、社会保障收入、食品券、医疗补助、住房补助和能源补助。美国的医疗保障体系主要由联邦医疗保险和政府医疗补助两部分组成。近年来，美国医疗开支不断攀升，政府财政入不敷出。奥巴马执政期间，美国国会于 2010 年 3 月通过以“全覆盖”和“低成本”为核心的医保改革法案。拜登上任第一周即签署行政令，恢复平价医疗法案，扩大医疗保险的覆盖范围。

美国总统兼任武装部队总司令，掌握最高指挥权。进攻性战略武器和核武器的使用权集中在总统手中。国家军事指挥系统由国防部和参谋长联席会议组成。国防部是总统领导与指挥全军的办事机构，又是向各联合司令部发布总统和国防部部长命令的军事指挥机关。参谋长联席会议是总统和国防部部长最高军事咨询机构，由主席、副主席、陆军和空军参谋长、海军作战部部长及海军陆战队司令组成。

美国中小学教育主要是由各州教育委员会和地方政府管理。学校分公立、私立两类。多数州实行十年义务教育。各州学制不一，大部分为小学六年、初中三年、高中三年。

高等教育有两年制的初级学院和技术学院，四年制的大学本科和二至四年的研究生院。

著名高等学府有：哈佛大学、普林斯顿大学、耶鲁大学、宾夕法尼亚大学、杜克大学、斯坦福大学、加州理工学院、麻省理工学院、哥伦比亚大学、达特茅斯学院、华盛顿大学圣路易斯分校、西北大学、康奈尔大学、约翰·霍普金斯大学、布朗大学、芝加哥大学、莱斯大学和加利福尼亚大学伯克利分校等。

### 练习题三

1. 填空题

（1）美国位于北美洲中部，领土还包括北美洲西北部的阿拉斯加和太平洋中部的________。

（2）美国本土面积________万平方千米，东西长 4 500 千米，南北宽 2 700 千米，海岸线长 22 680 千米。

（3）美国大部分地区属于________，南部属亚热带气候。

（4）美国原为印第安人聚居地。15 世纪末________、荷兰、法国、英国等开始向北美移民。

（5）美国人口约 3.33 亿人（截至 2021 年 8 月 15 日）。据美国 2020 年人口普查数据显示，非拉美裔白人占 57.8%，拉美裔占 18.7%，非洲裔占 12.4%，亚裔占________，印第安人和阿拉斯加原住民占 1.1%，夏威夷原住民或其他太平洋岛民占 0.2%（以上比例存在重叠）。

2. 选择题

（1）美国共分 50 个州和______个特区。

A. 1　　B. 2　　C. 3

（2）美国联邦领地包括______。

A. 夏威夷和爱达荷　　B. 亚特兰大和墨西哥　　C. 波多黎各和北马里亚纳

（3）近年来，美国着力优化产业结构，实施“______”战略，振兴实体经济，推动制造业回流。

A. 再工业化　　B. 去工业化　　C. 复苏农业

（4）美国对外贸易主要出口农业商品为______。

A. 玉米　　B. 大豆　　C. 大米

（5）美国中小学教育主要是由各州教育委员会和地方政府管理。多数州实行______年义务教育。

A. 九　　B. 十　　C. 十二

3. 思考题

（1）简述美国社会福利。

（2）介绍美国教育体制。

## 四、典型文化分析

谈到美国文化，人们一般把其作为西方文化或者发达资本主义国家文化的代表，并且与东方文化尤其是中国文化进行比较，甚至把这两种文化作为人类文明两种截然不同的典型。其实，东方与西方只是相对的概念，我们对美国文化的认识，也不能局限于美国属于西方文化类型的角度去理解。因为美国文化自身的特点也很鲜明。

尽管古代美洲是印第安人的故乡，印第安人文化对美国文化的发展做出了自己独特的贡献，但是，今日美国主要是伴随欧洲人的地理大发现特别是对美国殖民的结果。现代美国文化的直接源头应该是欧洲，特别是英国“五月花号”的清教徒为代表的盎格鲁-撒克逊文化。作为典型的移民国家，当代美国文化是多元文化混杂的结果，来自欧洲的移民是美国移民的主体（黑人作为奴隶被贩运到美国，拉美国家进入美国的移民相对较晚一些，亚洲国家的移民总量不多），也是美国文化的主要来源，其中来自英国、爱尔兰的盎格鲁-撒克逊文化是其主流。这也是我们所研究和介绍的美国文化。

当我们谈起美国文化与美国人，一个不能回避的概念是个人主义。如果说东方文化崇尚集体主义，西方文化崇尚自由主义，来源于欧洲同属西方文化类型的美国显然奉行个人主义，崇拜英雄。好莱坞的故事充满个人拯救人类和世界的个人英雄主义。个人主义、英雄崇拜成为美国文化的重要符号。在集体主义语境下，认为个人主义是与集体主义相对的，而且一般把个人主义看作贬义词。随着中国改革开放与走向社会主义市场经济，我们自身的视野越来越宽，对集体主义与个人主义的关系有了新的认识。集体主义与个人主义不仅仅是好与不好的道德评价，而且具有背后的经济社会文化因素。如果抛开对个人主义或集体主义的道德评价，仅仅叙述一种社会现象或社会事实，对于个人主义的看法会有所不同。

美国是一个移民为主形成的现代化国家，在开拓美国边疆和发展经济的过程中，来到美国大陆的移民把勇于冒险、开拓创新的精神发挥得淋漓尽致。在美国，宽松的创新环境、不断满足市场和社会需要的创新产品及其带来的丰厚利益，激励着人们在生产经营、科技发明、社会服务等领域开拓进取。美国文化崇尚个人奋斗和勇于创新，其目标固然也可以赋予很多丰富的内涵，但主要的目的确实简单明了，那就是追求财富和成功。追求财富和成功在某种程度上讲是全世界各国、各类人群的共同愿望，美国人却把财富和成功作为社会评价标准，尤其是人们的成功与否及成功程度的大小，直接用金钱多与少作为标准来衡量。市场为个人价值进行赋权和定价，这种实用主义、功利主义的特点在美国体现得最鲜明。美国是用金钱衡量个人地位与价值的非常典型的社会。

英雄是个自古以来恒久不变的话题，每个国家都有各具特色的英雄，每个人都会崇拜英雄。美国是当前世界最具广泛影响力的国家之一，其独特的英雄主义文化影响了诸多的国家。作为它对外文化输出的一个关键性标志——“英雄主义”也毫无意外地引起了人们对它的兴趣。为什么会产生这样的英雄主义文化？这种英雄主义文化的价值所在何处？下面将着眼于美国英雄主义中的“个人英雄主义”部分，根据目前的研究成果结合自己的观点来展开叙述。

### （一）美国个人英雄主义的来源与现实体现

福·赫西认为，美国的主流文化就是一部英雄崇拜的编年史。毫无疑问，个人英雄主义是美利坚民族的传统性格，是美国文化的重要组成部分。“美国的个人英雄主义是美国文化发展的历史产物，也是组成美国文化的核心思想，个人英雄主义是人类对自由的原始需要”，这种精神来源于最初的历史，当西欧移民第一次踏上北美这块新兴的大陆之际，对于周遭环境的不熟悉、不信任与缺乏应有的安全感造就了美国人那不同寻常的勇气与敢于冒险的精神，而能在艰苦环境之下创造出辉煌的英雄们也就成了很多美国人内心的支柱。

个人英雄主义从历史及心理观念发展来看，是来源于美国人对自身的生存环境的忧虑以及自身人文理念的塑造，是发自内心深处，对现实未知世界的恐惧，故而在内心深处需要拥有过人能力的英雄的存在，以保护与支撑自己在现实生活中的强大的心理安慰。来自移民的美国人厌恶原先的宗教压迫与禁锢，崇尚个人努力和奋斗，并且相信人人都可以依靠自身的能力去创造自由美好的生活、造福社会，这也便是美国个人英雄主义最早的来源。



个人英雄主义最早出现在通俗小说中，美国早期的通俗小说以牛仔小说、侦探小说与科幻小说为主，这些故事的主人公都有一种强烈的个人英雄主义倾向，他们的形象时常是“脱离法律和社会管制，通过以暴制暴来实现目标并且有对外开拓冒险的精神”，象征着美国人崇尚自由，超脱束缚的民族观念。这些通俗小说随着流传对世界也产生了重要的影响，对其他国家的英雄形象塑造也造成了一定的冲击。但小说对整体世界的影响相对而言还是有限的，毕竟有一定的阅读理解能力的要求，而电影则更为直观。而随着时代的发展，科技的进步，电影成为直观展示民族精神与性格的绝佳媒介，故而有美国特色的个人英雄主义电影也应运而生。

当前的世界里，只要提到电影，就不能不提好莱坞。好莱坞电影已成为美国文化的重要代表之一，是美国文化产业的重要组成部分，而美国的个人英雄主义文化价值观在电影中表现得淋漓尽致。纵观好莱坞个人英雄主义电影的发展历程，描绘美国早期西进运动时代的西部片乃是个人英雄主义在电影中最早的体现。而除去早期的西部片之外，在文化繁荣的当前，个人英雄主义也淋漓尽致地体现于好莱坞的战争片与科幻片之中，其中有很多是大家耳熟能详的作品，比如《拯救大兵瑞恩》《珍珠港》《黑客帝国》《复仇者联盟》《美国队长》等。这些电影都作为美国英雄主义电影最好的体现而出现在世界各地的影院中。

## （二）美国个人英雄主义在文化作品中的主要内涵体现

美国社会是高度包容与开放的，作为世界上最大的移民国家，世界各地的人们与文化不断地融入美国的社会之中，在文化的交融与碰撞中进一步发展了美国个人英雄主义。在美国大片中，故事发生的地点不仅仅是美国，世界任何国家和地区都会成为故事的发生地。而且，美国大片中包含着亚洲人、美洲人、欧洲人、非洲人等世界各地的人种，他们可能具有不同的文化习俗和宗教信仰，但这并不妨碍他们成为美国大片中的一员。美国个人英雄主义在不同类型的文化作品中也有着不同的体现。

### 1. 通俗小说

美国的通俗小说主要兴起于 19 世纪中后期，主要的作品形象以“牛仔、侦探与科幻英雄”为主，结合美国早期的西进运动背景，故事的主角往往都是富有冒险精神的个人主义者，独来独往，无视法律的管制，凭个人的出色能力来应对各类环境。而到了 20 世纪后，小说主角身上的个人英雄主义色彩更多是救世主的形象，这其实也是美国经济实力增长，综合国力上升，有心去做世界主导者的一类体现。美国个人英雄主义在小说中也不是一成不变的，随着科技与时代的进步渐趋呈现出一种更为分裂的发展态势。

### 2. 电影

美国的英雄主义电影举世闻名，人尽皆知，这些特效精致、规模宏大的电影中透露出的个人英雄主义价值理念，有几个方面的特点：追求自由与正义、崇尚以暴制暴的暴力美学、自由与契约精神的结合以及由女性来衬托英雄。

## （三）美国个人英雄主义的不足与借鉴意义

几十年来，好莱坞电影成功地将美国的文化价值观和民族精神灌输到其他国家，而在美国精神中占有重要地位的个人英雄主义更是被电影刻画到极致。在电影大片中，美国式的英雄人物会对灾难挺身而出，凭借其超人的智慧和能力，带领人们不断走出生存困境。“我们要看到，这种通过电影将自身文化和价值观向异质文化体系传播是一种潜移默化而又高效的手段。”通过电影，美国的价值观念一直在向其他国家与社会渗透。

当然，我们无法否定美国个人英雄主义对于文明发展的积极价值。但其中包含的“个人至上、以暴制暴”等理念是有悖于我们国家法律以及传统文化的存在。我们当前世界丰富灿烂的历史文化是全人类一同创造的结果，是无数劳动人民血汗与智慧所凝聚而成的结晶。

东西方文化的差异造就了英雄主义的不同，我国传统的英雄主义文化以“英雄人物崇拜”为主，与美国英雄崇拜具有一定的差异，我们的英雄大多来源于我们悠久的历史长河之中，形象具体且贴合现实，“一方面强调行为主体兼具杰出的能力和品行，另一方面更要求其以大无畏的精神为家庭、集体以及民族奉献力量”。在当前这个全球化的时代，中国的英雄亦是需要面向世界，我们需要在理解美国英雄主义时吸收其思想精华并摈弃其价值观念中的糟粕成分，真正做到“在我国的英雄主义传承和英雄形象塑造上摒弃美国文化的渗透侵蚀，同时借鉴美国英雄的范式多样、人物立体、个性鲜明、性格多维等特点”，博采众长，为我所用，吸收好的特质来为自己的英雄形象服务，更好地传承中华精神文明，并推动社会发展。

英雄主义是当前美国文化的一张标签，影响了世界上诸多的国家。但不能仅从英雄主义本身来看美国，因为实际上美国的个人英雄主义是美国文化输出的一个代表。现在的中国是一个真正的面向世界的大国，为了实现中华民族伟大复兴的中国梦，文化发展也是迫在眉睫的。通过理解与改造美国个人英雄主义来进一步完善与提高自身的英雄主义文化，面向世界博采众长，以更大的勇气去讲好中国故事以及传播中国文化。

### 练习题四

1. 填空题

（1）古代美洲是印第安人的故乡，今日美国主要是伴随欧洲人的地理大发现特别是对________的结果。

（2）在集体主义语境下，认为个人主义是与集体主义相对的，而且一般把个人主义看作________。

（3）美国文化崇尚________，其目标固然也可以赋予很多丰富的内涵，但主要的目的确实简单明了，那就是追求财富和成功。

（4）作为典型的移民国家，当代美国文化是多元文化混杂的结果，来自______的移民是美国移民的主体。

（5）美国早期的通俗小说以________、侦探小说与科幻小说为主。

2. 选择题

（1）20 世纪后，小说主角身上的个人英雄主义色彩更多是______的形象。

A. 富商　　B. 救世主　　C. 平民

（2）个人英雄主义价值理念，有几个方面的特点，“追求______、崇尚以暴制暴的暴力美学、自由与契约精神的结合以及由女性来衬托英雄”。

A. 自由与正义　　B. 自由与平等　　C. 自由与民主

（3）中国的英雄大多来源于我们悠久的历史长河之中，形象具体且______。

A. 风流倜傥　　B. 高大　　C. 贴合现实

（4）通过电影，美国的______观念一直在向其他国家与社会渗透。

A. 价值　　B. 平等博爱　　C. 社会价值

（5）现代美国文化的直接源头应该是______。

A. 印第安　　B. 英国　　C. 欧洲

3. 思考题

（1）简述美国文化的起源。

（2）美国个人英雄主义的不足与借鉴意义是什么？

## 五、中外文化品鉴

在每一个国家，文化都是不可缺少的要素，它随着社会演变影响着人们的生活与认识。而在不同的社会、经济、政治的影响下，中美文化存在巨大差异，这种不同的表现深刻影响着人们的社会生活习俗与观念，本节对饮食、婚俗、家庭观、医学观这几方面做简单介绍。

### （一）饮食

美国饮食文化在精致方面并不讲究，美国人追求的是一种方便快捷的饮食方式，不奢华，属于大众化，美国人的一日三餐都较为随便。美国人的正餐一般是晚餐，因为工作繁忙，中午餐食较为随便，如炸鸡、汉堡，形成了独特的快餐文化。但美国饮食文化也较为有名，20 世纪中叶，美国、法国和意大利的三大菜系均位居世界前列，在餐饮行业中扮演着重要的角色。

中国文化源远流长，博大精深，中国的饮食文化亦是如此。中国饮食文化视野广阔、层次深远，它是中国人民在生产实践、生活实践中，在食品的开发与调配、食具研发与制作中，在进行营养与保健、饮食的品尝与审美中不断地创造、积累并影响其他国家乃至世界的物质精神财富。

1. 中美饮食差异

中国人的饮食，在“色、香、味”方面很讲究，一道菜的这三方面缺一不可。在烹调时，注重五味间的调和，最高境界就是追求极致美味，因而不怕花费时间。中国菜在烹调的过程中，较为讲究综合各种食材味道的特点，达到“你中有我，我中有你”的境界。对这种“协调”之美的高度追求正是中国饮食烹饪技术的精髓所在。但是不足的是，中国饮食重味道而忽略了营养，很多菜品在经过油炸、爆炒、熬煮等过程之后，虽然味道着实让人垂涎欲滴，却也同时破坏了其中的营养。再者，很多菜品在制作过程中需耗费大量的时间，简而言之，中国菜看重味道，缺乏对营养和烹调效率的认识。

在注重营养价值方面，美国是相对合格的。美国人认为，食物最大的功能在于营养，而烹饪是为了给营养一层保障。热量、蛋白质、维生素是美国饮食文化非常强调的，要做到全方位、多营养。例如，美国早餐标配就是一杯牛奶、两片吐司、两根烤肠和一个鸡蛋。科学检测发现，这样的早餐看似很简单，但实则热量摄入不多，又很营养。另外，美国人花在饮食上的时间不多，时间观念很强，就餐大多是因为身体需要及时摄取能量，因而也就不愿在烹调上消耗太多时间。例如，美国人吃蔬菜，往往洗后直接食用，或者蘸沙拉酱，方便又营养。在体现美国人方便、快捷、省时的饮食观念方面，以汉堡、热狗、炸鸡为代表的几种流行的食物，都是制作简单、口味不多、食用方便的食品，有利于快速投入到工作当中，不会占用太多的工作时间。

2. 进餐方式的差异

中国向来以“和”为美，对于进餐方式，也讲究一个“和”字，也就是饮食时达到一种团圆和谐的氛围；小到家庭用餐，大到应酬待客，都喜欢聚在一起进餐，共同分享美味，也能体现出彼此的亲密无间。在中国人看来，一起进餐是加深感情的方式，既能拉近亲人、朋友之间的距离，又能交到新朋友，学到东西。中国人会通过就餐时给别人夹菜表示与人关系亲近，美国人则讲究个人的个性与独立，每个人都是一个独立的个体，不习惯围在一起就餐，采用分餐。美国人就餐时一般是各自点自己想吃的菜，之后就自己吃自己的，不跟旁人共享食物，哪怕是家庭聚餐，通常也是将食物分发给全家人，家人们各自用刀叉吃自己盘子里的食物。美国人认为这是一种卫生和节约理念的体现，既避免浪费食物，又保护了个人的饮食健康。



3. 餐桌礼仪的差异

中国向来以“礼仪之邦”著称，在餐桌礼仪方面更是如此，讲究座位顺序、上菜顺序、用餐方式等。一个人礼貌与修养的体现可以从入座顺序看出，入座时，一般先请客人入座上席，再请长辈入座，宾客依次有序入座，尊敬老人和宾客是主人自我修养的体现。而在美国，主人一般是让客人随意进餐，认为应该尊重客人的意愿。另外，中国人进餐时喜欢热闹活跃的气氛。主人为了表示热情，还会主动给客人倒酒、夹菜，客人如果拒绝会被认为是一种不礼貌的行为。中国人对就餐时穿的服装不大关注，比较随意，显得平常、不拘谨。

在美国，进餐时男士会主动为女士拉开椅子，然后再将椅子推进合适的位置，以彰显男士绅士的一面。美国人对饮食礼仪较为注重，例如，就餐时，坐姿端正；使用刀叉时，不能发出太大的声音，中规中矩。还有一点和中国不同，美国人的餐桌，客人一般坐在女主人的右边，剩下的人就坐在左边，在美国，右边是尊贵的一方。在餐桌上，美国人不喜欢与别人交谈，也不希望别人发出很大的声音，所以就餐时很安静。在餐桌上，美国人就餐都是各吃各的，不会注意其他人吃什么，认为应当尊重别人的隐私，作为主人可以礼貌地推荐某道可口菜给客人，如果客人表示出了不喜欢，主人也不会强迫。美国人参加宴会时，会穿得体正式的服装，如果穿休闲或运动服就显得过于随便，不礼貌。

### （二）婚俗

1. 中美婚礼装扮的比较

中国传统的婚礼以红色为主色，使用的蜡烛是红烛，红色的双“喜”字几乎随处可见，如墙上、门上等。无论是新娘还是新郎，婚礼当天大都着一身红装，新娘不仅要穿一身红嫁衣，脚上还要穿红绣鞋，头上盖着红喜帕，一路坐着红花轿，被抬到新郎家。

美国的婚礼一般多以白色为主，但一开始美国人的新娘礼服并没有统一的颜色，直到 1820 年前后，白色才逐渐成为一种正式的结婚礼服。美国人结婚时，新娘不但身穿一袭白色婚纱，而且手上要戴白色手套，头戴白色头纱。

2. 婚礼着装反映的文化差别

在中国，红色代表着喜气、吉祥。红色也预示着新娘和新郎以后的日子红红火火。即使在后来文化多元化的影响下，一些新娘有时会在婚礼上穿白色的婚纱，但仍然喜欢在白色的婚纱上别上一些红色的装饰，比如一朵红色的鲜花，因为中国人通常只在丧礼上才会穿一身白色的衣服，并且大多数中国新娘在婚礼的中途依然会换一套红色的新娘服（多为旗袍和唐装），特别是在比较正式的敬酒礼上。而美国婚礼受宗教影响较大，在美国，白色代表着纯洁、神圣。白色的婚礼预示着你将一切如意，身着白色婚纱的新娘也被认为是洁白无瑕的。婚礼当天，新娘要穿上白色的婚纱向神表示真诚与纯洁。

3. 中美结婚程序的比较

中国传统婚礼繁文缛节颇多，但大都普遍遵循《礼记・礼仪》中规定的结婚程序，即“六礼”。“六礼”包括纳彩、问名、纳吉、纳征、请期、亲迎。“纳彩”是男方聘请媒人到女方家说亲，并向女方送礼，即现在中国人常说的“提亲”。“问名”是男方派人送信给女方，求问女方的名字及出生年月，女方看信后给予回信告知。“纳吉”是问名之后家中长辈将男女双方的生辰八字进行卜卦，卜得吉利双方欢喜，卜得凶兆双方就有可能分手，也称“合八字”。“纳征”是占卜吉利后，男方给女方家正式下聘礼，如果女方家接受男方的礼物，这门亲事就算基本上定了。“请期”，即“择日”，就是由占卜师占卜，然后男女双方共同商议选择一吉利的日子作为嫁娶日。“亲迎”，即现在所说的“迎亲”，就是新郎奉父母之命亲自到女方家迎娶女方。婚礼当日，女方五更时分就要起床梳妆，由三位家族中子女双全的女性长辈为女子梳理妆容，俗称“开脸”“上头”。男方要在早晨到女方家迎娶新娘，然后黄昏的时候在男方家举行热闹的结婚仪式，简单地说，就是一拜天地，二拜高堂，然后夫妻对拜，最后送入洞房。

与中国传统婚礼的结婚程序相比，美国婚礼的结婚程序要更加简单。当男女双方陷入爱河，并决定结婚时，他们会直接告知彼此的父母，然后双方家庭相互约见，如果觉得男女双方合适，就可以先订婚。但订婚仪式通常在女方家举行，由女方安排宴会。订婚后，男女双方会先试着相处一段日子，如果双方都觉得合适，就可以开始筹办正式的婚礼，婚礼一般在教堂举行。婚礼前，教会则连续三个星期日在教区内发布公告，只有大家都没有异议，男女双方才可以结婚。在结婚典礼上，新郎要提前站在圣坛前等候新娘，新娘稍后会挽着父亲的右臂，伴随着《结婚进行曲》，缓缓走向圣坛，预示着父亲亲手将女儿交给新郎。之后，牧师会把新娘的手放在新郎的手里，让双方吟诵结婚誓言。吟诵结婚誓言之后，新郎要口诵“以圣父、圣子、圣灵的名义”，将结婚戒指戴在新娘左手无名指，至此，整个婚礼仪式到这里就结束了。

4. 婚礼程序反映的观念差别

在中国漫长的封建社会里，中国人家族体系庞大、中国社会尊卑等级制度森严，因此中国婚姻带有典型的“世俗性”。祭礼祖先、传宗接代成了婚姻主要价值选择。男女结合讲究“门当户对”“天作之合”，婚宴上也要“一拜天地，二拜高堂”，然后才是“夫妻对拜”。由于中国人历来重视“礼”的传统，中国人结婚的程序才会相对复杂。而在美国，受其宗教的影响，美国婚俗带有明显宗教和神学色彩。美国人认为婚姻必须重视个人自由意志，遵循人性自然，它是完全由人的自然倾向和自由选择所把握。他们结婚并不是建立在对彼此互相有利的基础上，应该说多是出于对彼此的爱。

5. 中美婚礼宴席比较

不管是中国婚礼还是美国婚礼，婚礼结束之后，都会举办一定规模的婚宴。在中国，婚礼结束后，新人往往都会大宴宾客。中国婚宴的地点和婚礼的地点也往往是一致的，婚礼仪式结束后，新人要向到场的每一位宾客敬酒，用于感谢各位宾客的来临和祝福，所以婚礼对于新人来说既幸福又有点疲惫。



与中国婚宴不同的是，美国婚宴常常是在教堂结束后转换到饭店甚至是私家花园之类的地方进行。美国婚宴较中国婚宴而言也相对自由。美国人的婚宴可以是一次自助餐，也可以是一场舞会，氛围相对来说比较轻松。

## （三）家庭观

家庭是社会的组成部分。一个家庭的组合形式、信仰、家规、习惯以及家庭成员的所思所想、所作所为无不受到传统观念、价值观等大的社会文化背景的影响。本部分将从家庭角度对中美文化进行比较。

1.孝道和平等

中国人把家庭作为自己的精神支柱。所谓“百善孝为先”，在中国的儒家思想中：“孝为百行之冠，善之始，是天之经也，地之义，民文行也，德之本也。”孝敬父母、尊老爱幼，在中国人看来是一件自然而又平常的事。中国一直以宗法制度和传统伦理道德为轴心以巩固亲子关系并使之和谐稳定，中国子女从小接受的传统教育理念就是尊敬并孝顺长辈，愿意听取长辈的意见。家庭制度教会孩子的第一课便是：尊重、礼节与责任。

美国人注重人与人之间、父母与子女之间的平等，也是其对家庭关系的理解。每个家庭成员，不论性别，都享有平等的地位及主宰自己的权利，这也是父母与孩子沟通的最佳方式之一。他们认为，如果想在同等位置上与孩子交流，就应该学会与孩子探讨问题,认真倾听孩子的想法,适时发表意见。孩子从他们出生的那一刻开始便是独立的个体，具有自己独立的思想与性格，父母、老师、亲友都无权支配或者限制其行为。一般情况下，他们不会为孩子做选择，而是让孩子主宰自己的意志。

2. 教育子女和爱护子女

“打是亲，骂是爱，不打不骂不成材。”中国父母可以“以爱之名”规范子女的行为。在美国，打骂子女是一种非法行为，一旦父母被认定为贩卖和虐待儿童，社会或政府不仅有权保障儿童健康成长，而且有权剥夺父母的监护权。孩子可以直呼父母的名字，在和父母意见相异时，可以自由发表言论。此外，孩子和父母之间存在的情感不仅仅是亲情，还有友情。美国的教育观念以自由平等为基础，倡导尊重子女并将其作为引导和鼓励式教育的核心。

### （四）医学观

1. 中医

中国传统医学博大精深。中医的着眼点不在人的物质方面，而在人的物质与精神相互关系的方面，它的作用在于沟通物质肉体与人类精神，起到中介调和的作用。西方国家认为科学的基础是通过实验证明的真理，只相信自己的眼睛。西方人相信实践，认为万事万物都有严格的概念和标准。然而，中医中有许多东西无法用语言表达。因此，最初西方人难以接受这种治疗，他们认为这种治疗方式从医学上来说无法治愈任何疾病。但是随着中西交流增多，越来越多的美国人见证了传统中医的神奇疗效，也逐渐从不接受到接受，再从接受到推崇，愿意寻求中医治疗。

2. 西医

西医以实证主义著称，其核心是实践。在西方国家，医院通过高端的医疗设备、专业的医疗团队来应对各种各样的疾病问题。西医认为，既然医学致力于为人类服务，那么它必须从实践开始。无论是做动物实验还是在实验室或临床上做模拟实验，都必须有一个实践过程。此外，西方医学在大量实例和长期实践中积累了诸多经验，这些经验由浅显到深入，由粗略到细致。在此过程中，现代医学与西医相通。然而，随着现代自然科学的兴起，现代医学发生了变化，人们对疾病的理解进一步体现在对事物本质的理解上。

与许多国家相比，美国的历史似乎很短。从 1776 年独立建国开始至今不到 250 年的历史，从 1620 年“五月花号”的第一批殖民者在马萨诸塞州的新普利茅斯登陆算起也才 400 余年的时间。再往前推算，从欧洲殖民者发现新大陆开始算起，也仅仅只有 500

多年的时间。与四大文明古国简直不能相提并论。但就是这样一个国家，在短短几百年的时间内（从18世纪后期独立建国到19世纪末期发展为世界第一大经济体仅仅100余年）成长为世界头号强国。人人都可能获得成功的美国梦，对于美国人是一种激励。美国也成为世界最具吸引力的国家之一。

在经济全球化的今天，中美两国的文化也在不断地碰撞与交融，如前所述的中西餐在世界范围的流行，中国婚礼西式化，美国人在逐渐接受、尝试中医疗法。在当今文化多元化的时代里，我们要拓宽文化视野，多接触和了解他国文化，不断提高自己的文化软实力。一方面，我们要正确评价自己国家的文化，对于自己的传统文化要“取其精华，去其糟粕”；另一方面，我们还需在保有自己优秀文化特色的同时，正确地看待他国的文化。不断汲取他国文化的长处，丰富、发展和壮大自己的文化。

世界正处于百年未有之大变局，大国之间的博弈异常激烈复杂，全球治理面临前所未有的严峻考验。中国需要为世界和平发展贡献中国方案，现在这一任务显得比以往任何时候都更加迫切。在“中国文化走出去”的背景下，我们应该更好地运用英语表达中国传统文化并进行世界化、全球化传播。利用现有丰富的网络资源、优秀的传统文化类媒体来形成良好的传播模式。提高对中国文化的认同感，掌握用英语介绍中国文化的能力，加快中国文化“走出去”的步伐，真正、准确、有效地传承与传播中国传统文化。



## 练习题五

1. 填空题

（1）美国人的正餐一般是________，因为工作繁忙，中午餐食较为随便，如炸鸡、汉堡，形成了独特的快餐文化。

（2）中餐在烹调时，注重五味间的________，最高境界就是追求极致美味，因而不怕花费时间。

（3）中国饮食的不足是________而忽略了营养。

（4）美国人认为，食物最大的功能在于________，而烹饪是为了给营养一层保障。

（5）美国人花在饮食上的时间不多，________很强，就餐大多是因为身体需求，需要及时摄取能量，因而也就不愿在烹调上消耗太多时间。

2. 选择题

（1）中国人看来，一起进餐是______的方式，既能拉近亲人、朋友之间的距离，又能交到新朋友，学到东西。

A. 加深感情　　B. 浪费时间　　C. 方便快捷

（2）美国人认为分餐是一种卫生和节约理念的体现，既避免______，又保护了个人的饮食健康。

A. 浪费时间　　B. 浪费食物　　C. 病毒传播

（3）在中国，一个人礼貌与修养的体现可以从入座顺序看出，入座时，一般先请______入座上席，再请长辈入座，宾客依次有序入座，尊敬老人和宾客是主人自我修养的体现。

A. 主人　　B. 客人　　C. 小孩

（4）在中国，______代表着喜气、吉祥。

A. 白色　　B. 红色　　C. 蓝色

（5）中医的着眼点不在人的______，而在人的物质与精神相互关系的方面，它的作用在于沟通物质肉体与人类精神的信息，起到中介调和的作用。

A. 精神方面　　B. 气质方面　　C. 物质方面

3. 思考题

（1）从婚俗方面论述中美文化差异。

（2）从餐桌礼仪方面论述中美文化的差异。

## 六、单元小项目

通过本单元学习，我们从各个方面探讨了美国文化。请同学们挑选自己最感兴趣的美国标志性文化，并找出与之相对应的中国标志性文化进行深入对比研究后，将其制作成一张能够展示中美文化差异的海报，并配解说手册。



## 第三单元　参考文献


[1] 安静. 解读美国[M]. 北京：中国旅游出版社，2007：92-96.

[2] ALBERT C，BAUGH，THOMAS CABLE. A History of the English Language[J]. New Jersey: Prentic-Hall，Inc.，Englewood Cliffs，1978: 342-397.

[3] 蔡永良. 美国的语言教育与语言政策[M]. 上海：上海三联书店，2007.

[4] 陈镐，许子健. 独特的英雄崇拜——美国个人英雄主义[J]. 文艺观察，2021（34）.

[5] 何高大. 美国“国名”之说，英语知识[J]. 1996，（10）：92.

[6] 胡文仲. 跨文化交际学概论 [M]. 北京：外语教学与研究出版社，1991：176-179.

[7] 李群. 美国俚语的幽默与自由化[J]. 四川外语学院学报，2004（1）：10.

[8] 李璇. 中西方饮食文化对比 [J]. 现代企业教育，2010（10）：130-131.

[9] 钱满素，张瑞华. 美国通史[M]. 上海：上海社会科学院出版社，2020.04.

[10] 谭洋阳，曹霞. 跨文化视角下饮食文化的差异研究——以中美两国为例[J]，现代食品，2021（8）.

[11] 王烈琴. 美国英语的产生、发展、特点与国际竞争力[J]，渭南师范学院学报 2011（8）：18-21.

[12] 王延中. 美国文化的特性与悖论[J]. 陕西师大学报，2021（48）.

[13] 吴苗苗.从中美婚俗看中美文化差异[J]. 边疆经济与文化，2016（8）.

[14] 张莹华. 浅析美国俚语的语言特点及其语用功能[J]. 河北科技学院学报，2016（36）.
[15] 赵荣光. 中国饮食文化概论[M]. 北京：高等教育出版社，2003：112-115.
[16] 中华人民共和国外交部. 美国国家概况[EB/OL].（2022-06-01）[2022-09-21]. https://www.mfa.gov.cn/web/gjhdq_676201/gj_676203/bmz_679954/1206_680528/1206x0_680530/.
[17] 美国的英文是 US 还是 USA？USA 与 US 的区别？[EB/OL].（2018-12-20）[2022-09-21]. http://www.xixik.com/content/9d2cb30c3db1c3cc.

# 第四单元 澳大利亚、新西兰语言文化之美

学习目标

（1）知识目标：对澳大利亚、新西兰的基本概况达到熟悉的程度，并能根据所学知识进行流利完整的展示。

（2）能力目标：将澳大利亚、新西兰文化特色的某几点能够和中国文化特色中的某几点形成一定的对比，建立文化差异的对比和理解力。

（3）美育目标：能够正确地欣赏和评价澳大利亚、新西兰两国的发展历程。

（4）思政目标：学生能够树立积极、正确的审美标准，更加深刻地体会到家国情怀，坚定文化自信，树立正确的人生观、世界观。

## 一、单元导入

澳大利亚联邦（英语：Commonwealth of Australia），简称“澳大利亚”（Australia），欧洲人在17世纪初到达这块大陆时，以为这是一块直通南极洲的陆地，故取名“澳大利亚”，Australia由拉丁文terra Australis（南方的土地）变化而来。

其领土面积769.2万平方千米，位于南太平洋和印度洋之间，四面环海，是世界上唯一国土覆盖一整个大陆的国家。有很多独特动植物和自然景观的澳大利亚，是一个多元文化的移民国家。澳大利亚原为澳大利亚世居民族的居住地。17世纪，西班牙、葡萄牙和荷兰殖民者先后抵达。1788年沦为英国殖民地，1901年组成澳大利亚联邦，成为英国的自治领。1931年成为英联邦内的独立国家。

澳大利亚是一个高度发达的资本主义国家，首都为堪培拉。作为南半球经济最发达的国家，其也是多种矿产出口量全球第一的国家，因此被称作“坐在矿车上的国家”。同时，澳大利亚也是世界上放养绵羊数量和出口羊毛最多的国家，也被称为“骑在羊背上的国家”。澳大利亚人口高度都市化，近一半国民居住在悉尼和墨尔本两大城市。其也是一个体育强国，常年举办全球多项体育盛事。澳大利亚积极参与国际事务，是亚太经合组织的创始成员，也是联合国、20国集团、英联邦、经济合作与发展组织及太平洋岛国论坛的成员。

新西兰（英语：New Zealand），又译纽西兰。位于太平洋西南部，领土由北岛、南

岛及一些小岛组成，南北两岛以库克海峡分隔。南岛邻近南极洲，北岛与斐济、汤加相望。首都惠灵顿以及最大城市奥克兰均位于北岛。政治体制为议会制君主立宪制。

14 世纪时毛利人（Maoris）在此定居，1642 年后，荷兰人和英国人先后到此。1840 年沦为英国殖民地。1907 年成为英国的自治领。1947 年获得完全自主，成为主权国家，现为英联邦成员国。

新西兰是一个高度发达的资本主义国家。世界银行将新西兰列为世界上最方便营商的国家之一，其经济成功地从以农业为主，转型为具有国际竞争力的工业化市场经济。鹿茸、羊肉、奶制品和粗羊毛的出口值皆为世界第一。新西兰也是大洋洲最美丽的国家之一，总计约有 30%的国土为保护区。拥有 3 项世界遗产、14 个国家公园、3 座海洋公园、数百座自然保护区和生态区。

## 二、世界多彩语言之美

澳大利亚是一个由不同民族组成的多元文化社会，多元文化反映到语言上的一个明显特征就是多语现象。英语是澳大利亚的官方语言或主要语言，占有特殊的地位，说英语的人数也最多。但其他的语言也与英语并存。这些英语之外的语言，多数用在同族人的交际、家庭成员的交际或教育方面。比如，土著人多数是说土著语的。说一种土著语的人数尽管不多，但土著语的种类却不少。另外，在澳大利亚土著人聚居的一些地区，还存在着洋泾浜语（pidg-in）和克里奥耳语（creole），它们属于混合语的类型，是几种自然语长期、频繁接触的结果。澳大利亚人口中的一个重要组成部分是外国移民。澳大利亚移民多数来自欧洲，但来自亚洲、非洲、美洲的也不少。移民在进入澳大利亚之后需要说英语，但在不少场合，他们仍然使用本族语言，也就是移民语言。移民语言又称“社区语言”。由于这个国家的文化的多样性，不管是土著人还是移民，只有掌握了英语才能有效地进行社会交际，这样英语本身又产生了新的变体。土著人说的英语不同于白人英语，这就形成了土著英语。移民说的英语既不同于土著英语，也不同于白人英语，这就又有了移民英语。就白人英语而言，普通老百姓、知识分子和上层社会说的英语也有较大的差别。



新西兰是一个比澳大利亚更年轻的南太平洋国家。荷兰航海家塔斯曼（Abel Tasman）于 1642 年到达新西兰的西岸，并以荷兰一个省的名字 Zeeland（即 Zealand）为该岛命名，新西兰的名字 New Zealand 就是由此而来的。英国探险家库克（James Cook）于 1769 年 10 月来到新西兰，而新西兰是直到 1840 年英国政府与毛利人酋长签订《怀唐伊条约》（*The Treaty of Waitangi*）才正式成为英国的殖民地的，当时岛上已经有了大约 2000 名英国人，他们多数来自澳大利亚，到新西兰建立捕鲸站或向当地土著毛利人传教。新西兰 1907 年独立，成为英联邦的自治领。人口中约 10%是原住民毛利人的后裔，90%的居民是到此务农的英国人后裔。第一批来到这里的移民不是苏格兰人就是英格兰人，这也是两国口音如此相似的原因。新西兰英语在语音和句法上与澳大利亚英语非常相似，对局外人来说，新西兰人和澳大利亚人发音差不多。也正是因为这一原因，美国人才感到很难将澳大利亚口音、新西兰口音和英国口音区别开来。但新西兰人却认为他们的英语是一种独特的变体，正如加拿大人认为他们的英语有别于美国英语一样。

澳大利亚土著人与新西兰的毛利人是近亲，无论语言、习惯还是肤色、服饰都基本相同。但他们与法国作家儒列·凡尔纳笔下渲染的茹毛饮血的毛利人相去甚远。占总人口 2.22%的土著居民，大多居住在北领地。其他原住民主要是美拉尼西亚人，居住在昆士兰州北部及一些海岛上。他们的艺术具有很高的审美价值，其文化属于一种非常古老的神秘文化。在大城市的广场、街道或港口，土著人经常表演自己的民族舞蹈，他们科头跣足，赤膊持矛，在奇特的乐声中跳着神秘怪异的舞蹈，好像在追忆、模仿祖上的渔猎生活。

在政治观念上，澳大利亚土著人认为西方移民占据了他们的家园，因此要在自己的土地上争得一席之地与相应的话语权。多年来，他们为争取自己的民族权利做着不懈努力。在联邦政府门前广场上，土著人长年驻扎着自己的常设机构——帐篷使馆，在帐篷里办公的常驻代表就相关问题持之以恒地不断与政府进行交涉。帐篷与周围的现代建筑反差强烈，成为当地一道独特的景观。

据统计，澳大利亚一半的人口是英格兰和爱尔兰移民的后裔，故澳大利亚文化的主体是盎格鲁-凯尔特文化。第二次世界大战后美国崛起，出于核心利益考虑，澳大利亚和美国的联系日益密切，便不可避免地受到美国文化的巨大影响。20 世纪 70 年代"白澳政策"废除，大量亚裔和中东移民涌入澳大利亚，又为澳大利亚文化添上了东亚文化和中东文化的色彩。澳大利亚人性格直率幽默，享受生活，具有"平民化"的社会倾向和蔑视权贵、追求平等、勇敢无畏的品质，反映出他们的价值取向与心理诉求，与传统欧美文化只尊重强者的做派形成鲜明对比。澳大利亚不少地方都直接以英国的原名命名，像利物浦、曼彻斯特、维多利亚、新南威尔士、伊丽莎白等，数不胜数，从中可看出澳大利亚人心中的情结。

### （一）澳大利亚的土著语言

土著语言就是澳大利亚土著人所讲的语言，又称为本土语言（indigenous languages）、本族语言（native languages）或澳大利亚语言（Australian languages）。最后一个术语有误导性，因为它不包括澳大利亚英语及社区语言在内。土著语言的一个明显的特点是：种类繁多。据估计，18 世纪末期，第一批欧洲人到达澳大利亚大陆时，当地土著语言约有二百五十种之多，而且每一种土著语言又有若干种方言，这样土著语言及其变体加在一起就有几百种，使用这些语言及其变体的总人数约为三十万。但也有学者认为，当人们对土著人的总人口进行计算时，没有考虑到欧洲人带入澳大利亚的瘟疫给土著人带来的毁灭性影响。研究显示，土著人在首批欧洲人到达时的总人口约为九十万。如果情况确实如此，那人们就得重新考虑土著语言和土著人口二者之间的关系。土著语言的第二个特征是：它们是高度发展的社会交际的工具和文化的载体。每一种土著语言都有丰富的词汇和复杂的语法形式。土著居民使用这些语言既能进行广泛的交际活动，又能表达生活中各种细微的概念。澳大利亚土著人的神话传说、对自然景观的描绘等都是通过土著语言一代代传承下来的。目前，澳大利亚土著语言的实际状况并不令人乐观，许多语言面临着消亡的危险。事实上，一些语言已经灭亡。在欧洲白种人到达澳大利亚的两百多年间，大约有五十种语言已不复存在。造成这一悲剧的原因是，说这些语言的人死亡了。土著居民的大批灭绝是白人屠杀的结果，也是白人从欧洲带来的瘟疫蔓延的结果。当然还有另外一个原因：若干代土著人聚族而居的传统被打破。由于受到现代社会的影响，年轻人离开了祖居地，进入城市。为了谋生，他们就不得不学会说其他语言。比如，他们要学会说洋泾浜语、克里奥耳语或英语，而他们的母语土著语用处就不大了。在土著人聚居区，一方面说土著语的人数减少了，另一方面，土著语本身也在经历着衰萎的变化。首先是这些语言的社交功能减少了，由此也就造成了语法和词汇的简单化。长此以往，语言的消亡就是不可避免的了。那么剩下的约二百种土著语言的状况又如何呢？调查显示，约一百三十种语言的使用人数极为有限，按平均数计算，说一种语言的人数不足五十，而且大多数是老年人，用途非常有限。在余下的七十多种语言中，只有二十五种语言的使用人数达到二百五十人，或者再多一些。即便是那些仍有活力，或者使用人数较多的语言也经历着迅速的变化过程。举例讲，在卡奔塔利亚湾附近的毛宁顿岛上，四十五岁以下的人已经不能流畅地讲当地的土著语，年轻人只掌握极为有限的一些土著语的词汇而已。一种语言一旦灭亡就再也不会复活了，而随之消亡的还有更重要的东西，那就是它所反映的文化。挽救这种局面，使土著语言免遭厄运的唯一办法是推行语言保持工程。所谓语言保持工程就是采取措施，使某一个语言集团在双语和多语的地区继续使用他们的母语。自然，在澳大利亚的土著人居住区，语言保持工程已经启动，采取了一些具体的措施，以使土著语延续下去。其中最成功的举措就是在媒体中使用土著语言，通过广播或电视，向土著人播报节目。这一行动是由“中部澳大利亚土著媒体协会”（Central Australian Aboriginal Media Association）组织实施的，电台定期用四种主要的土著语言向居民广播新闻及其他一些节目。这四种语言是：皮天卡拉语（Pitjantjara）、品土皮语（Pintupi）、阿伦提语（Arrernte）、窝尔皮里语（Warlpiri）。最近，该媒体协会又创建了一个电视台，称之为“银波瑞亚（Impurja）电视台”，它也定期用土著语向当地居民播报各种节目。另外一项实施的语言保持工程是双语教育。双语教育有各种不同的类型，比如，一种类型是，学校的授课语言为非母语。另一种类型是，学生入学时全部用母语教学，后来再逐渐转变到用母语教授部分课程，用第二语言或外语教授另一些课程。后一种做法也叫作“语言保持型双语教育”。澳大利亚土著人居住区的双语教育属于后一种。总之，澳大利亚社会已经逐步意识到土著语言所面临的危机，而且也正在采取一些措施来挽救或阻止某些土著语言的消亡。但是，这些措施是远远不够的，他们需要的是全面的规划、人力和财力的投入、长期坚持不懈的努力。而且，尤为重要的是，他们需要社会的支持和帮助，进一步促进土著社会的发展和繁荣。

## （二）澳大利亚英语

英语是澳大利亚的官方语言，也是这个国家的主要语言。说英语的人最多，其影响也最大，地位最重要。由于澳大利亚是一个多元文化的社会，在历史的发展过程中，又演化出了澳大利亚英语次变体，即土著英语、移民英语和白人英语。

### 1．土著英语

土著英语作为一种变体，与标准英语在语音、语调、词汇和语法方面的差异是很容易分辨的，但与克里奥耳语的区别却需要说明。首先，一个重要的差异是与各自的起源有关系。在澳大利亚北部的一些土著人居住区里，土著英语是由克里奥耳语发展而来的，其发展过程大致可以由下面的模式表示出来：土著语言洋泾浜语—克里奥耳语土著英语。简单地说，在这些地区，由于土著语言的频繁接触产生了洋泾浜语。当洋泾浜语由第二语言变为第一语言时，便产生了克里奥耳语，克里奥耳语进一步发展就出现了土著英语。但在另外一些地区，尤其是澳大利亚或沙漠地带，那里没有产生洋泾浜语和克里奥耳语的条件。这里土著英语的出现几乎是与其他地区的洋泾浜语或克里奥耳语的出现同时发生的。另外，有一些土著英语的变体是作为第二语言被人们习得的。这种情况既可能发生在一个土著居住区里，也可能发生在某个个别的人身上。土著英语与克里奥耳语的第二个差异反映在它们各自的社会功能、人们的需要以及使用者的个人动机上。某些土著英语变体是在一个正式的语言学习过程中产生的，人们学习的目的是掌握说标准英语的能力。但克里奥耳语则是为了共同交际的需要而产生的。土著英语不仅是一种主要的英语变体，而且具有重要的社会功能。像所有非标准英语变体一样，它能提高自己的民族或群体意识，促进他们的内部团结与和谐。从这个意义上讲，土著英语是显示民族归属的一个重要标志。

### 2. 移民英语

实际上，人们发现很难为移民英语下一个准确的定义。也许这个词本身就使用不当，因为来自非英语国家的澳大利亚移民所讲的英语形式实在是太多了，很难用一个简单的术语将它们涵盖起来。可以毫不夸张地说，有多少种来自非英语国家的移民，就有多少种移民英语。造成移民英语形式多样化的因素有移民的母语、移民进入澳大利亚时的年龄、移民以前使用英语的情况、移民本身所受的教育以及移民在澳大利亚的各种社会接触。移民的母语对他们学习英语会产生影响，因为母语的语音、词汇和语法会不同程度地迁移到目标语上来，由于移民的母语种类繁多，使得移民英语也就产生了各自不同的特点。我们知道，移民进入澳大利亚时的年龄是大小不一的，老、中、青、小等各种年龄段的人都有，他们所习得的英语就会产生较大的差别。另外，如果移民进入澳大利亚之前已不同程度地掌握了英语，或者一点英语知识也没有，这对他们到达澳大利亚后的语言习得过程会产生影响。同样，移民本人在到达澳大利亚时已经具有的教育程度也是他们习得英语的影响因素。移民到达澳大利亚后的社会接触是不一样的，如果他们接触较多的是蓝领阶层，他们学到的可能是土音；如果他们接触较多的是白领阶层或知识分子，他们习得的可能是大众口音或雅音。以上种种情况显示，人们很难对移民英语进行准确的描述。尽管如此，澳大利亚存在着一些特点明显的移民英语变体，而使用这些变体的人们不仅是第一代移民，而且还有他们的后代。

3. 白人英语

白人英语是澳大利亚英语三大变体中的最后一个。它是这个国家的官方语言，居于突出的地位。操这种英语的人是土生土长的澳大利亚人，或者是年龄很小时就移民澳大利亚的人。澳大利亚英语和英国、美国、加拿大、新西兰等国的英语一样都是英语的不同民族的变体。从这个意义上讲，澳大利亚白人英语可以被界定为：由本土出生的澳大利亚人使用的一种英语方言。但是另一方面，澳大利亚白人英语与英国英语不同，它的使用和发展是随着一大批英国罪犯流放到澳大利亚而开始的。在这个新国家里，它的演变基本上没有受到当时已经存在的语言的影响。在这个意义上讲，澳大利亚英语可以被视为一种“移植的英语变体”。澳大利亚白人英语，尽管在语音、词汇、语法等方面与英国英语、美国英语、加拿大英语、新西兰英语等有许多共同之处，但它毕竟是在一种特殊的历史、地理和社会环境下演进而来的，因而也就形成了自己不同于其他变体的一些特征。



## （三）新西兰语言词汇特点

同澳大利亚英语一样，新西兰英语也有许多用语或意义通常不同于英国英语，是它独有的，如 paddock 指“设有围栏的一片土地”、station 指“畜牧场”、footpath 指“人行道”、theatre 指“电影院”、gumboots 指“惠灵顿长靴”等。新西兰英语中还有不少独特的日常口头用语或俚语，既不同于英国英语，也不同于澳大利亚英语，如 booay（边远的乡村地区）、green stone（新西兰软玉）、return to the mat（恢复毛利人的生活方式）、shake（地震）、tarseal（柏油碎石路面，沥青封层）、Taranaki gate（塔拉纳基门，指一种由金属丝和木板条制成的不精美但实用的篱笆门）等。许多常用的澳大利亚口语用词可随时出现在新西兰的日常会话之中，诸如 bludger（寄生虫，骗钱为生者）、bodgie（无赖青年）、cocky（小农场主）、crook（有病的，不适的）、good day（你好）、hooray（再见）、lolly（糖果）、maggoty（恼怒的，坏脾气的）、pommy/pom（英国人）、rubbish（抨击，批评）、shanty（无营业执照的小酒店）、sheep station（大牧羊场）、sheila（女子，女郎）、shout（用酒款待）、water sider（码头工人）、wool shed（羊毛打包房）。新西兰的俚语比澳大利亚少，但新西兰却使用了澳大利亚人熟知的所有缩略形式和昵称形式，如 beaut（非常棒的；美丽的）、arvo（即 afternoon，下午）和 smoko（提供抽烟、喝茶等时间的工间休息）。可是另有一些常用澳大利亚口头语，如 cobber（同伴或伴侣）和 dinkum（真正的，纯粹的），在新西兰却显得不合时宜，除非是特意用来表示澳大利亚用法。又如澳大利亚的 weekender（周末屋，周末度假用的房屋）在新西兰可能会被称作 bach[ bæt□ ]或 crib。在一些乡村地区，“道路”( road )称作 line，例如 McDonald's Line ( 麦克唐纳路 )。football 一词对新西兰人来说总是指“橄榄球”( rugby )，然而在英国通常指“足球”( soccer )，而在澳大利亚要么指“橄榄球”，要么指“澳大利亚式橄榄球”( Australian rules football )。如果要在英国用法与美国用法之间选择的话，新西兰人会倾向于英国用法，而澳大利亚人则更喜欢美国用法。

### （四）毛利语对新西兰语言的影响

新西兰的毛利人讲一种波利尼西亚语 ( Polynesian language )，即毛利语 ( the Maori language )。新西兰英语从毛利语借用了相当多的词。Maori 一词本身最初意指“普通的，平常的”，早期移居者用它转指土著居民或其语言。Pakeha，读音为[p:kih]，被用来指“白种人”( 尤指祖先是欧洲人的新西兰人 )。Hongi 指毛利人传统的碰鼻礼。Haka 直译作“哈卡舞”，是毛利人集体舞蹈，伴有合唱，具有许多传统舞步和舞姿。还有 Mana ( 权威，威望；超自然力量，魔力 ) 一词似乎在日益地广为流传。面对一个处处是陌生动植物的新环境，早期来新西兰定居者从一开始就采用了毛利语的名称，其中有许多名称在英语中是找不到对等的形式的。最典型的一个词就是 kiwi，它是新西兰特有的一种鸟，喙长、翼短、无尾、不会飞，通常音译为“几维”，词的首字母大写时也可用作新西兰人的绰号。中华猕猴桃在新西兰被称作 kiwi fruit。其他鸟类名称还有：huia ( 垂耳鸦 )、kea ( 啄羊鹦鹉 )、moa ( 恐鸟 )、pukeko ( 紫水鸡 )、takahe ( 短翅水鸡 )、tui ( 蜜雀 )、weka ( 短翼秧鸡 ) 等。鱼类及其他动物名称有：cocka bully ( 淡水小鱼，如黑翅深水三鳍鳚 )、hapu ku/hapuka ( 即 grouper 石斑鱼，鮨科鱼 )、huhu ( 葫锯天牛，新西兰的一种甲鱼，体多毛 )、mako ( 灰鲭鲨 )、tarakihi ( 唇指鲈，新西兰产的一种食用鱼 )、toheroa ( 双带蛤 )、tuatara ( 斑点楔齿蜥 ) 等。植物名如 kumara ( 新西兰番薯 )、manuka ( 麦卢卡 )、raupo ( 水烛 )、tutu ( 马桑 ) 等。树名如 ngaio ( 苦槛蓝 )、kauri ( 贝壳杉 )、matai ( 穗花罗汉松 )、pohutukawa ( 高大铁心木，新西兰桃金娘科乔木，花、木红色 )、rata ( 新西兰常绿乔木，开红花，其红色木质坚硬 )、rimu ( 芮木泪柏 )、totara ( 罗汉松 ) 等。新西兰英语地名中的成分 ( place name elements )，特别是那些表示自然特征 ( natural features ) 的成分，一般也来自毛利语。这类词有 moana ( 海 )、roto ( 湖 )、maunga ( 山丘 ) 等。还有一些与毛利人社会关系密切的借词，如 hangi ( 毛利人用的地下炉灶 )、hoot ( 报酬；钱 )、hokonui ( 私酿的酒 )、hui ( 会议；聚会 )、kiaora ( 你好，祝你好运 )、marae ( 毛利人待客和举行仪式的场地 )、mere ( 作战用棍棒 )、moko ( 毛利人的文身图案 )、pa ( 毛利人村庄 )、wahine ( 妇女 )、whare ( 毛利人的棚屋 )、yacker ( 工作；劳动 )、tiki ( 毛利人始祖提基塑像 ) 等。综上所述，我们可以说，来自毛利语的借词构成了新西兰英语的区别性特征。

概而言之，从一开始，涌入新西兰的移民多数来自英国，从其他国家来的始终是少数，因此新西兰英语一直坚定地保留了英国英语的特点，而且它所受英国英语的影响总的来说要大于澳大利亚英语所受英国英语的影响。由于历史和地理的原因，澳大利亚英语对新西兰英语的影响也是巨大的。因此两者有许多共同点。新西兰英语与澳大利亚英语的主要区别是在词汇方面。它们都有各自独特的词汇。澳大利亚英语从土著语言借用的词对新西兰人是陌生的，反之，新西兰英语从毛利语借用的词汇对澳大利亚人也是陌生的。

## 练习题一

1. 填空题

（1）澳大利亚原为澳大利亚______居住地。17 世纪，西班牙、葡萄牙和荷兰殖民者先后抵此。

（2）澳大利亚是一个高度发达的资本主义国家，首都为________。

（3）新西兰又译纽西兰。位于太平洋西南部，领土由________、________及一些小岛组成，以库克海峡分隔。

（4）新西兰英语从________借用了相当多的词。Maori 一词本身最初意指“普通的，平常的”，早期移居者用它转指土著居民或其语言。

（5）少量的新造词或旧词新义新西兰英语词汇中也有少量新造词，其中有不少是________，如 awardwages 指“协议工资”或“最低工资”。

2. 选择题

（1）澳大利亚，其领土面积 769.2 万平方千米，位于_______和印度洋之间，四面环海。

A. 南太平洋　　B. 大西洋　　C. 太平洋　　D. 北冰洋

（2）澳人口高度都市化，近一半国民居住在______和______两大城市。

A. 悉尼　墨尔本　　B. 悉尼　堪培拉

C. 堪培拉　墨尔本　　D. 墨尔本　昆士兰

（3）新西兰的首都惠灵顿以及最大城市______均位于北岛。

A. 基督城　　B. 奥克兰　　C. 达尼丁　　D. 皇后镇

（4）新西兰英语也有许多用语或意义通常不用于英国英语，是它独有的，如 station 指“______”。

A. 足球场　　B. 车站　　C. 畜牧场　　D. 空地

（5）中华猕猴桃在新西兰被称作______。

A. Pukeko fruit　　B. Weka fruit　　C. Kea fruit　　D. Kiwi fruit

3. 思考题

（1）请简述新西兰语言词汇和澳大利亚语言词汇的不同，并举 1 ~ 2 例。

（2）请概述澳大利亚语言的特点，并列举出每方面的特色之处。

## 三、世界多样社会剪影

### （一）澳大利亚的自然地理

澳大利亚的人文、自然景观非常丰富，海岸线长 36 735 千米，绵延不尽的海滩，风光无限。世纪之都悉尼，被视为澳大利亚财富、发达与进步的标志。那里阳光普照，充满魅力，以举世闻名的悉尼歌剧院（Sydney Opera House）为标记，音乐文化气息浓厚。悉尼夏无酷暑，冬无严寒，被联合国评为“最适宜人居的地方”。澳大利亚有世界上独一无二的稀有物种：考拉、袋鼠和鸭嘴兽等，有葱茏茂密的热带雨林，还有地球上最美丽的海底世界。名列世界自然遗产名录的大堡礁，是澳大利亚最大的海洋公园，保存有地球上缤纷多姿的动植物生态环境。大堡礁和大石头，是澳大利亚最具代表性的两处自然景观。

大堡礁（Great Barrier Reef），是世界上最大、最长的珊瑚礁群，又称为“透明清澈的海中野生王国”。沿澳大利亚东北海岸线绵延 2 000 余千米，东西宽 20～240 千米，是世界七大自然景观之一，也是澳大利亚人最引以为豪的天然景观，1981 年被列入世界自然遗产名录。大堡礁有 2 900 个大小珊瑚礁岛，自然景观非常特殊。乘上玻璃船底的游船，船下连绵不断的多彩多姿的珊瑚景色与穿行其中的海龟和五颜六色的鱼类尽收眼底，美不胜收的海底奇景，强烈吸引着世界各地游客前来观赏。

在澳大利亚的中部，巍然矗立着一块红色巨石，这就是“世界最大的石头”艾尔斯岩（Ayers Rock），土著人称之为“乌鲁鲁”（Ululu）。它高 348 米，周长约 10.6 千米，巨石就是一座山，是世界最大的整体岩石。它气势雄伟，犹如一座超越时空的自然纪念碑，突兀于茫茫荒原之上，在阳光下放射出奇异的色彩。它是联合国教科文组织（UNESCO）认定的世界文化和自然双遗产，其地理构造、罕见的动植物和超乎寻常的自然美景得到充分肯定。1994 年，它又被列为文化遗产，乌鲁鲁巨石的主人阿南古人的传统价值体系得到了肯定，他们是世界上最古老的族群之一。这块巨石被当地土著阿南古人视为神灵，在整个澳大利亚人心目中也占有十分重要的地位。那里人烟稀少，周围灌木丛生，生存环境恶劣，被称为死寂的心脏。但土著人将其视为神圣之地并世代守护着。每年有数十万游客从世界各地万里迢迢专程赶来，为的是一睹巨石风采。当地特意修建了机场，迎接世界八方游客。巨石神奇之处不仅是大，而且一天之内橙、红、紫等颜色数变。随着太阳的位置变化，巨石的颜色由浅橙逐渐变红，一直变成火红，像燃烧着似的。当太阳渐渐落山，火红的色彩逐渐变紫变暗至完全消失。下雨时，巨石上飞瀑激流而下，声震数里。一块石头竟构成整整一座山，巍峨矗立在澳大利亚大陆一望无际的荒原上，真是大自然的杰作。阿南古人将此奉为神山，天下雨和刮风都不准游人登顶。资料显示，这是世界上最大的单体石头，环绕巨石一圈一般步行需三个多小时。它矗立在澳大利亚中部的红土地上，远望犹如凸起在地平线上的擎天石柱。此石被美国国家地理杂志评为人生必看的 50 个景点之一。有人说它是 4 亿年前从天上掉下来的陨石，也有人认为它是1亿多年前随澳大利亚大陆一起冒出大洋的海底沉积岩，众说纷纭，人们至今尚未搞清巨石的来历。它在广袤的大地上显得格外雄伟壮观。澳大利亚政府将它与大堡礁并列，均作为本国风景的代表，可见对这块巨石的重视。习近平主席在访问澳大利亚发表演讲时，提到了历史悠久的乌鲁鲁与中国的万里长城，称它们共同见证中澳友谊屹立长存、世代相传。

澳大利亚人非常珍惜自然景观，环保意识极强。正因如此，才赢得了世人羡慕的生存环境，那里蓝天白云、水清沙幼，碧空如洗与鸟语花香是举世闻名的。各处自然景观都有专门的工作人员和不少志愿者在悉心守护着。正因为人们具有与大自然和谐相处的理念并为此认真践行，艾尔斯巨石才能够保持经久不衰的魅力，大堡礁五彩斑斓的海底世界才能够璀璨地闪耀在透明海水之中，热带雨林才能够自由地呼吸着清新的空气，小企鹅才能无忧无虑地每日出海，按时归巢。

### （二）澳大利亚的行政区划

澳大利亚全国划分为6个州和2个领地。6个州分别是1901年之前曾各自独立的英国殖民区，其他没有被当时的殖民区管辖的地方，在1901年之后就成为联邦政府直接管辖的领地。州各自有自己的州政府，有州长（Premier），有州总督（State Governor）。但领地没有这些职位，与州不同，澳大利亚的领地是归联邦所有的领土，领地政府的自治权由联邦政府立法赋予，也可由联邦政府通过立法取消。目前，澳大利亚各领地中有些拥有高度自治权，而有些由联邦政府机构直接管辖。北领地和首都领地的政府首脑不称州长，而称作首席部长（Chief Minister）。州和领地的立法权有很大分别，州在某些领域可以自行立法，而联邦不能干预。领地也可以自行立法，但领地的立法权来源于联邦政府的授权，领地所订立的法律，联邦政府如有不满就可以废止。

6个州是：

新南威尔士州（NSW），首府悉尼；

昆士兰州（QLD），首府布里斯班；

南澳大利亚州（SA），首府阿德莱德；

塔斯马尼亚（TAS），首府霍巴特；

维多利亚州（VIC），首府墨尔本；

西澳大利亚州（WA），首府珀斯。

2个领地是：

澳大利亚首都领地（ACT），首府堪培拉；

北领地（NT），首府达尔文。

一般认为澳大利亚有两个领地——北领地和首都领地，但其实严格来讲在澳大利亚本土共有北领地、首都领地和杰维斯湾领地3个领地。其中杰维斯湾是联邦政府向新南威尔士州购买的土地，虽然名义上是独立领地，但行政和法律上都依附于首都领地。

海外领地：

澳大利亚共有 10 个联邦领地（Federal Territories），除了 3 个本土领地，还有 7 个海外领地。

### （三）新西兰的多元文化

新西兰具有明显的多元文化的特征。全国 407 万人口分为欧洲后裔、毛利人、亚裔三大群体。这三大群体属于不同的民族，有着不同的历史，拥有各自的民族文化。欧洲移民代表了以基督教为中心的西方文化，其文化特征是崇尚自由、平等，主张人性解放，注重人权民主，性格开朗，有务实精神，喜欢冒险。毛利人代表了新西兰土著文化。其文化特征是：崇尚多神，讲毛利语，注重家族，喜爱自由。毛利人在新西兰独立以前一直处于原始社会状态，现在生活方式与白人相差无几。民族性格奔放直爽，喜爱户外运动，擅长歌舞。毛利木雕和文身是其显著的文化特色。

新西兰亚裔主要是由华人、印度人、日本人、韩国人、越南人组成。近二十年亚裔数量剧增，并形成了新西兰多元文化中的一员。亚洲文化的共同特征是：家庭观念强，尊重长辈，性格内敛，勤奋聪明，主要信奉佛教。

新西兰政府对境内的多元文化采取了鼓励自由发展、倡导相互融合的政策。政府允许毛利人、亚洲人拥有各自的学校、电台、报纸、杂志、社团等组织 。在现实生活中，毛利及亚洲文化也没有受到什么限制，在新西兰有很多华人一句英文都不会讲照样可以生活很多年，因为到处都可以找到华语服务。



### （四）澳大利亚和新西兰的国家政体、行政划分

澳大利亚名义上的国家元首是英国国王，并任命总督为其代表，澳大利亚总督实际上不干预政府的运作。澳大利亚各州设有州长，负责州内事务。澳大利亚政府由众议院多数党或党派联盟组成，每届政府任期三年。内阁是政府的最高决策机关，现共有 30 名部长。国家最高的行政领导人是总理。

澳大利亚是联邦制君主立宪制国家。在联邦制下，英国国王同时也是澳大利亚各州的君主，在各州直接任命州督（而不由联邦总督或政府指派）。根据现代的澳大利亚宪政惯例，君主除了在按照澳大利亚总理和各州州长的提名任命或撤换总督和州督时，不过问澳大利亚政治。

联邦议会是澳大利亚最高立法机构，也叫作国会（Parliament），成立于 1901 年，由英国女王（澳大利亚总督为其代表）、众议院和参议院组成。1992 年 12 月 17 日，澳大利亚联邦政府内阁会议决定，澳大利亚的新公民不再向英国女王及其继承人宣誓效忠。议会实行普选。众议院有 150 名议员，按人口比例选举产生，任期 3 年。参议院有 76 名议员，6 个州每州 12 名，2 个地区各 2 名。各州参议员任期 6 年，每 3 年改选一半，

各地区参议员任期 3 年。

联邦政府由众议院多数党或政党联盟组成，该党领袖任总理，各部部长由总理任命。政府一般任期 3 年。

新西兰全国设有 11 个大区，5 个单一辖区，下设 67 个地区行政机构（其中包括 13 个市政厅、53 个区议会和查塔姆群岛议会）。主要城市有：惠灵顿、奥克兰、克赖斯特彻奇（基督城）、哈密尔顿、达尼丁等。此外，新西兰还有库克群岛、纽埃、托克劳等殖民地。

区域划分：惠灵顿（Wellington）、北部地区（Northland）、奥克兰（Auckland）、怀卡托（Waikato）、丰盛湾（Bay of Plenty）、吉斯伯尔尼（Gisborne）、豪克斯湾（Hawke's Bay）、塔拉纳奇（Taranaki）、马纳瓦图-旺加努伊（Manawatu-Wanganui）、塔斯曼（Tasman）、尼尔逊（Nelson）、马尔堡（Marlborough）、西岸（West Coast）、坎特伯雷（Canterbury）、奥塔哥地区（Otago）、南部地区（Southland）、查塔姆群岛（Chatham Islands）。

殖民地：库克群岛、纽埃、托克劳。

新西兰自 1935 年起，工党和国家党轮流执政。1993 年 11 月，全民投票决定将议会选举制度由简单多数制改为混合比例代表制。1996 年 10 月举行首次混合比例代表制大选，国家党与新西兰第一党组成联合政府。1998 年 8 月，联合政府解体，总理希普利组成以国家党为主的少数政府。



1999 年 11 月大选后，工党与联盟党组成少数联合政府。2002 年 7 月大选后，工党与进步党组成少数联合政府。2005 年 9 月大选后，工党和进步党再度组成联合政府，并获得新西兰第一党和联合未来党的财政和信任支持。2008 年 11 月，国家党在大选中获胜，并获得行动党、毛利党和联合未来党的财政与信任支持，组成少数政府。2011 年 11 月，国家党再次赢得大选。

2017 年 9 月，新西兰举行新一届大选。10 月，工党与新西兰第一党、绿党联合组成新一届政府，工党领袖杰辛达·阿德恩（Jacinda Ardern）任总理。

新西兰无成文宪法。其宪法由英国议会和新西兰议会先后通过的一系列法律和修正案以及英国枢密院的某些决定所构成。

新西兰实行一院制，仅设众议院，成立于 1854 年。议员由普选产生，任期 3 年。本届议会为第 53 届，于 2020 年 11 月组成。共有议席 120 个，其中国家党 33 席，工党 65 席，行动党、绿党各占 10 席，毛利党占 2 席。现任议长特雷弗·马拉德（Trevor Mallard）。

总督和部长组成的行政会议是法定最高行政机构。行政会议由总督主持，总督缺席时由总理或高级部长主持。总督行使权力必须以行政会议的建议为指导。内阁掌握实权。本届政府由工党、绿党于 2020 年 11 月组成，现有成员 26 人，其中内阁部长 20 人，非内阁部长 6 人。

2020 年 11 月 2 日，新西兰现任总理、工党党魁阿德恩宣布新一届内阁名单，上届内阁卫生部部长克里斯·希普金斯出任新增设的新冠疫情应对部部长。格兰特·罗伯逊出任副总理、财政部部长和基础设施部部长，安德鲁·利特尔担任卫生部部长。纳娅·马胡塔出任外交部部长，这是新西兰历史上首位女性外长。

### 练习题二

1. 填空题

（1）澳大利亚是__________________国家。

（2）_________是澳大利亚最高立法机构，也叫作国会（Parliament）。

（3）新西兰全国设有____个大区，5 个单一辖区，下设 67 个地区行政机构。

（4）新西兰总督和部长组成的行政会议是法定_____________。

（5）新西兰的殖民地有：________、纽埃、托克劳。

2. 选择题

（1）澳大利亚全国划分为______个州和 2 个领地。

A. 6　　B. 7　　C. 8　　D. 9

（2）新南威尔士州的首府是______。

A. 阿德雷德　　B. 堪培拉　　C. 悉尼　　D. 珀斯

（3）墨尔本是______州的首府。

A. 塔斯马尼亚　　B. 维多利亚　　C. 昆士兰　　D. 南澳大利亚

（4）新西兰的一院制，仅设众议院，成立于 1854 年。议员由普选产生，任期______年。

A. 1　　B. 2　　C. 3　　D. 4

（5）2020 年___________出任外交部部长，这是新西兰历史上首位女性外长。

A. 阿德恩　　B. 纳娅・马胡

C. 安德鲁・利特尔　　D. 格兰特・罗伯逊

3. 思考题

对比澳大利亚和新西兰的国家政体特点。

## 四、典型文化分析

### （一）澳大利亚民俗及礼仪文化、风俗鉴赏

1. 社交礼仪

澳大利亚的社交礼仪深受英国的影响。另外，由于近些年来英国地位的衰落与美国势力的膨胀，美国的社交礼仪已经日益渗入澳大利亚社会，所以澳大利亚人在人际交往中呈现出的第一个基本特点，即亦英亦美，以英为主。

在澳大利亚，同时生活着许多民族，他们共同奋斗，共同创造澳大利亚文明与繁荣；

同时，也在一定程度上保留了本民族的传统礼仪与习俗，并且努力将其发扬光大。因此，澳大利亚的社交礼仪便形成了第二个基本特点，即兼容并包，多姿多彩。

澳大利亚人见面时所行的既有拥抱礼、亲吻礼，也有合十礼、鞠躬礼、握手礼、拱手礼、点头礼，可谓五花八门。土著居民在见面时所行的勾指礼，就极具特色，即相见的双方各自伸出手来，令双方的中指紧紧勾住，然后再轻轻往自己身边一拉，以示相亲、相敬。

澳大利亚人普遍乐于同他人进行交往，并且表现得质朴、开朗、热情，过分地客套或做作，均会令他们不快。在英语国家的国民中，澳大利亚人可能是最无拘无束、轻松自在、爱交朋友的了。在公共场合，他们爱跟陌生人打招呼、聊天，并且爱请别人到自己家里做客。澳大利亚人的这种自由、实在，不但英国人难以与之相比，而且往往连美国人也自愧不如。

2. 服饰礼仪

澳大利亚人除了在极为正式的场合穿西装、套裙之外，平时一般穿着T恤、短裤，或者牛仔装、夹克衫。由于阳光强烈，他们在出门时，通常喜欢戴上一顶棒球帽来遮挡阳光。在澳大利亚的达尔文市，当地居民的穿着自成一体，他们在正式场合一定要穿衬衫、短裤和长袜。这种穿法，当地人叫作“达尔文装”。

澳大利亚的土著居民平时习惯赤身裸体，至多在腰上扎上一块围布遮羞而已。但他们通常要佩戴额箍、鼻针、臂环、项圈等多种饰物，有时他们还会在身上扎上一些羽毛，并且涂上各种颜色。



有趣的是，由于澳大利亚地处南半球，季节正好与北半球相反，所以，澳大利亚人在同一个季节里的穿着可能恰恰与北半球的人相反。如在欢度圣诞节的时候，澳大利亚人要穿夏装。

3. 餐饮礼仪

澳大利亚人的饮食习惯可谓多种多样。就主流社会而言，人们一般喜欢英式西餐。大部分澳大利亚人口味清淡，不喜油腻，忌食辣味。有不少的澳大利亚人还不吃味道酸的东西。

澳大利亚人大都爱吃牛肉、羊肉，对于鸡肉、鱼肉、禽蛋也比较爱吃。他们的主食是面包，爱喝的饮料则有牛奶、咖啡、啤酒与矿泉水等。澳大利亚人不吃狗肉、猫肉、蛇肉、动物的内脏与头、爪。对于加了味精的食物，他们也十分厌恶，他们认为味精好似“毒药”，令人作呕。

在用餐时，澳大利亚人使用刀、叉。在有些地方，如在达尔文市，人们外出用餐时必须衣衫整洁，否则将被餐厅禁止入内。平时，澳大利亚人还很爱外出野餐，并以烧烤为主。澳大利亚土著居民目前大多数不会耕种粮食、饲养家畜，他们靠猎渔为生，并且经常采食野果。他们的食物品种甚多，制作方法往往也各具特色。在进食的时候，他们经常生食，并且习惯于用手抓食。

4. 习俗禁忌

金合欢花与桉树，分别是澳大利亚的国花和国树，被视为澳大利亚的象征。澳大利亚人最喜爱的动物是袋鼠与琴鸟，前者被澳大利亚人视为澳大利亚大陆上最早的“主人”，后者是澳大利亚的国鸟。澳大利亚人认为，兔子是一种不吉利的动物，碰见兔子可能是厄运将临的预兆。蛋白石是澳大利亚人珍爱的一种宝石，同时也是该国的国石。

在数字方面，受基督教的影响，澳大利亚人对“13”与“星期五”极为反感。

在人际交往中，爱好娱乐的澳大利亚人往往有邀请友人一同外出游玩的习惯，他们认为这是密切双方关系的捷径之一。对此类邀请予以拒绝，会被他们理解成不给面子。

澳大利亚人崇尚人道主义的博爱精神。在社会生活中，他们乐于保护弱者。除了保护老人、妇女、孩子、弱小种族之外，他们还讲究保护私生子的合法地位，甚至将保护动物看作是自己的天职。议论种族、宗教、工会和私生活以及等级、地位问题，往往令澳大利亚人不满。

同澳大利亚人打交道，还有下列四点事项需要特别注意：第一，澳大利亚人不喜欢将本国与英国处处联系在一起。虽然不少人私下里会对自己国家与英国存在某种关系而津津乐道，但在正式场合，他们却反感将两国混为一谈；第二，澳大利亚人不喜欢听“外国”或“外国人”这一称呼，他们认为，这类称呼抹杀个性；第三，澳大利亚人对公共场合的噪声极其厌恶；第四，澳大利亚的基督教有“周日做礼拜”的习惯。



### （二）新西兰民俗及礼仪文化、风俗鉴赏

新西兰是个多民族的国家，欧洲后裔占主导地位，受欧美和澳大利亚的影响很深，生活方式和习惯基本西化。

新西兰人的生活节奏比较缓慢，人民生活比较悠闲。开放的市场和丰富的商品给不同阶层的人以很大的选择余地。但从总的消费水平来讲，新西兰人追求商品的高档化，购物趋向名牌、时尚。

新西兰人的生活质量一般都比较高，通常对衣、食、住、行都比较讲究。他们大都喜爱户外运动，除喜爱赛马外，还特别喜爱橄榄球。

新西兰人崇尚平等正义。工人、商人、医生、教师都杂居相处，彼此直呼其名。人们只要找到一个充分的理由，几乎谁都可以见到总理。至于要见部长、市长，则随时可以预约。

在新西兰，汽车靠左边行驶，和英国一样。人行道也有一条中心线分开，来往成两行，行人也靠左边行走。

新西兰人一般对狗怀有特殊的感情，视狗为“终生的伴侣”，“牧羊的卫士”。新西兰是世界上唯一有几维鸟（Kiwi，又称“奇异鸟”）的国家，新西兰人视其为民族的

象征，所以几维鸟在新西兰备受珍爱。新西兰人喜爱银蕨，视其为国家的象征。

新西兰人见面和告别均行握手礼，习惯的握手方式是紧紧握手，目光直接接触，男士应等候妇女先伸出手来。鞠躬和昂首也是他们的通用礼节。初次见面，身份相同的人互相称呼姓氏，并加上“先生”“小姐”等，熟识之后，互相直呼其名。

新西兰人的时间观念较强，约会须事先商定，准时赴约。客人可以提前几分钟到达，以示对主人的尊敬。交谈以气候、体育运动、国内外政治、旅游等为话题，避免谈及个人私事、宗教、种族等问题。会客一般在办公室里进行。应邀到新西兰人家里做客，可送给男主人一盒巧克力或一瓶威士忌，送给女主人一束鲜花。礼物不可过多，不可昂贵。

新西兰人性格拘谨，即使观看电影，也往往男女分场观看。对酒类限制很严，经特许售酒的餐馆，也只能售葡萄酒。可售烈性酒的餐馆，客人必须买一份正餐，才准许喝一杯。

新西兰人与客人相见时,一般惯用握手礼。他们也有施鞠躬礼的,不过鞠躬方式独具一格,有抬头挺胸的鞠躬。

对于同自己身份地位相当的人,在称呼姓氏时冠以“先生”“夫人”或“小姐”,但新西兰人往往在见面一两次以后就称对方名字。

新西兰人生性乐观,喜爱优美环境,空闲时间很多,多半都用于园艺活动和环境整理。新西兰人往往性格上偏于保守,不习惯和陌生人接触,但一旦相识后,会很快消除隔阂,甚至成为好朋友。



新西兰人在和好朋友交往时,不要求对方送贵重的礼物,只要有一盒巧克力或一瓶威士忌就使他们感到欣慰和满足了。在紧张忙碌的工作之余,新西兰人别具匠心地组织起各种有趣的俱乐部,以此来愉悦身心、探究学问，如“素食者俱乐部”“孪生俱乐部”“理性主义俱乐部”,甚至还有“汤匙俱乐部”等。据说此类活动至今已成为新西兰人传统生活中不可缺少的重要内容,并且每个人都以参加这种俱乐部的活动而感到荣幸。

新西兰人分别来自许多不同的文化背景，在新西兰居住需要懂得尊重人，并要了解哪些文化行为是可以被接受的，哪些风格习惯是不被接受的。新西兰欢迎其他文化，但不能容忍任何对身体或精神有害的文化活动，新西兰国内社会主张言论自由、宗教自由和人人平等，法律保护人权。

新西兰人不干涉别人的事务，不说他人的坏话，他们对朋友的政治立场、宗教信仰等不多过问，朋友相处时，聊天话题尽量避免触及私人事务。

新西兰的毛利人的礼节与众不同。当远方客人来访候,毛利人都要举行盛大的欢迎聚会。开始时会场一片肃静,人们列队两旁,突然,队伍中走出一位赤膊光脚的中年人,先是一声吆喝,然后引吭高歌,歌声刚落,姑娘们在婉转的低声伴唱中翩翩起舞。毛利人穿的是红黑相间、鲜艳夺目的民族服装,手工编织亚麻短裙随着舞步轻轻摇摆。男青年英姿勃发,边喊边跳,他们把刀剑投在地上,查看来人是朋友还是敌人。欢迎贵宾的仪式是聚会的高潮,宾主同歌共舞,共叙友谊,沉浸在一片欢乐之中。到惠灵顿或者新西兰其他地方参观访问的人常常会碰到这种难忘的场面。

新西兰 400 万人口中约 15%是毛利后裔，或属于某个部落。毛利人借由华卡帕帕（whakapapa，系谱图）可追溯到乘着瓦卡（waka，独木舟）横渡辽阔的太平洋而来的祖先。毛利人有着丰富又活泼的文化，保留了他们长久以来与精神和自然世界的联结。他们以自己特别的“米希”（mihi，问候）方式来传承自己的家世。毛利人在米希中说出他们的“芒加”（maunga，山）、“阿瓦”（awa，河）、“玛雷”（malae，会堂）、“瓦卡”“尹维”（iwi，部落）和“提布那”（tipuna，重要的祖先）的名字。毛利人有一种独特的舞蹈，被称为“哈卡”（haka），这种舞蹈来源于古毛利土著武士的战舞，男女舞蹈的具体方式有所不同。新西兰国家橄榄球队在每次开场比赛前，总是集体表演这种舞蹈，用以鼓舞士气。

## 练习题三

1. 填空题

（1）澳大利亚人见面时所行的既有拥抱礼、亲吻礼，也有__________、鞠躬礼、握手礼、拱手礼、点头礼，可谓五花八门。

（2）在澳大利亚的达尔文市，当地居民的穿着自成一体，他们在正式场合一定要穿衬衫、短裤和长袜。这种穿法，当地人叫作“__________”。

（3）在用餐时，澳大利亚人使用__________、__________。

（4）新西兰人见面和告别均行__________，习惯的握手方式是紧紧握手，目光直接接触，男士应等候妇女先伸出手来。

（5）毛利人有一种独特的舞蹈，被称为“__________”这种舞蹈来源于古毛利土著武士的战舞，男女舞蹈的具体方式有所不同。

2. 选择题

（1）下列哪些饰物不是澳大利亚土著人习惯佩戴的。

A. 额箍、鼻针　　B. 臂环、项圈　　C. 额箍、项圈　　D. 太阳镜、项圈

（2）土著居民在见面时所行的以表示相亲、相敬的礼仪叫作__________，极具特色。

A. 勾指礼　　B. 勾手礼　　C. 握手礼　　D. 鞠躬礼

（3）新西兰人见面和告别均行__________

A.勾指礼　　B.勾手礼　　C.握手礼　　D. 鞠躬礼

（4）__________，是澳大利亚人珍爱的一种宝石，同时也是该国的国石。

A. 红宝石　　B.澳宝　　C.蛋白石　　D.蓝宝石

（5）毛利人有着丰富又活泼的文化，保留了他们长久以来与精神和自然世界的联结。他们通过自己特别的“__________”方式来传承自己的家世。

A. 米希　　B. 阿瓦　　C. 玛雷　　D. 瓦卡

3. 思考题

（1）请简述澳大利人和新西兰人的社交礼仪的共同点。

（2）请概述澳大利亚或新西兰的社交礼仪与中国社交礼仪的不同。

## 五、中外文化品鉴

地名是人类历史的活化石，蕴含着丰富的地域文化和民俗习惯、民族风情，承载着人们寻根问亲的乡情。地名，对当地人来说，是一种对家乡的眷恋；对游客来说，是对当地文化初步识别的符号和历史人文的记忆。也许，每一个地名的背后，都记载着一段历史，或古典、或沧桑、或慷慨。在澳大利亚和中国的历史上，都出现了引起人们情感回忆或者感情认同的地名。

在历史上，澳大利亚土著人经历了来自欧洲殖民者残酷的屠杀镇压和土地剥夺以及疾病侵袭等悲惨事件。如今，很多澳大利亚地名都带有浓郁的历史痕迹，唤起了人们的情感回忆（evocative）。那时，土著居民的栖息地被毁，聚集地被弃，土著人遭到杀戮，且尸骨遗留在野外，而一些地名就与这些屠杀有关。1838 年，在新南威尔士州北部的奎迪尔河流域（Gwydir River）的“屠杀屋溪”（Slaughter house Greek），大概有几十个土著人“像树上的乌鸦一样被射杀”（shot like crows in the trees）。1841 年的屠杀把墨累河下游的“鲁弗斯河”（Rufus River）的水染成了红色。此外，其他一些地名也记载了过去澳大利亚殖民者对土著居民的杀戮暴行，如“离散山”（Mount Dispersion）、“说服之地”（Convincing Ground）、“交战山”（Fighting Hills）、“屠杀岛”（Murdering Island）、“头骨营地”（Skull Camp）等地名。1829 年，维多利亚殖民地成为一个鲸鱼加工场，由此导致当地的冈迪杰马拉土著（Gunditjmara people）与捕鲸者之间关系紧张。在波特兰海湾的“说服之地”（Convincing Ground），由于对一只搁浅的鲸鱼拥有权产生争议，于是在 1833—1834 年，白人殖民者在对土著居民展开了大规模的杀戮，这是维多利亚州有史以来屠杀土著人的最早记录，因此被称为“说服之地大屠杀”（Convincing Ground massacre），被杀的土著人数有 60 ~ 200 人。在这场战争中，冈迪杰马拉人被“说服”同意白人殖民者拥有这个地方的所有权，虽然冈迪杰马拉人最终被击败，但他们从不相信白人对此地有合法的土地所有权。失望之山（Mount Disappointment）位于墨尔本以北大分水岭（the Great Dividing Range）的最南端，它的名字由英国探险家汉密尔顿·休谟（Hamilton Hume）和威廉·霍维尔（William Hovell）在 1824 年命名。澳大利亚土著人长久以来就在该山区居住，休谟和霍维尔希望在山顶上能够远眺菲利普湾港口，可是，山中茂密的树木遮挡了他们的视线，使他们失望而归，因此他们就把此山称为“失望之山”（Mount Disappointment），以此来记录他们的心情感受。袋鼠岛（Kangaroo Island）位于南澳大利亚，是继塔斯马尼亚和梅尔维尔岛之后的澳大利亚第三大岛屿。1802 年，登上此岛的英国探险者发现岛上有不少袋鼠，并射杀一只烤着吃了，他们觉得袋鼠肉味道很鲜美，从此就把该岛称为“袋鼠岛”。悉尼有 70 多个漂亮的海滩，曼利（Manly）海滩就是其中一个。曼利海滩在悉尼杰克逊港（Port Jackson）的北岸，全长 30 千米，呈新月形。1788 年 1 月，菲利普总督来这里视察，称赞当地土著人很有男子汉气概（Manly），称此地一个海湾为曼利海湾，从此，这里得名曼利。

而在新西兰，其最长的地名总共含有 85 个字母，在英文地名中是最长的，在全世界最长地名中也排名第二。它的全称是“塔乌玛塔法卡塔尼哈娜可阿乌阿乌欧塔玛提亚坡凯费努啊奇塔娜塔胡”，这是毛利语的音译，意为“膝盖强壮有力的男人塔玛特经过数次努力，跌跌撞撞地爬上了吞食大地之山，为他的亲人吹奏笛子”，它是一座位于新西兰北岛的霍克湾地区的小山，高度仅为 305 米，当地人将它简称为塔玛特山（Taumata Hill）。

地名是历史文化的镜像，能够折射出历史痕迹和社会变迁，彰显一定时期的历史信息。这些带有鲜明土著语言色彩的地名，深深地烙印在土著人的历史发展中，反映了他们独特的语言、文化、宗教和生活方式等领域。同时这些地名也是最早定居在澳大利亚这块大陆上的土著人自己民族归属感的一个重要标志，唤起了人们的情感认同。

同样，中国地名的由来、发展和变化，反映了汉民族的社会文化风貌，体现了汉民族的文化心态和民间习俗等。

北京是元、明、清及民国初期的京都，官府、王府、衙门很多，其中有些官府的名称仍保留至今。如：相府胡同（宰相官府的旧址）、国子监街（明清的国子监所在地）等。

北京的许多名园，大都是清朝皇家或王公贵族的园林及私宅府第，如：颐和园、圆明园、景山公园、钓鱼台、恭王府、天坛、故宫内的御花园等。

中国的某些县、市名曾是古代帝王的年号。如浙江省的绍兴市，汉代为山阴县，宋高宗以自己的年号“绍兴”更改山阴县名，一直沿用至今。江西省的兴国县，是取自宋太宗太平兴国的年号中的“兴国”二字。上海市的嘉定区，是取自宋宁宗的年号“嘉定”。

地名还反映出汉族与其他民族语言接触而形成的历史遗迹。例如北京、天津等地的“胡同”便是从元代蒙古语而来。蒙古语的“胡同”一词指水井。元代北京人喝水靠水井，许多胡同因水而得名，至今北京市的许多胡同名就是汉语词+胡同的混合地名。北京地名“北海、什刹海、后海、中南海”中的“海”字来自蒙古语。蒙古语的“海”包括湖泊、水潭在内。吉林省，取自满语吉林乌拉，吉林乌拉意为“沿着松花江”。西藏，来自藏语“乌思藏”。“乌思”为“中央”的意思，“藏”为“圣洁”的意思。

中国的地名也与人民感情有着千丝万缕的联系。由于历史上朝代更替时战乱频仍，因此社会上普遍产生一种求天下太平、安宁，求福寿、昌盛的心态，把安居乐业、福寿康泰、和平昌盛的生活当作美好的理想。这种心态也反映到地名上。全国各地的市名、县名、乡镇村名多取太平、安宁、福寿、康、泰、祥、和、昌、盛、永、禄、顺、利、富、惠、宝、华、德、清、明等。例如：长春、吉安、泰安、安庆、平安、福州、玉树、永宁、福田、永吉、宜昌、吉祥、延庆、延安等。

### 练习题四

1.填空题

（1）________位于南澳大利亚，是继塔斯马尼亚和梅尔维尔岛之后的澳大利亚第三大岛屿。

（2）在新西兰，其最长的地名总共含有________个字母，在英文地名中是最长的。

（3）澳大利亚土著人长久以来就在该山区居住，休谟和霍维尔希望在山顶上能够远眺菲利普湾港口，可是，山中茂密的树木遮挡了他们的视线，使他们失望而归，因此他们就把此山称为“________”，以此来记录他们的心情感受。

（4）________是元、明、清及民国初期的京都，官府、王府、衙门很多，其中有些官府的名称仍保留至今。

（5）西藏，来自藏语“乌思藏”。“乌思”为“________”的意思，“藏”为“________”的意思，又因它位于中国的西部，故称“西藏”。

2. 选择题

（1）下列哪些地名不是澳大利亚的地名。

A. Manly　　B. Kangaroo Island

C. Mount Disappointment　　D. Hamilton Hume



（2）在波特兰海湾的“________”，其名称来源于对一只搁浅的鲸鱼拥有权产生争议。

A. 说服之地　　B. 屠杀岛　　C. 离散山　　D. 失望之山

（3）新西兰地名中最长的名字，是________的名字。

A. 一个城市　　B .一个小镇　　C. 一条河流　　D. 一座山

（4）中国地名的由来、发展和变化，反映了汉民族的社会文化风貌，体现了________民族的文化心态和民间习俗等。

A. 汉　　B. 满　　C. 少数　　D. 56 个

（5）地名还反映出汉族与其他民族语言接触而形成的历史遗迹。例如北京、天津等地的“胡同”便是从元代蒙古语而来。蒙古语的“胡同”一词指________。

A. 宫殿　　B. 大路　　C.水井　　D. 房屋

3. 思考题

请查阅资料，简述澳大利亚或新西兰地名的其他特点。

## 六、单元小项目

设计一本文化知识手册，内容关于澳大利亚或者新西兰的人文、地理或者文化等，角度可多样化，须涵盖其中一个国家和中国特色文化的差异分析。

## 【拓展阅读】

### 大洋洲唐人街：从澳大利亚到新西兰的华人印记

文/梅彬

大洋洲是世界上最小的一个洲，也是除南极洲以外，人口最少的一个洲。但在这里，依旧能够找到唐人街的身影。

从大而繁华的悉尼唐人街，到长而古老的墨尔本唐人街，再到逐渐崛起的奥克兰唐人街……这些国人或熟悉或陌生的名字，背后同样记录着千万华人的奋斗史，传承着中华民族的血脉，它们在曲折下逐步走向繁荣，成为南半球熠熠生辉的华人印记。

悉尼“中国城”：从小小的德新街到澳大利亚最大唐人街

很难说清楚，大洋洲究竟有多少唐人街。不过，规模最大的，非澳大利亚悉尼唐人街莫属。

悉尼唐人街有个很好听的中文音译，叫“雪梨华埠”，英文是 Sydney Chinatown。它位于悉尼商业中心区南端，地处中央车站与达令港之间。严格来说，悉尼唐人街已不是一个“街”字所能涵盖得了，称它为“中国城”或许更加贴切。这座充满生机和活力的中国城，已经扩展到拥有十几条街道、500 多个华人商业机构的规模。而它由小到大的发展历程更如励志剧一般，令人连连感叹。



1851 年，澳大利亚发现了金矿，吸引了成千上万的华人前来淘金，第一批华人商店及旅馆便在靠近港湾的悉尼岩石区设立。后来，采金业逐渐没落，大部分华人返回祖国，其他人则选择留了下来。1870 年前，约有 200 名华人在岩石区居住，他们通过种菜、捕鱼、制造家具、洗衣等维生，逐渐形成悉尼首个唐人街。可惜的是，这种现状并没有维持多久。随着房租不断上涨，不少华人开始搬离岩石区，迁往悉尼禧市场附近，并延伸至不远处的莎梨山，形成了悉尼第二个唐人街的雏形。直到 20 世纪 30 年代末，悉尼市政府重建达令港附近的街市，越来越多的华人便从禧市场和莎梨山移居到该地区的德信街上。经过当地华人的苦心经营，德信街迅速崛起，成为华人文化、经济集中的唐人街。1980 年，以德信街为核心的悉尼唐人街正式创建，所以当地人常说：“悉尼的中国龙，脚在岩石区，身在禧市场，头在德信街。”

如今，悉尼唐人街以德信街为核心，向四周发散出新的唐人街——北有车士活，南有好士围，西有艾士菲和巴拉玛打，西南有卡布拉玛打，近市区还有马利围等，一个以市中心老唐人街为圆心的“唐人街群落”就这样形成了。

虽然没有德信街名气那么大，但这些新兴的唐人街各有特色。其中最有名的要数艾士菲的“上海街”。在那里，招牌上写有“上海”二字的店铺一家连着一家，说上海话通行无阻，上海小吃随处可见，各类上海货一应俱全，甚至还有人打趣说：“这哪里是悉尼，明明就是上海。”艾士菲也因此得一别号——“小上海”。与艾士菲相似的，还有被称为“小台北”的车士活。众所周知，夜市是造访台北的必到之处，而车士活，同样因夜市而出名。车士活有一条步行街，街的中央会定期举办大型夜市，各种好吃的、好玩的都会摆在街边，街上熙熙攘攘，店主招揽顾客的吆喝声不绝于耳，场面热闹非凡。除此之外，在此生活的华人多是来自中国台湾的移民，这也是车士活被称为“小台北”的主要原因之一。

在新唐人街崛起的同时，处于核心的老唐人街也“不甘示弱”。比起新唐人街的中西结合，德信街有着更浓的中国味儿，尤其是在建筑方面，多以中国传统建筑文化为主。其中最引人注目的，是堪称整个悉尼唐人街标志性建筑的中式牌楼。德信街的街头街尾竖立着两座绿瓦红棂、玲珑标致的中式牌楼，牌楼上分别写着“通德履信”和“四海一家”8 个金光闪闪的大字。牌楼两旁各矗立着一只工艺精细的铜狮，好似守护神坐镇在此。走进街内，华人商店鳞次栉比，大小餐馆、杂货店、理发美容店、中医诊所等不胜枚举。店外五花八门、色彩斑斓的招牌往往以汉字为主、英语为辅，街面全都用美观的白砖铺就，路旁还设有花坛、灯饰和亭台，极具中国特色。

沿着德信街向北走约半公里，就能到达悉尼唐人街最不容错过的建筑之一——谊园。1988 年，为了促进中澳两国人民的友谊和庆祝澳大利亚建国 200 周年，悉尼华人社团倡议兴建一座中式园林，谊园由此而来。它占地 1 万平方米，无论是亭台树石，还是室内陈设，都充分借鉴了中国园林追求天然之趣的特征。走进园内，曲廊通向隐蔽在绿树山石间的影壁山，山不高，却气势雄奇，是由中国广东南部山区稀有的风化石灰岩雕刻而成；再往里走便是亭台楼阁，登台而望，面前突然一片开阔，流水潺潺、澄波潋滟，营造出“多方景胜，咫尺山林”的景致。



### 沉甸甸的奋斗史，长而古老的墨尔本老街

事实上，除了悉尼唐人街，澳大利亚还有很多唐人街，比如小巧玲珑的布里斯班唐人街、最年轻的阿德莱德唐人街，还有北桥区最受欢迎的铂斯唐人街……其中，唯一能跟悉尼唐人街偌大的名气所匹敌的，还得是这条澳大利亚最古老的唐人街——墨尔本唐人街。

如果说悉尼唐人街是大而繁华，那么墨尔本唐人街则是长而古老。位于雅拉河和墨尔本大学之间的墨尔本唐人街，不仅是全澳最早的唐人街，还是世界上最早的唐人街之一，它的历史可以追溯到 19 世纪中期澳大利亚的淘金时代。1851 年，抵达墨尔本的华人已达上万人，其中一部分人选择留下来，定居在如今墨尔本唐人街所覆盖的区域。那时，墨尔本还只是个小镇，为了抵抗“白澳至上”的歧视政策，华人中的一些有识之士便以地缘为基础，组成四邑会馆、潮州会馆、福建会馆、南番顺会馆等社团组织，用来争取华人劳工权益。

既然最古老，墨尔本唐人街当然少不了历史古迹。比如前文所提及的四邑会馆、潮州会馆和福建会馆等，至今都坐落在街上，均已有百年历史。但若想更快地了解墨尔本唐人街的历史，最好的方法就是走进位于唐人街中心地带的澳华历史博物馆。澳华历史

博物馆存有唐人街建立之初以及华人移居澳大利亚的历史资料，整个博物馆加上地下室，共有5层。走进一楼，迎面便是两条巨龙雕塑昂首而卧，龙的身体沿着斜道一直绕到地下室，长有近50米。地下室展示的是淘金时期中国劳工的生活，往上几层则是早期华人服饰、劳动工具、家具等物品，还有历史照片、新闻报纸、信札和各类工艺品。

澳华历史博物馆就像是一条“时光隧道”，重现了墨尔本唐人街已逝年华的缩影，同时也展示了当地华人沉甸甸的奋斗史。说到这里，就不得不提到这部奋斗史的代表人物之一：苏震西。

在唐人街酒楼众多的中心地带，有一家叫作“龙舫酒家”的餐馆格外有名，它不仅拥有美味繁多的菜肴，还是整条街上最大的华人餐馆。而餐馆的老板，便是墨尔本赫赫有名的首位华裔市长苏震西。1964年，17岁的苏震西从中国来到澳大利亚，在墨尔本大学就读工程学。毕业后，苏震西选择了从事教学工作，但由于自己的华裔身份，他时常受到困扰和侮辱，学生也经常闹事，不堪重压的他，最终在1976年离开了教育界。后来，他来到墨尔本唐人街开了一间只有几张桌子的小餐馆，迈出了发展餐饮业的第一步。因其美味的正宗粤菜、取料丰富的菜式和优质的服务，小餐馆逐渐赢得了许多顾客的喜爱，奠定了后来龙舫饮食集团的基业。2001年，苏震西为了自己的理想，踏入政界，击败了许多在墨尔本具有高知名度的候选人，成为墨尔本首位华裔市长。在履职期间，他推出了一系列打击犯罪的举措，使墨尔本多次获得“全球最佳城市”的称号，而他本人也获得了2006年“影响世界华人”的殊荣。



华商撑起的“倒霉路”，正在崛起的奥克兰唐人街

有人说，但凡有中国人的地方，大多建有唐人街，只是规模大小、数量不同而已。澳大利亚的墨尔本唐人街、悉尼唐人街，起初都是因淘金时期留澳的华人慢慢发展起来。那么，对于有着一大批中国移民的新西兰来说，出现唐人街应是一件再正常不过的事了。实际上，新西兰直到现在还没有官方认证的唐人街，但在当地很多华人眼里，奥克兰唐人街早已成了新西兰“根正苗红”的“唐人街”。

最近几年，随着移民人数不断增加，奥克兰的发展日新月异，已成为新西兰人口最多、发展最快的城市。与此同时，华人商店也如雨后春笋般竖立在奥克兰非常著名的一条大街上——“倒霉路”，也就是奥克兰正在崛起的唐人街。“倒霉路”位于奥克兰中区，靠近繁华的中心商务区，商业气息浓厚，路面平坦，是一条很长很直的路，跨越了奥克兰中部的几个街区，从1到1 600多的门牌号，足见这条路的长度。而这么一条位于黄金地段的道路，之所以会取名为“倒霉路”，主要是因为这条路不仅是商业重地，还是交通要道，其交通量很大，不慎造成的交通事故时有发生，加上停车位有限，稍不留神停错了位置，就可能被贴违章罚款单。其次从英文音译来看，“倒霉路”本来的英文名字叫Dominion Road，一些华人觉得英文读起来像是中文“倒霉”的谐音，结果口口相传，“倒霉路”就这样被传开了。

在奥克兰的城市发展中，“倒霉路”算是一条比较古老的路，在一百多年前就已有一定规模。现在道路上的很多房屋都是历史建筑，其中有不少是维多利亚式的传统新西

兰民宅。由于路段繁华，许多华人都把目光投在了这里。2015 年一项统计显示，“倒霉路”上华人所拥有和经营的商店达到 159 家，占该地区所有商店总数的 61%，而且现在还不断有华商向这里进军。奥克兰唐人街至今没有得到官方认证，并不是因为这里的华人没有影响力，反倒是他们自己根本不在乎这事，在他们心里，奥克兰“倒霉路”是新西兰当之无愧的“唐人街”，不需要别人来证明什么。

这里的华人店铺主打餐饮业，绝大部分都是中餐厅，从广式饮食到东北炖锅，从麻辣川味到香辣湘菜，从新疆的西北风味到江浙的吴侬精致菜肴，都能在此品尝到，所以这里也被称为“中华小吃街”。在“倒霉路”上开中餐厅的吴老板说：“来这儿的大多数人都是为了美食，外国人可以尝到不一样的美味，而中国人则可以吃到家乡的味道，所以小吃街，才是最适合这里的称呼。”走在街上，你能听到满大街的闽南话、广东话、上海话，一旁的阅报栏里到处贴着中文报纸，烧腊店的橱窗里挂满了烧鸭和叉烧，远处传来民间艺人悠悠的二胡声，穿梭于中西合壁的街道时空下，再配上扑面而来的中国饭菜香味，若不是看到偶尔出现的英文路牌，真分不清自己是在奥克兰，还是在中国。

## 第四单元　参考文献


[1] 中华人民共和国外交部. 澳大利亚国家概况[EB/OL]. [2022-06-01]. https://www.mfa.gov.cn/web/gjhdq_676201/gj_676203/dyz_681240/1206_681242/1206x0_681244/.

[2] 中华人民共和国外交部. 新西兰国家概况[EB/OL]. [2022-06-01]. https://www.mfa.gov.cn/web/gjhdq_676201/gj_676203/dyz_681240/1206_681940/1206x0_681942/.

[3] 中国侨网. 澳大利亚华侨华人概况[EB/OL]. [2014-04-21]. http://www.chinaqw.com/hqhr/2014/04-21/1144.shtml.

[4] 梅彬，TONY LAW，多多熊，等. 大洋洲唐人街 从澳大利亚到新西兰的华人印记[J]. 环球人文地理，2020（2）：8.

[5] 中华人民共和国商务部. 澳大利亚概况[EB/OL]. [2014-03-20]. http://sydney.mofcom.gov.cn/article/ddgk/zwrenkou/201403/20140300524034.shtml

[6] 王建堂. 大洋洲国家人口地理初探[J]. 河南大学学报（自然科学版），1986（3）：83-89.

[7] 金. 大洋洲国家的“别号”[J]. 世界知识，1995（05）：28-28.

[8] 刘方义. 评介《大洋洲岛国地理》[J]. 地域研究与开发，1986（1）：52-52.

[9] 邸永君. 大洋洲的民族[J]. 百科知识，2003（9）：2.

[10] 李常磊. 澳大利亚文化博览[M]. 上海：上海世界图书出版公司，2004.

[11] 梁银辉. 现代护士礼仪与素养[M]. 2 版. 湖南：湖南科学技术出版社，2000.

# 第五单元 俄罗斯语言文化之美

## 学习目标

（1）知识目标：掌握关于俄罗斯文化的语言表达，能够阐述俄罗斯文化的概况与发展，阐释俄罗斯典型文化的内容与特征。

（2）能力目标：能够运用已掌握的文化和语言知识，对中俄两国的语言、文化、传统、习俗等方面进行分析与评价；深刻了解中俄两国文化底蕴的异同性，感受世界语言文化的多样性。

（3）美育目标：语言是文化的载体，以语言为中心，领略俄罗斯文化的丰富性，进而树立正确的价值观、审美观、文化观，感悟俄罗斯文化之美，通过对比中俄文化的异同性，领略中华文化之风采。

（4）思政目标：了解俄罗斯语言和文化的发展与历史，以及现今经典的俄罗斯文化，对比中俄两国文化的异同性，理解、尊重他国文化的同时，厚植爱国主义情怀，增强对中华民族优秀文化的自信心、认同感和民族自豪感，深化对中华文化传播的责任感。

## 一、单元导入

在地球上有这样一个国家，
在春季，你可以欣赏到冰雪消融的奇景，
可以品尝到布林饼带来的欢乐；
在夏季，可以欣赏到其奢华绚丽的教堂，
可以品尝到独一无二的格瓦斯；
在秋季，可以欣赏到层次分明的金秋，
可以品尝到“豪放”鲜香的大肉串；
在冬季，可以欣赏到晶莹剔透的蓝冰，
可以品尝到世界独有的奥姆利熏鱼。

说到此处，你可能猜到了这个国家的名字！它就是世界上领土最大的国家——俄罗斯联邦（俄语：Российская Федерация，英语：Russian Federation），或称俄罗斯，简称俄联邦。

俄罗斯地域辽阔，位于欧亚大陆的东北部，横跨欧洲和亚洲。其领土面积约占整个地球土地的1/8。俄罗斯以高原与平原地形为主，地势呈现南高北低，东高西低的特征。在广袤的土地上拥有着众多河流湖泊、山川峻岭以及无尽的森林与草原。俄罗斯拥有丰富的自然资源，具有储量大、种类繁多、分布不均等特点，同时也面临着在人口稠密和气候恶劣地区，基础设施和资源开采条件及发展不足等问题。

俄罗斯的淡水储备量位居世界首位，世界上20%的淡水集中于此。其境内的河流约有250万条，湖泊超过200万个。森林资源占据俄罗斯领土的45%，主要集中在西伯利亚、远东以及俄罗斯欧洲部分的北部地区。俄罗斯的矿产资源也非常丰富，其中多种资源占据世界领先地位，世界石油储量的10%，天然气储量的30%，煤炭储量的16%，铁储量的32%，钾盐储量的16%，锌储量的7%都集中在俄罗斯。其中超过70%的资源储备位于东西伯利亚、乌拉尔和北极地区。除丰富的自然资源外，俄罗斯的可再生资源发展迅速，目前已拥有1500多座发电站。

俄罗斯是一个气候寒冷的国家，大部分位于北温带，小部分位于寒带。北极和亚北极地区包括北冰洋的海洋、北极群岛和该国的北部大陆边缘。俄罗斯的许多地区，气温在零下的时间长达半年以上。例如，每到冬季整个贝加尔湖将被冰封，直到第二年的3—4月份才能融化。



俄罗斯同中国相似，是一个多民族的国家，拥有近两百个民族。在人口数量中占比较高的民族为俄罗斯族、乌克兰族、巴什基尔族、车臣族、亚美尼亚族等。

广袤的地域、悠久的历史、多样的民族使俄罗斯成为世界著名的文化艺术大国。俄罗斯在芭蕾、绘画、文学、建筑、音乐等方面的成就享誉世界。例如，著名诗人亚历山大·谢尔盖维奇·普希金（А.С. Пушкин），现实主义作家列夫·尼古拉耶维奇·托尔斯泰（Л. Н. Толстой），俄罗斯浪漫乐派作曲家彼得·伊里奇·柴可夫斯基（П.И.Чайковский）的经典作品被全世界人民所熟知。

除此之外，俄罗斯作为文化大国，还拥有着丰富多样的美食文化，它伴随着这个国家和民族的历史发展而不断前行。在俄式大餐中，香浓艳丽的罗宋汤、清爽解渴的格瓦斯、韧劲十足的大列巴、奶香浓郁的冰激凌、绵甜回味的伏特加等都是我们熟知的俄式饮食。如今，俄式大餐已经成为世界美食中一道靓丽的风景线，绽放着它独特的光芒。

## 二、世界多彩语言之美

### （一）俄语的起源

提起俄语（Русский язык），人们对它的第一印象是极具特点的颤音“Р”，正是这个鲜明的颤音，使你即便听不懂俄语，也能将俄语从其他语种中快速地分辨出来。世界上是不是只有俄罗斯使用俄语？俄语是在什么时间出现的？除了发音之外，俄语还有哪些鲜明的特征？这些问题一定让你很好奇吧？

语言来源于人们对外界事物的认知与理解，不同的语言反映出各个国家不同的发展进程。俄语是联合国官方语言之一。2020 年 12 月，塔斯社对俄罗斯国立普希金俄语学院校长玛尔加丽塔·鲁谢茨卡娅（Маргарита Русецкая）进行了采访。玛尔加丽塔表示："目前，俄罗斯缺乏对于俄语在全球使用情况数据的全面统计。"因此，他们以全面的数据库、世界人口普查结果、国际科学出版物中的相关数据，以及其他数据资料为基础，开展了一项关于全面评估俄语在世界语言背景下地位的研究。对于俄语在全球影响力的研究还考虑到了讲俄语的人口数量、俄语在国际组织中的地位、在大众传媒中使用情况、俄语科技信息量、互联网用户的数量以及语言资源数量等因素。最终得到的结果是：俄语在 12 种主要语言中排名第五，超过了葡萄牙语、阿拉伯语和德语，位列于英语、西班牙语、法语和汉语之后。

那么，让我们一起打开这扇神奇的语言大门，去了解它的历史与发展！

### 1. 语言的起源

俄语属于印欧语系斯拉夫语族。

公元前 3000 年末到 2000 年初，作为斯拉夫语基础的原始斯拉夫语言从印欧语系中分离。在 10—11 世纪，原始斯拉夫语分成了三个语支：西斯拉夫语支（波兰语、捷克语、斯洛伐克语），南斯拉夫语支（之后发展成为保加利亚语、马其顿语，塞尔维亚-克罗地亚语）和东斯拉夫语支。

在封建社会分裂时期，地区方言的形成，鞑靼-蒙古的枷锁促进了东斯拉夫语的分化，从中划分出三种独立的语言：俄语、乌克兰语和白俄罗斯语。因此，俄语属于印欧语系斯拉夫语族的东斯拉夫语支。

### 2. 语言的发展历史

在莫斯科罗斯时期出现了一种特殊的俄语方言，莫斯科在这种方言的形成过程中起到了重要的作用，引入了 a 音化、非重音元音的弱化，以及一些其他变化。莫斯科方言成为俄罗斯民族语言的基础。但是当时还未形成统一的文学语言。

在 18—19 世纪，关于专业的科学、军事和海军方面的词汇迅速发展，这也成为外来词出现的原因，这些词阻碍了俄语的发展。在文学和政治斗争中出现了对统一俄语的必要需求。

随着社会主义制度的稳定，与社会主义相关的缩写词开始出现（余粮征集制、人民委员）。

现代俄语中增加了专业词汇的数量，这是科学和技术进步的必然结果。在 20 世纪末—21 世纪初，俄语中出现了大部分来源于英语的外来词。

俄语不同层次之间的复杂关系，以及外来词、新词对其的影响，同义词的发展，使得俄语真正地变得丰富。

## （二）俄语的特点

### 1. 俄语字母的特点

俄语共有33个字母，其中包含10个元音字母、21个辅音字母、2个无音符号。

元音字母：Аа Оо Уу Ээ ы Ии Яя Юю Ёё Ее

辅音字母：Вв Гг Дд Жж Зз Йй Кк Лл Мм Нн Пп Рр Сс Тт Уу Фф Хх Цц Чч Шш Щщ

2个无音符号为硬音符号 ъ 和软音符号 ь。

### 2. 俄语语音的特点

（1）元音少、辅音多；

（2）辅音有清辅音和浊辅音，清浊辅音大部分成对；

（3）元音 а，о，я，е 在非重读音节中要发生弱化；

（4）辅音有浊化和清化发音规则。

### 3. 俄语语法的特点



（1）名词有阳性、阴性和中性之分；

（2）名词共有六个格，各种格表示不同的意义和用法；

（3）形容词有软变化和硬变化；

（4）动词有两种变位方式；

（5）动词有完成体和未完成体；

（6）词类中有前置词；

（7）有形动词和副动词等。

俄语的语音特点鲜明，语调丰富多样，语法严谨规律。所以在俄语中即便句子中的词序顺序发生变化，有时对其意思的表达影响并不大。俄语字母拥有印刷体和书写体两种形式，印刷体的俄文端正对称，而手写体的俄文流畅悦目，从字里行间中能够感受到俄罗斯人深厚的文化底蕴（见表5-1）。

表5-1　俄语字母

| 字母大写 | 字母小写 | 字母大写 | 字母小写 |
|---|---|---|---|
| А | а | Р | р |
| Б | б | С | с |
| В | в | Т | т |
| Г | г | У | у |

续表

| 字母大写 | 字母小写 | 字母大写 | 字母小写 |
|---|---|---|---|
| Д | д | Ф | ф |
| Е | е | Х | х |
| Ё | ё | Ц | ц |
| Ж | ж | Ч | ч |
| З | з | Ш | ш |
| И | и | Щ | щ |
| Й | й | — | ъ |
| К | к | — | ы |
| Л | л | — | ь |
| М | м | Э | э |
| Н | н | Ю | ю |
| О | о | Я | я |
| П | п | | |



## （三）俄语的地位

联合国根据语种的影响力及其在世界范围内的通用程度来决定是否确立该语种作为联合国工作语言。联合国工作语言，是指在联合国的所有会议、官方文件，以及有关记录、事务中可以使用的标准语言。俄语是联合国工作语言之一，广泛使用于原苏联成员国和东欧地区。

今天有约 2.58 亿人在说俄语，这个数字位列世界第八，排名前七位的语言分别为英语、汉语、印地语、西班牙语、法语、阿拉伯语、孟加拉语。俄罗斯国立普希金学院（Институт русского языка им. А. С. Пушкина）进行了一项关于俄语影响力的研究。研究者调研了俄语在国际交往、大众传媒、教育、科学、网络领域。俄语在国际组织中的地位排名第四，而在互联网站中俄语的地位能排到第二位。从以上数据中我们不难看出，俄语是极具竞争力、充满活力的语言。

20 世纪，苏联拥有 15 个加盟共和国，这也是俄语最普及的时期。1990 年前，苏联人口总数位居世界第三位（2.86 亿），俄语是苏联规定必须掌握的语言。在 1991 年苏联解体之后，独立国家开始鼓励使用本国的母语。但今天在苏联加盟共和国中，一些上年纪的老人们依然可以用俄语流畅地交流。

## 练习题一

1. 填空题

（1）在俄语中名词有：______性、______性和______性。

（2）在 18—19 世纪，特殊的______、______和______词汇迅速发展。

（3）在俄语中共有______个字母，其中______个元音字母，______个辅音字母，还有 2 个元音符号。

（4）在俄语中动词有______种变位。

（5）俄语名词共有______个格，不同的格表示不同的意义。

2. 选择题

（1）俄语的特点是元音数量______，辅音数量______。

A. 多，少　　B. 少，少

C. 多，多　　D. 少，多

（2）辅音分为______，清浊辅音大部分______。

A. 清辅音和浊辅音，不成对　　B. 清辅音和颤音，成对

C. 清辅音和浊辅音，成对　　D. 清辅音和颤音，不成对

（3）在 18—19 世纪，特殊的科学、军事和海军词汇迅速发展，这成为______出现的原因，这些词阻碍了俄语的发展。

A. 缩略词　　B. 外来词　　C. 新词　　D. 比喻词

（4）俄语属于______。

A. 高加索语系　　B. 阿尔泰语系　　C. 印欧语系　　D. 乌拉尔语系

（5）在 20 世纪末—21 世纪初，俄语中大部分外来词来自______。

A. 法语　　B. 西班牙语　　C. 英语　　D. 德语

3. 思考题

（1）俄语中外来词为什么大多来源于英语？

（2）你认为制约俄语发展的因素是什么？

## 三、世界多样社会剪影

### （一）俄罗斯地区和人口概况

俄罗斯联邦现有 85 个主体组成：22 个自治共和国、46 个州、9 个边疆区、4 个自治区、1 个自治州、3 个联邦直辖市组成的联邦共和立宪制国家。根据俄罗斯宪法规定，联邦的所有主体一律平等。

2000 年，为了协调、管理联邦政府和地方权利政府，根据俄罗斯总统的法令，在其宪法的框架下，将俄罗斯领土划分为 7 个联邦区：中部地区、西北部地区、南部地区、

伏尔加河地区、乌拉尔地区、西伯利亚地区和远东地区。

截至 2021 年 1 月 1 日，俄罗斯的常住人口数量约 1.46 亿人。人口负增长是俄罗斯面临的严峻问题。从 2009 年到 2018 年，俄罗斯人口数量实现了持续增长。除了人口数量的问题，人口的老龄化、性别比例等也都成为俄罗斯政府亟待解决的问题。为此政府也出台了一些政策，鼓励、奖励年轻的父母生育多个子女。在苏联时期她们被称为“英雄母亲”（«Мать-героиня»），这是授予母亲的最高头衔，同时还会颁发勋章和证书。即便今日，对于生育 10 个或 10 个以上孩子的母亲，俄罗斯政府也会授予证书和给予奖励。

## （二）俄罗斯风格迥异的各大城市

2021 年，全世界的城市人口数量已经超过一百万的城市有 300 多个，其中有 15 座城市来自俄罗斯（见表 5-2）。

表 5-2　2021 年俄罗斯超过百万人口的城市

| 序　号 | 人口数量 | 城　市 |
|---|---|---|
| 1 | 1267 8079 | 莫斯科 |
| 2 | 539 8064 | 圣彼得堡 |
| 3 | 162 5631 | 新西伯利亚 |
| 4 | 149 3749 | 叶卡捷琳堡 |
| 5 | 1257 391 | 喀山 |
| 6 | 125 2236 | 下诺夫哥罗德 |
| 7 | 119 6680 | 车里雅宾斯克 |
| 8 | 115 6659 | 萨马拉 |
| 9 | 115 4507 | 鄂木斯克 |
| 10 | 113 7904 | 顿河畔罗斯托夫 |
| 11 | 112 8787 | 乌法 |
| 12 | 109 3771 | 克拉斯诺亚尔斯克 |
| 13 | 105 8261 | 沃罗涅日 |
| 14 | 105 5397 | 彼尔姆 |
| 15 | 100 8998 | 伏尔加格勒 |

数据来源：RUnetMir

### 1. 俄罗斯首都——莫斯科（Москва）

莫斯科是俄罗斯最大的城市之一，于 12 世纪建立。在 16 世纪莫斯科成为首都，一直到 18 世纪初。1712 年，彼得大帝迁都圣彼得堡，但莫斯科仍是当时俄罗斯最大的经济、政治和文化中心，发挥着俄国第二都城的作用。

今天的莫斯科不仅是首都，还是俄罗斯的政治、经济、文化、金融和科技中心。发达便捷的交通向我们展示着莫斯科人的生活节奏。这个百万级城市拥有4个大型民用机场，分别是谢列梅捷沃机场（Аэропорт Шереметьево/Sheremetyevo Airport）、多莫杰多沃机场（Аэропорт Домодедово/Domodedovo Airport）、伏努科沃机场（Аэропорт Внуково/Vnukovo Airport）和茹科夫斯基（Аэропорт Жуковский/Zhukovsky Airport）。无论从哪个机场都有到达城市中心和各个市内火车站的快轨、公交车、小巴等多种交通工具。莫斯科的地铁以其庞大的体系和华丽的设计而惊艳全世界，享有“地下艺术宫殿”的美誉。无数条错综复杂的线路，使人们得以穿梭于城市的各个角落。

莫斯科除了有现代化城市的特点外，还拥有极为深厚的文化底蕴。

（1）红场（Красная площадь）。

红场位于莫斯科市中心，与克里姆林宫相邻。其长度为330米，宽度为75米，面积为24 750平方米。红场的历史可以追溯到15—16世纪，起初这里是用于交易的市场，在17世纪，这个广场开始被称为“红色”的广场，其意思为“美丽”的广场。

（2）莫斯科克里姆林宫（Московского Кремля）。

在俄语中译为“坚固的城堡”。除了彼得堡时期，这里一直是国家的心脏。克里姆林宫由武器库和建筑群构成。武器馆珍藏着法贝热彩蛋，沙皇加冕时的王冠、权杖以及各类皇室的服装、马车等。

（3）俄罗斯国家历史博物馆（Государственный исторический музей）。

俄罗斯最大的国家历史博物馆于1872年开始建造，位于莫斯科红场。由建筑师弗拉基米尔·舍伍德和工程师阿纳托利·谢苗诺夫指导修建。馆内收藏文物数量达450万件。

（4）莫斯科罗蒙诺索夫国立大学（Московский государственный университет имени М. В. Ломоносова）。

又称为“莫斯科大学”，创办于1755年，是俄罗斯联邦规模最大、历史最悠久的综合性研究型高校，也是欧洲顶尖、世界著名的高等学府。

（5）俄罗斯金环小镇（Золотое кольцо России）。

一条贯穿俄罗斯东北部的古城，这些古城保留了俄罗斯古老的历史和独特的文化，是民间工艺品的聚集地。

2. 北方威尼斯——圣彼得堡（Санкт-Петербург）

圣彼得堡是俄罗斯第二大城市，面积1 439平方千米，其中市区面积606平方千米。截至2021年，其人口总数为538 342人。

圣彼得堡始建于1703年，距今已有300多年的历史。自1712年彼得大帝迁都到彼得堡，一直到1918年，在这200多年的时间里，这里一直是俄罗斯文化、政治、经济的中心。在列宁去世后曾更名为列宁格勒，1991年又恢复原名为圣彼得堡。圣彼得堡的历史中心和古迹群成为联合国教科文组织世界遗产。

（1）国立艾尔米塔什博馆（Государственный Эрмитаж）

该馆于 1754 年在俄国女皇叶卡捷琳娜二世的宫廷收藏品基础上建立。1852 年起对外开放。1922 年，国立冬宫博物馆与艾尔米塔什博物馆合并，称国立艾尔米塔什博物馆。该馆是俄罗斯最大的历史艺术博物馆，拥有超过 300 万件展品。它展示了从旧石器时代到现代东西方历史和艺术的古迹。博物馆由冬宫（1754 年—1762 年）、小冬宫（1764 年—1767 年）、旧冬宫（1771 年—1787 年）、新冬宫（1839 年—1852 年）、冬宫剧院（1783 年—1787 年）组成。

（2）彼得夏宫（Государственный музей-заповедник «Петергоф»）。

夏宫坐落于圣彼得堡市郊，是一座宫殿和公园的集合体。此座宫殿是彼得大帝下令修建的，当时正是俄罗斯的鼎盛时期。宫殿面向芬兰湾，后来成为历代沙皇必去的一个避暑胜地。

（3）皇村（Государственный музей-заповедник «Царское село»）。

皇村位于圣彼得堡市南部约 25 千米处，意思是“沙皇的村落”，它还有另一个名字“普希金城”，普希金在俄罗斯文学史上被誉为“俄国诗歌的太阳”，他曾在此地学习。皇村共分成四个部分：叶卡捷琳娜宫（又称凯瑟琳宫）、叶卡捷琳娜公园、亚历山大宫、亚历山大公园组成，琥珀屋也坐落于此。

（4）喀山大教堂（Казанский собор）。

喀山大教堂是圣彼得堡最大的教堂之一。它由俄罗斯建筑师安德烈·沃罗尼欣设计，坐落于涅瓦大街上。在 1812 年的卫国战争之后，它成为俄罗斯军事荣耀纪念碑。1813 年，伟大的指挥官库图佐夫被埋葬在这里。

（5）伊萨基辅大教堂（Иссакиевский собор）。

伊萨基辅大教堂的历史可以追溯到 1707 年，最初是根据彼得大帝的法令在海军部领土上建造。之后又经历多次改造。教堂的大厅和殿堂皆以大理石装饰，且有以贵重的蓝、绿孔雀石建成的立柱，美不胜收。它被认为是仅次于罗马梵蒂冈圣彼得大教堂、德国科隆大教堂的世界第三大教堂。

3. 西伯利亚蓝眼睛——伊尔库茨克（Иркутск）

伊尔库茨克是俄罗斯伊尔库茨克州的首府，于 1661 年建立，距今已有 300 余年的历史。它是西伯利亚重要的工业城市、交通和商贸枢纽，它是东西伯利亚的第二大城市，靠近贝加尔湖西海岸。伊尔库茨克的面积为 305 平方千米，截至 2021 年，其人口总数为 617 315 人。

提起西伯利亚也许你并不陌生，每逢冬季我们总能在天气预报中听到那股冷冷的“西伯利亚寒流”。伊尔库茨克一年有半年以上的时间温度都在零摄氏度以下，冬季最冷的时间是 12 月—来年 2 月三个月，最低气温可达到 −43℃。也许你对于这个温度毫无概念，这里举一个例子，让你感受一下它的“寒气”。将一杯沸腾的水快速地抛向空中，落下来便是片片雪花，这就是所谓的“泼水成冰”。

那么这个“寒冷”的城市除了令人惊讶的气候外，还有哪些与众不同之处呢？

在距离伊尔库茨克市区约 70 千米处，有一座小镇，它有一个很特别的名字：利斯特维扬卡（Листвянка）。这个镇子不大，只有几条街道，但一年四季都有世界各国的游客来此度假。因为这里有世界上最深的淡水湖——贝加尔湖（Озер Байкал）。

在我的怀里，
在你的眼里，
那里春风沉醉，
那里绿草如茵……

李健的一首《贝加尔湖畔》让大家了解了神秘的贝加尔湖，它拥有让人窒息的美丽。正如俄罗斯作家特瓦多夫斯基（Александр Твардовский）所说：

Байкал- бесценный дар природы-да будет вечен на Земле.

贝加尔湖是大自然的无价馈赠，愿它永远与我们相伴。

关于贝加尔湖名字的由来流传着许多传说。其中最广为人知的有两个：

第一个传说：最早在贝加尔湖沿岸生活的原住民是布里亚特人，在布里亚特的传说中，地球大爆炸，火从地缝中爆发出来。在惊慌中，人们大喊道：«Бай, галл!»（«огонь, остановись!»）（“火，住手！”）。裂缝里充满了水，火熄灭了。因为这个传说，湖的名字由此而来。



此外，还有一个更美丽的传说：相传贝加尔湖是一位老人，他有三个儿子和一个女儿安加拉。安加拉天生美丽聪慧，贝加尔湖非常喜欢这个独女。所以想把她嫁给伊尔库特（伊尔库特湖 река Иркут——伊尔库茨克市的一条河流）。然而安加拉却深深地爱上了勇士叶尼塞河（река Енисей）。一天晚上，安加拉趁着贝加尔湖熟睡的时候，独自离开了家，去寻找自己的爱人叶尼塞。贝加尔醒来后，非常生气和伤心，他的泪水汇成了贝加尔湖。

除了美丽的传说外，人们又给贝加尔湖起了许多美丽的名字，如 голубой глаз, Голубое око Сибири，即“西伯利亚的蓝眼睛”，“蓝色”成为它的一个重要特征。

4. 东方不冻港——符拉迪沃斯托克市（Владивосток）

符拉迪沃斯托克市是俄罗斯滨海边疆区首府，也是俄罗斯远东地区重要的城市之一。符拉迪沃斯托克地理位置优越，从北京到符拉迪沃斯托克大约飞行两个半小时。随着中俄旅游业的兴起，这个城市也越来越被我们所熟知。当地较为著名的景点有托卡内夫灯塔、潜水艇 C-56 博物馆、金角湾大桥和符拉迪沃斯托克火车站等。

（1）托卡内夫灯塔（Токаревский маяк）。

托卡内夫灯塔修建于 1876 年。它是海上识别符拉迪沃斯托克的重要标志，如今已经成了一个热门旅游景点。灯塔下半部为八角形，上半部为圆形，除塔顶为红色外，其余部分均为白色。灯塔通过一条狭长的浅滩与陆地相连，长长的海堤延伸出去，一个小小的灯塔静静地矗立在那里，画面十分和谐与美好。

（2）潜水艇 C-56 博物馆（Подводная Лодка C-56）。

在符拉迪沃斯托克的广场上，矗立着一艘真正的退役潜艇，它就是曾荣获红旗勋章和近卫军称号的“C-56”号潜艇。为纪念英勇牺牲的潜艇官兵，战后 C-56 潜艇被分割成数段，由火车、汽车、起重机运送至此，组合焊接复原，修建了这个别致的实体博物馆。进入潜艇，舱内各种机械、设备、物品，以及潜艇内部两壁贴满的照片、图片和文字材料，真实再现了其英勇的战绩。置身其中仿佛亲临硝烟弥漫的战场，让人强烈地感受到俄罗斯海军的辉煌。

（3）金角湾大桥（Золотой мост）。

符拉迪沃斯托克的金角湾大桥是世界五大斜拉桥之一，桥身总长度为 1 400 米，宽 28.5 米，距离水面 64 米。2008 年在符拉迪沃斯托克建设这座大桥的时候，它就注定要成为这座远东城市新的地标。大桥最终于 2012 年顺利竣工，迎接了当年的 APEC 会议，向世界展示了俄罗斯远东的风采。

（4）符拉迪沃斯托克火车站（Железнодорожный вокзал Владивостока）。

1891 年 2 月，俄罗斯皇帝亚历山大三世颁布了关于铺设西伯利亚铁路的最高法令。一条横跨欧亚大陆的铁路，跨越 8 个时区，总长度为 9 288 千米，是世界上最长的铁路之一。这条横贯俄罗斯东西的干线，起自莫斯科，经梁赞、萨马拉、车里雅宾斯克、鄂木斯克、新西伯利亚、伊尔库茨克、赤塔、哈巴罗夫斯克（伯力）等众多城市，最终到达符拉迪沃斯托克。这条铁路的修建，不仅让原本荒无人烟的西伯利亚地区逐渐繁荣起来，同时也给俄罗斯的经济发展带来巨大的收益，成为俄罗斯陆地运输的主要通道。直至今日，该铁路的部分路段依然用于物资运输，同时在伊尔库茨克到斯柳江卡（Слюдянка）还保留了一段作为观光小火车的路线，一年四季对外开放，搭乘小火车可以领略贝加尔湖的美景。

## 练习题二

1. 填空题

（1）国立艾尔米塔日博物馆由____、____、____、____、____组成。

（2）现今______为俄罗斯的首都，是俄罗斯的政治、经济、文化、金融和科技中心。

（3）____创办于 1755 年，是俄罗斯联邦规模最大、历史最悠久的综合性研究型高校，欧洲顶尖、世界著名的高等学府。

（4）俄罗斯联邦由____个自治共和国、____个州、____个边疆区、____个自治区、____个自治州、____个联邦直辖市组成的联邦共和立宪制国家。

（5）在俄罗斯，对于生育 10 个或 10 个以上孩子的母亲授予勋章和证书，她们被称为____。

2. 选择题

（1）琥珀屋坐落于______。

A. 冬宫　　B. 夏宫　　C. 克里姆林宫　　D. 皇村

（2）莫斯科红场其意思为______。

A. 巨大的广场　　B. 方形广场　　C. 集市广场　　D. 美丽的广场

（3）俄罗斯有______个超过百万人口的城市。

A. 14　　B. 15　　C. 16　　D. 17

（4）截至 2021 年 1 月 1 日，俄罗斯的常住人口数量______。

A. 约 2 亿　　B. 约 1.5 亿　　C. 约 1.46 亿　　D. 约 1 亿

（5）______以其庞大的体系和华丽的设计而惊艳整个世界。享有“地下艺术宫殿”的美誉。

A. 莫斯科机场　　B. 莫斯科地铁　　C. 莫斯科车站　　D. 莫斯科港口

3. 思考题

（1）被誉“欧洲之窗”的圣彼得堡对俄罗斯文化发展有哪些影响？

（2）在你眼中莫斯科与圣彼得堡两个城市的文化差异是什么？



## 四、典型文化分析

俄罗斯的文化丰富多样，堪称精致完美的绘画和雕塑、令人百读不厌的文学作品、华美优雅的芭蕾舞、扣人心弦的乐曲、奇趣魔幻的马戏等时时刻刻向我们展示着这个艺术大国的魅力。

### （一）俄罗斯芭蕾

芭蕾舞是俄罗斯民族文化的瑰宝，也是俄罗斯文化的名片之一。芭蕾舞最早起源于意大利，之后兴盛于法国，并流行于法国的宫廷。在俄罗斯，芭蕾找到了它的“第二故乡”。正是在俄罗斯，芭蕾舞的古典传统得到了保存和发展，并得以再次向全世界展示。

1738 年，在圣彼得堡开办了俄罗斯的第一所芭蕾舞学校。几十年后，更多的芭蕾舞学校在莫斯科开办。也正是从这一时期起，圣彼得堡和莫斯科两个芭蕾舞传统流派的竞争开始了。在莫斯科有莫斯科大剧院，在圣彼得堡有马林斯基剧院，它们的“较量”持续到了今天。

莫斯科流派更倾向于情感的表达、更为大胆的尝试。圣彼得堡流派则忠于芭蕾的古典传统，专注于每个乐章、每个动作的细节。直到今天，在俄罗斯的舞台上仍然可以看到最“经典”的芭蕾舞表演。

俄罗斯芭蕾舞剧众多，在 19 世纪，俄罗斯艺术家创作了许多古典芭蕾，如《睡美人》《胡桃夹子》《天鹅湖》等，华丽壮观的场面、诙谐有趣的表演，以及柴可夫斯基的音乐赋予舞剧以强烈的感染力，使它们成为世界芭蕾舞剧的经典。

20 世纪初，俄罗斯芭蕾舞取得了新的突破。一场名为《明星》的巡回演出，再次唤起了外国公众对芭蕾舞的热情，芭蕾舞迎来了第二次“春风”，独幕芭蕾舞流派开始流行。

在俄罗斯的各个城市中都会拥有不同风格的剧院。其中最为华丽的剧院大多位于莫斯科和圣彼得堡。

莫斯科大剧院（Большой театр）修建于 1776 年，是莫斯科著名的芭蕾舞与歌剧剧院。这是一座乳白色的古典主义建筑，正门竖立着 8 根高 15 米的圆柱，巨大的柱廊式正门雄伟壮丽。门顶上由阿波罗驾驭的 4 驾青铜马车，气势磅礴，造型优美。剧院也是莫斯科地标建筑之一。

圣彼得堡马林斯基剧院（Мариинский театр）是世界主要的音乐剧院之一。1859 年，设计师阿尔伯特·卡沃斯（Альберто Кавос）建造了今天的剧院。如今的马林斯基剧院分成马林斯基剧院和新马林斯基剧院。现今，马林斯基剧院的影响扩展到了欧美的主流舞台，赢得了广泛的赞誉。

米哈伊洛夫斯基剧院（Михайловский театр）是圣彼得堡著名的音乐剧院。1833 年，尼古拉一世下令修建剧院，设计师将古典传统和新颖创意相结合，修建了风格独特的剧院。该剧院也成为圣彼得堡皇家剧院之一。

冬宫剧院（Эрмитажный театр），又称艾尔米塔什剧院，由叶卡捷琳娜二世女皇下令，于 1783—1787 年建造，是圣彼得堡最古老的剧院之一。

1988 年，建筑师卢金巧妙地通过一间画廊，将剧院连接到冬宫宫殿。于是，剧院就成了冬宫博物馆建筑群的一部分。沙皇俄国时期这里一直是御用剧院。如今的剧院，依旧保持着沙俄时代的圆形剧场。座位依剧场形状排列成半圆形，剧院内富丽堂皇的舞台大幕是整个剧院的亮点。

### （二）俄罗斯马戏

在 17 世纪，马戏艺术来到了俄罗斯大地。最早的马戏只是一些国外的艺术家展示的平衡技巧，以及滑稽的表演，引起了俄罗斯人的兴趣。在 18 世纪，俄罗斯人开始组建自己的剧团，一百年后，在俄罗斯境内出现了马戏团。

俄罗斯马戏团的创始人是德米特里、阿基姆和彼得。农民的孩子们从小就不知不觉地沉浸在马戏艺术之中。父亲带着儿子们去伏尔加河地区旅行，并依靠杂耍和音乐表演谋生。每个孩子都拥有自己的角色，并能够很好地演绎自己角色。最年长的德米特里是一位小丑主持人，阿基姆是主要的喜剧角色，经常化妆成小丑表演并能够演奏各种乐器，而彼得用力量和技巧来征服观众。1873 年他们“巡演”并停留在奔萨，在那里创建了俄罗斯第一家马戏团“冰宫”。三年后，兄弟三人又在萨拉托夫创建了另一家马戏团。

今天，融合滑稽的小丑、有趣的驯兽表演以及灵活的杂技技巧的马戏艺术依旧深受俄罗斯人的喜爱。在俄罗斯有许多历史悠久的马戏团，其中最为著名的是莫斯科国家大马戏团和莫斯科尤里加加林马戏团。

莫斯科国家大马戏团（Большой Московский государственный цирк）是世界上规模最大的马戏团之一，它位于莫斯科的市中心。20 世纪 50 年代，莫斯科人口增加，首都成为国内外的休闲旅游中心，城市需要新的文化设施，当然也包括马戏团。莫斯科国家大马戏团内部的演出厅非常宽敞，折叠的穹顶如同一个大帐篷，保持了马戏团原有的“样子”；以舞台为中心，呈圆形，穹顶高 26 米，马戏团拥有 3 300 个座位；包含五个可以变化的竞技场，分别为马术、冰、水、幻觉和光线。

目前，莫斯科国家大马戏团有独立的文化和旅游机构，拥有一批著名的导演、编舞家、艺术家、演员和大师。已在 20 多个国家巡回演出。

如果说艺术、芭蕾、马戏都是精神和视觉上的享受的话，那么俄罗斯美食文化能够实实在在地让你的味蕾感受它的魅力。

## （三）俄罗斯美食文化



俄罗斯美食文化的形成与发展过程贯穿了几个世纪，并融入了多个国家美食的元素。从 10 世纪起，俄罗斯美食开始出现在文献之中。自此，在俄罗斯的各类经典著作中俄式美食频繁亮相。丰富艳丽、口味独特的俄式菜肴不仅是一道美食，更是一部俄罗斯民族语言文化的发展史。毫不夸张地说，每一道菜肴都有它的“传奇”故事，这也正是俄餐的魅力所在。

如今提起俄式大餐，在您的脑海里可能联想到的是温情浓郁的罗宋汤（борщ/Borsch），肉味十足的布里亚特包子（бурятские позы/buryat baozi），晶莹剔透的鱼子（икра/fish roe），风味独特的奥姆利熏鱼（омуль/Ormley smoked fish），热情浓烈的伏特加（водка/Vodka），清爽解暑的格瓦斯（квас/Kvass）等。然而早在 1 000 多年前，俄式美食还是比较简单和朴素的。

在古罗斯时期，面食、蔬菜粥成为当时的主要食物，之后肉被用来制作肉粥、烤肉等。渐渐地，人们开始使用各种谷物制作口味不同的面包，当了解并熟练掌握发酵技艺后，至今依旧在俄罗斯盛行的格瓦斯被制作出来。

对于格瓦斯也许你并不陌生，但是这种深棕色的饮品到底是酒还是饮料？它是如何制作出来的？对于这些问题，也许你一直存有疑惑，那么今天就让我们来撩起它神秘的面纱，了解下被俄罗斯人赞不绝口的格瓦斯。

格瓦斯是一种传统的斯拉夫饮料，它的制作配方流传了几个世纪，但直至今日却未曾改变过，所以今天在俄罗斯大街小巷能够品尝到的格瓦斯一直保留着其最原始的味道。制作格瓦斯的原料主要是小麦或者黑麦面包、麦芽、面粉、水果和浆果汁等，这些原料经过传统方式的发酵，之后再在其中加入蜂蜜和特殊的草药，最终制作出具有天然口味的健康饮料。格瓦斯的酒精含量不超过 1.2%，按照其加工的方法可以分为：未过滤、过滤、澄清、未澄清、巴氏杀毒、未经巴氏杀毒等，经过过滤，格瓦斯中的一些杂质被清除，可以将格瓦斯的保质期延长到两个月。而未经过滤或者澄清的格瓦斯只能保存一周，但它保存了格瓦斯中最为鲜活的成分。经典的格瓦斯含有丰富的维生素 B、维生素 C、烟酸、氨基酸等。这种天然的饮品有利于改善肠胃，促进消化功能，改善肤色等功能。正因为其甘甜的口感和丰富的营养，所以每逢夏季，俄罗斯的男女老少都会驻足于格瓦斯前开怀畅饮。

在这一时期，面包已经成为俄式美食中不可缺少的部分。各种谷物的使用丰富了面包的种类，其中包括白面包和黑麦面包。当然在今天的俄罗斯，面包的种类远不止于此。

俄罗斯的面包多为圆形、长方形和柱形，按照其成分不同一般可分为小麦面包、黑麦面包、博罗金诺黑面包、全麦面包、无酵母面包、饼状面包（烤饼）等。区别于中国的面包，俄罗斯的面包的形状偏大，口感更富有嚼劲，口味多以咸味居多。虽然现在在俄罗斯的超市和面包店能买到各种各样的面包，但是生活在远离城市的村庄的人们，还习惯于自制面包。

在这个时期，俄罗斯人已经形成了用“面包和盐”（хлеб и соль/bread and salt）迎接客人的迎客文化。今天人们同样用面包和盐来迎接贵宾、新婚夫妇和父母等。同时，在俄罗斯的传统婚礼中，也能经常看到它们的身影。无论过去和现在面包被赋予了特殊的意义，象征着幸福和繁荣。俄罗斯人常说，没有面包就没有真正的家庭晚餐。当然人们也将对于它的热爱体现在语言之中，所以在俄罗斯谚语、童话故事中经常看到它的身影。例如在俄罗斯谚语中，我们可以看到俄罗斯人对它的评价：

1. Хлебец ржаной – отец наш родной. 黑麦面包是我们的父亲。
2. Блюди хлеб про еду，а копейку про беду. 吃饭时看好面包，困难时候看好财产。
3. Береги хлеб в углу，а деньги-в узлу. 珍惜角落里的面包（粮食）和包袱里的钱。
4. Без хлеба куска везде тоска. 没有面包到处是忧愁。
5. Без хлеба не обедают. 食不可无面包。
6. Был бы хлеб，а у хлеба люди будут. 只要有面包，周围就会有人。
7. Хлеб питает тело，а книга разума. 面包滋养身体，书本增长智慧。
8. Без соли，без хлеба худая беседа. 没有面包，没有盐——不是一顿丰盛的美味。

从 17 世纪的莫斯科时期起，对于鱼类、肉类以及乳制品的制作更加丰富多样化。贵族们除了开始尝试品尝外国的美食外，他们还从国外聘请精通烹饪的厨师。这些厨师开始将外国的食材和烹饪方法融入传统俄餐之中。之后“欧洲之窗”的出现，同时将传统的法国、德国、意大利和荷兰菜肴引入俄罗斯美食之中。

在俄罗斯的历史长河中，其美食文化因为与邻国的政治、经济、文化、宗教等方面的交往，形成了今天独具特色的俄式美食。

1. 饮茶文化

一直以来俄罗斯人都有饮茶的习惯。与中国不同的是，俄罗斯人更钟爱红茶。

17 世纪茶开始出现在俄罗斯，在茶未出现之前俄罗斯人的主要饮品是用野果、叶子等煮的汁液。这些用不同野果或叶子搭配而制成的汁液有各自不同的名字，同时流传于俄罗斯的不同地区。当然这个时期也出现了美味的冷饮品——格瓦斯，以及热蜜水（Сбитень）。但是对于处于寒冷气候的俄罗斯，热饮更加深受喜爱，然而它的种类却并没有那么丰富。

中国一直以来是世界市场上的茶叶供应商，中国的茶叶备受各国的喜爱。1638 年，茶叶被带来作为沙皇米哈伊尔·费奥多罗维奇的礼物。在 18 世纪之前，茶叶一直被认为是一种药材。之后，俄罗斯对茶叶的需求逐渐增加。在 18 世纪末，俄罗斯有 30%的进口茶叶出自中国，而在 19 世纪中叶，这个数字达到了 90%。

饮茶逐渐盛行以及茶炊的制作与金属的打造工艺不断完善，促进了俄罗斯茶炊的“诞生”。虽然无法确切地说出第一把茶炊的打造时间，但早在 1730 年乌拉尔地区就曾经出现了外形类似于茶炊的铜制器皿。从 18 世纪直至今日，还能在一些俄罗斯家庭里看到传统的茶饮。此时，茶已经成为中俄两国主要贸易商品之一。

那么在那个时代，是谁品尝茶叶呢？在 18 世纪初，茶叶的价格比较昂贵，贵族、神职人员以及一些商人最先购买并开始了饮茶，之后随着茶叶进口的数量越来越多，城市的人们和农民也有机会品尝到来自中国的茶叶。饮茶成为俄罗斯人日常生活的重要组成部分，茶炊作为煮茶的器皿，也在俄罗斯日渐盛行。这种茶炊用铜打造，其外形非常别致，同时它还拥有一个特别的名字“самовар”（萨马瓦尔）。在俄罗斯有许多关于这种茶饮的谚语。例如：

1. Какой же чай без самовара. 没有萨马瓦尔就不能算是真正的饮茶。

2. На три двора пять самоваров и одна лошадь. 三个庭院中有五个萨马瓦尔和一匹马。

3. Ни курицы，ни кошки，а самоварчик на окошке. 没有鸡，没有猫，但是萨马瓦尔在窗口。

4. Со своим самоваром в гости не ходят. 家中有萨马瓦尔，不再想去做客。

5. Без крышки самовар не китит，без матери ребенок не резвится. 没有盖子的萨马瓦尔水不会沸腾，没有母亲的孩子不会嬉戏。

从俄罗斯谚语中我们不难看出，饮茶和萨马瓦尔已经成为俄罗斯人生活中不可缺少的部分。甚至在富人的家中，还会专门设置独立的茶室供大家品茶与聊天。

俄罗斯人酷爱“甜”味，所以俄罗斯人在喝红茶时会添加糖、柠檬、牛奶、蜂蜜，同时还会搭配巧克力、饼干或者干果等。

2. 甜品文化

俄罗斯人喜欢甜、咸、酸的食物，不太热衷于偏辣的食物。所以除了甜茶外，俄罗斯拥有很多让人赞不绝口的甜食。那么俄罗斯人平日里最喜欢吃哪些甜食呢?

蜜糖饼干（Тульский Пряник）是俄罗斯家喻户晓的美食之一，它具有悠久的历史。蜜糖饼干的前身是“蜂蜜面包”，它最早出现在古埃及，在9世纪传入了俄罗斯。而那个时期的蜜糖饼干是由黑麦面粉、蜂蜜和浆果汁混合制成的。俄罗斯认为最美味蜜糖饼干是距离莫斯科约200千米的图拉制作的。在图拉人们会将炼乳、果酱等食材添加到面团中，使其味道更加丰富与特别。蜜糖饼干的外表并不出众，长方形的面饼上压制着各种花纹，当然也少不了“тульский”（图拉的）这个标志。

恰克-恰克（Чак-чак）的食谱来源于突厥民族，是俄罗斯人喝茶时必不可少的茶点。听它的名字，也许你有点陌生，但是如果你看到它的样子，你一定会觉得它与中国的沙琪玛有几分相似。将柔软的面团和鸡蛋混合，经过油炸之后便形成了如鸟巢般的形状，最后浇上蜂蜜，口味甜而不腻。俄罗斯的恰克-恰克的制作方法虽与中国沙琪玛类似，但很少添加坚果、果干和芝麻等食材。

乳酪饼，又称奶渣饼（Ватрушка），是俄罗斯最古老的美食之一。它的制作食谱沿用了几个世纪，至今仍未改变。乳酪饼的外形其貌不扬，圆圆的面饼内嵌着用果酱、炼乳等调制的奶渣馅料,这也正是乳酪饼区别于其他甜点的不同之处。那么什么是奶渣呢?奶渣是一种富含钙和必需氨基酸的高蛋白发酵乳产品，这种低脂高蛋白质的食品更容易被我们的身体吸收。

3.“咸”菜文化



众所周知，“面包和盐”是俄罗斯人招待贵宾、宴请宾客或者是庆祝盛大节日时餐桌上不可缺少的传统美食。俄罗斯人将盐称为食物中的“白金”。为什么俄罗斯人对于盐如此钟爱呢?

在古代，盐曾经被用作“货币”，对于俄罗斯人来说，它是比较奢侈的调料，所以俄罗斯人非常珍惜它。俄罗斯人将盐放在传统的盐罐里，在吃面包的时候可以用小块的面包蘸着盐吃。这个“面包和盐”的传统一直沿用至今，当客人们遇到如此招待时，一定要掰一块面包，蘸一点盐品尝，以表示对于主人的谢意。

在俄罗斯，盐也是巨大力量的象征，因为盐来自海洋，从海水中提取，在盐的制作过程中包含了人们的汗水与眼泪。所以在俄罗斯的文化中，人们将盐作为一种护身符，可以保护一个人免受敌对势力的影响。

俄罗斯人对于盐的热爱，也体现在他们对于咸味食物的喜爱。例如，在俄罗斯有著名的咸黄瓜、咸鱼干和咸土豆等。

咸黄瓜是俄餐中的经典美食之一，在沙拉、配菜和浓汤中都会使用咸黄瓜作为调味的食材。咸黄瓜的体积不大，长5~7厘米，用俄式茴香、蒜、醋、盐等调料按照一定的比例腌制而成。这种腌菜制作简单，且容易长期保存。由于俄罗斯气候寒冷，冬季蔬菜水果相对缺乏，所以俄罗斯人经常在夏季购买大量时蔬制作各种腌菜以备冬季食用。除了搭配面包或者作为其他菜系的配料外，腌黄瓜还是喝伏特加的必备下酒菜。

俄罗斯水资源丰富，在其境内流淌着有约250万条大大小小的河流，其中最为著名的有伏尔加河、叶尼塞河、鄂毕河、第聂伯河等。丰富的水资源为俄罗斯渔业的发展提供了重要的基础。俄罗斯拥有3 000多种鱼，其中最常见的有鲑鱼、鲟鱼、鲶鱼等。除了通过各种烹饪方式将鱼制作成各种主菜、沙拉或者鱼汤外，俄罗斯人也很喜欢将鱼加上盐进行晾晒，制成略有咸味的鱼干。这种鱼干可以作为日常的零食，也可以像腌黄瓜一样作为喝伏特加的下酒菜。

### （四）经典的俄罗斯美食

#### 1. 麦片牛奶粥

俄罗斯熬制粥的历史悠久，起初人们会将蔬菜放置其中熬制，之后开始尝试将各种肉类、坚果和其他谷物等食材与粥共同熬制，这样提升了粥的口味，同时也提高了粥的营养价值。今天在俄罗斯家庭中，大家都喜欢由大米、麦片和牛奶一起熬制的麦片牛奶粥，在食用时可以搭配一小块黄油调味，使其奶香浓郁，营养丰富。

#### 2. 罗宋汤

俄罗斯的浓汤种类繁多，各种汤品的颜色靓丽、内容丰富。被人们熟知的汤品有罗宋汤、乌哈鱼汤、酸黄瓜汤、酸白菜汤、鸡肉面条汤等。俄罗斯大部分汤品的制作会使用猪肉、牛肉或者鸡肉汤作为底汤。罗宋汤是俄罗斯常见的汤品之一，无论在高档餐厅还是俄罗斯大食堂都会经常制作口味略不同的罗宋汤。罗宋汤的食材主要是甜菜、洋葱、胡萝卜、俄式茴香、桂叶等。通过将几种食材进行不同的加工和烹制，甜菜、胡萝卜、洋葱的香味“融化”于肉汤之中，最后搭配酸奶油或者蛋黄酱，达到一种酸、甜、香三种口味的平衡。



#### 3. 西伯利亚饺子

西伯利亚饺子是俄罗斯传统美食之一。但是西伯利亚的饺子与中国的饺子无论“从里到外”都大有不同。16—17世纪，古老的俄罗斯美食吸收了两种来自亚洲的美食：面条和饺子，在俄罗斯大地上开始被广泛制作与传播。西伯利亚饺子的馅料多为纯肉丸馅，较少搭配蔬菜。俄罗斯认为猪肉和牛肉的搭配可以使肉质更加细腻有韧性。除了馅料的差异外，俄罗斯制作饺子的方式与中国的制作方式也大有不同。俄罗斯人会将面团擀成一个薄厚均匀的大饼，之后用大小适宜的玻璃杯在大面饼上抠面皮。用这种方法制作的圆面皮薄厚统一，但比中式的饺子的皮要偏厚许多。此外，俄罗斯人还有专门用于制作饺子的工具。除了制作方式的差异外，西伯利亚饺子可以搭配饺子汤或者搭配蛋黄酱、沙拉酱食用。

#### 4. 布林饼

中国的传统节日经常伴随着传统美食，俄罗斯也不例外。在每年的2月末或者3月初，俄罗斯人都会兴高采烈地去送冬迎春。在俄罗斯，这个节日被称为谢肉节（Масленица）。在庆祝谢肉节的时候除了参与各种传统游戏外，人们一定要制作和品尝布林饼（блины）。这是一种用面、鸡蛋、牛奶和黄油等食材制作的“煎饼”。它是一种圆形的薄饼，其形状和颜色如同太阳，给经历漫长冬季的人们带来了一阵阵温暖。布林饼的种类众多，可以搭配不同的馅料，如肉类、蔬菜、果酱、蜂蜜、鱼子等。

5. 布里亚特肉包

俄罗斯民族众多，在丰富的民族文化之中，民族美食绝对是其不可分割的一部分。在俄罗斯贝加尔湖沿岸生活着布里亚特民族。布里亚特肉包和鱼汤是这个民族经典美食的代表。随着社会的不断发展，各种民族部落的美食开始流传到部落之外，被广大民众所认可。布里亚特肉包就是其中一道被公认的特色民族美食。它的外形类似中国包子，以纯猪肉丁为馅料，体现了布里亚特人粗犷的性格。包子可以搭配番茄辣酱或者酱油，用手食用，味道更为鲜美。

6. 糖水果汁

俄罗斯的传统饮品除了格瓦斯外，还有一款叫作糖水果汁（компот），也是大众喜欢的饮品。这种果汁制作方法非常简单，用提前制作好的苹果干、梨干、杏干等各类果干与一定比例的糖水进行小火慢熬。这种纯天然的果汁深受俄罗斯老少的喜爱，尤其是在夏季可以将提前制作好的果汁放置于冰箱冷冻，是清热解暑的必备饮品。



7. 烤肉串

烤肉串是俄罗斯人聚会或者度假时经常制作的一道美食。大部分生活在城市的俄罗斯人在城市的近郊都拥有一套木质小别墅。这种别墅一般都会带有一个庭院，可以耕种或者可以作为露天聚会的场地。每逢节假日，俄罗斯人经常全家或者约上几个好友驱车前往乡间别墅，在那里制作俄式大肉串。这种大肉串多是用腌制好的大块猪肉和牛肉制作而成，许多家庭拥有自己独特的腌肉秘方，当然这种腌制好的肉块也可以直接在超市采购。

8. 奶渣棒

从俄罗斯的美食中不难看出俄罗斯人对于牛奶的热爱。在俄罗斯除了酸奶、奶渣甜点外，还有一款大人孩子都无法抗拒的美味零食——奶渣棒（Творожный сырок）。它是一种凝乳甜点，由凝乳块制成并添加糖、黄油、各种果酱、焦糖等，之后在奶酪上覆盖巧克力釉。其味道没有巧克力那么甜，奶渣中伴着各种水果、焦糖或者炼乳等，赋予了奶香更多与众不同的味道。

9. 面包干

面包既然是俄罗斯人离不开的“主食”，那么由各类面包烘焙而成的面包干（сухарик）更是俄罗斯人爱不释手的休闲零食。它的制作方法比较简单，将新鲜的黑面包切成的长条或者是小方块，之后放置在特殊的烤箱中进行脱水烘烤，在面包干几乎脱干水分之后，将各种口味的调料均匀地撒在面包干上，这样面包干就制作完成了。这是一款老少皆宜的休闲零食，在俄罗斯它可以替代薯片，成为球迷们看球的必备零食。

10. 鱼子

鱼子有丰富的营养价值，含有大量的蛋白质、脑磷脂以及维生素 A。俄罗斯人喜欢将鱼子做成沙拉或者直接搭配面包食用。鱼子能够为人们提供必要的营养和热量，尤其黑鱼子更是美食中的“奢侈品”。

俄罗斯语言和美食文化相辅相成，历史久远，内容丰富，其中凝结了人们的智慧、希望与热情，从其语言、美食、习俗等方面不难看出俄罗斯人民对于生活的热爱。俄罗斯美食文化也成为了解俄罗斯民族文化的一扇窗，让我们感受到坚毅刚强光环下温柔细腻的俄罗斯民族风情。

## 练习题三

1. 填空题

（1）粥被认为是________和________的象征。

（2）16—17 世纪，古老的俄罗斯美食吸收了两种来自亚洲的美食，________和________在古罗斯大地上开始被广泛制作与传播。

（3）俄罗斯人喝红茶的时候，经常在红茶中加入______、______、______、______。

（4）俄罗斯的传统饮品格瓦斯是用________和________发酵而成。

（5）在俄罗斯“面包和盐”除了用于迎客外，还会出现在俄罗斯的________。

2. 选择题

（1）俄罗斯人有用______迎接客人的迎客传统。

A. 香肠和面包　　B. 伏特加和腌黄瓜

C. 肉包或者饺子　　D. 面包与盐

（2）肉包是俄罗斯______的传统美食。

A. 高加索族　　B. 亚美尼亚族

C. 摩尔多瓦族　　D. 布里亚特民族

（3）“欧洲之窗”出现后，传统的______菜肴才开始真正地引入俄罗斯美食之中。

A. 德国、日本、法国、西班牙　　B. 中国、法国、德国、意大利

C. 法国、德国、意大利、荷兰　　D. 荷兰、德国、意大利、西班牙

（4）______不是俄罗斯浓汤。

A. 罗宋汤　　B. 酸黄瓜汤　　C. 奶油蘑菇汤　　D. 鱼汤

（5）俄罗斯布林饼是______的传统美食。

A. 胜利日　　B. 谢肉节　　C. 新年　　D. 复活节

3. 思考题

（1）中国的美食发展分成几个阶段？

（2）为什么中餐的饺子和面条的制作方法受到了俄罗斯人的青睐？

## 五、中外文化品鉴

### （一）社会文化

中国和俄罗斯作为世界大国，在很多方面具有相同的特征，例如，领土面积广袤、资源丰富多样、民族数量众多、历史文化深厚等。虽然俄罗斯的领土有约 3/4 位于亚洲，但它的政治中心始终位于西部的欧洲部分，所以西方的一些政治、经济、文化等因素对其影响较大。而在位于亚洲的西伯利亚地区和远东地区，因其地缘优势，受亚洲的经济、文化、习俗等方面的影响较大。

### （二）语言文化

语言的形成是人类认知世界的结果，中俄两国在历史、宗教、风俗、习俗等方面，形成了各自不同的文化。语言也是文化的载体，不同的文化“润物细无声”地融入语言之中，形成了具有不同特色的语言。

汉语属于汉藏语系。俄语属于印欧语系斯拉夫语族。中俄两国所属语系不同，所以在语音、语法、句法等方面，汉语与俄语存在着较大的差异性。

在语音方面，汉语中有声调，而俄语中有重音、语调。俄语中有 2 个元音符号 ь、ъ，而汉语中没有不发音的拼音字母。俄语中有一个颤音，而汉语语音系统中不存在颤音。

在语法方面，俄语有十大词类，包含名词、形容词、代词、动词、副词、数词、前置词、连接词、感叹词、语气词。而汉语有 14 个词类，实词包括：名词、动词、形容词、数词、量词、代词、副词、区别词、拟声词、叹词；虚词包括：介词、连词、助词、语气词。从词类的划分已经明显能够看出两种语言存在许多不同之处，例如在俄语中名词有性（阳性、中性、阴性）的划分，修饰名词的形容词、物主代词等也要与名词保持性、数、格的一致，而在汉语中名词没有性和格的划分及相关的语法规则。

在语言表达方面，如日常的生活工作中，称呼、问候、交谈、告别、称赞等诸多方面，因两国文化的影响，都会体现在语言之中。例如，在与朋友见面时，俄罗斯人会问：“最近怎样？”“生活如何？”“工作如何？”等。而中国人见面后，可能先会询问对方“吃了吗？”“去哪儿？”“你瘦了啊？”等。

当然对于两国语言的差异性，从语音到语调，从词汇句法到语法规则，从民族习惯到语言文化，无处不在展现着两国的文化之美、语言之美，尤其作为历史悠久、文化深厚的中国，汉语文的演变和发展过程更是经历了多个阶段，最终形成我们现在所使用的汉语和汉字。透过每个汉字，我们了解了中国的发展历史；透过历史，我们领略了中国深厚的文化；透过文化，我们感受到中华民族的伟大。

### （三）时间文化

中俄两国对于时间的划分也存在着差异。中国有 5 个时区，而俄罗斯有 11 个时区（在 2010—2014 年曾经缩减为 9 个时区）。毫不夸张地说，莫斯科正在庆祝新年，而符拉迪沃斯托克已经进入了梦乡了。

在中国，早晨、中午、晚上的时间划分要比俄罗斯的相对早些。

例如：早上一般指的是 07:00 至 09:00，指日出至日出后两小时的时刻，一般为辰时。

中午又名正午，指二十四小时制的 12:00，为一天的正中，中午即为 11:00 至 13:00。

晚上是指日落后至第二天日出前的时刻，在这时太阳位于地平线下，同时晚上被划分为五更，一更为戌时 19:00—21:00，二更为亥时 21:00—23:00，三更为子时 23:00—01:00，四更为丑时 01:00—03:00，五更为寅时 03:00—05:00。

而在俄罗斯，从 20 世纪 20 年代初，俄罗斯人习惯将 06:00 至 12:00 称为早上；白天是从 12:00 持续到 18:00。晚上是从 18:00 到 24:00，深夜从 24:00 到第二天凌晨 6:00。

时间段划分的差异，使中俄两国在工作、交往甚至就餐安排上都存在着较大差异。



### （四）数字文化

数字作为一种计数符号，与我们的生活息息相关。随着社会的发展以及人类语言的不断进步，数字除计数之外又获得了更为丰富的文化意义。中俄两国由于彼此文化差异，人们赋予普通数字的意义也存在着许多不同。

对于奇数和偶数，俄罗斯人更加偏爱于奇数。所以伴随着这层文化含义，在俄罗斯送女士鲜花时，不要挑选偶数花朵，枝数一定要是奇数，哪怕是送上一支，也不要有“好事成双”的想法。因为在俄罗斯偶数被认为是冥数，只有祭奠过世的人才会用。而在中国，这种情况完全相反。在中国，人们多喜欢成对成双，预示着好事接连不断，所以会有“双喜临门”和“福寿双全”。同样在送人礼物的时候也多是成双成对。

除了对于奇数、偶数有不同的理解外，中俄两国人民对于数字的喜好也存在着差异。俄罗斯人喜欢“七”，在成语、谚语和俗语中经常可以看见“七”或者“第七”的表达。例如：

1. на седьмом небе. 如登天堂。

2. доседьмого пота. 满头大汗。

3. Семь раз отмерь-один раз отрежь. 三思而行。

4. Семь вёрст до небес и всё лесом. 爱吹牛、光许愿。

5. У семи нянек дитя без глазу. 三个和尚没水吃；管事的太多，事情没人管。

这时“七”或者“第七”已经不再表示七的原本意思了，而是表示“多次、多数”的意思。同理，俄罗斯谚语中的“一”表示“很少”。

除了“七”以外，俄罗斯也非常喜欢数字“三”。数字“三”在俄罗斯的传统文化中是较为神圣的，幸运的数字，因为在圣经和俄罗斯的童话故事中经常使用到“三”，例如，俄罗斯有三套车、俄罗斯人的三吻礼。“三”的倍数如“六”“九”“十二”等也深受俄罗斯人的喜爱。在谚语和俗语中也经常使用“三”或者“第三”。例如：

1. третий лишний. 多余的第三者。

2. До трех раз прощают. 原谅（宽恕）不过三。

3. Бог любит троицу. 三杯为敬；势必有三。

4. Не узнавай друга в три дня，узнавай в три года. 日久见人心。

5. Помни три дела，молись，терпи，работай. 牢记三件事：祈祷、忍耐和干活。

6. Было три жены - да все не острижены. 曾经有过三位妻子都从未剪过短发（头发长、见识短）。

在谚语和俗语中，数字“三”被指代为一个事物的边界或次数。

与俄罗斯文化相比较，中国人偏爱的数字有“六”“八”“五”“九”。中国人偏爱的数字大多与数字的读音有一定的关系，比如数字“九“与”久“同音，预示着“长久”之意。所以成语中数字“九”的使用频率很高。例如，在成语中有“十有八九、九牛一毛、九死一生、一日九迁”等。



中国还将“九”用于节气，反映中国冬季气温的阶段变换。例如，冬天有九个九，俗称“冬九九”（或者“数九”）。

“一九二九不出手，
三九四九冰上走，
五九六九沿河插柳，
七九河开，八九雁来，
九九加一九，耕牛遍地走。”

当然对于“九”的倍数也保持着偏爱，比如有“三十六计”“七十二行”“一百单八将”等。

随着社会的发展，人们对于个人的生活有了更高的追求，“顺利”“成功”“富裕”等成为人们的生活目标，所以数字“六”“八”因其发音与“禄”“发”相近，而备受现代人的钟爱。所以带有这些数字的电话号码、车牌号、门牌号等都深受人们的喜爱。

中俄两国对于数字的喜好上存在着差异，数字作为计数符号，其本身并没有其他文化含义。数字是一种特殊的语言，而语言是文化的载体。正因如此，中俄两国人民赋予了数字更为丰富的文化含义，使不同文化特征在不同的领域得以展现。

（五）颜色文化

万紫千红，构成了多彩的世界。中俄两国人们对于颜色的钟爱以及赋予颜色的内涵也各不相同。

关于红色，在中俄两国文化中带有褒义，比如两国的国旗和国徽中都有红色。在中国，红色有“兴旺”“吉利”“喜庆”“顺遂”“繁盛”等意义，所以按照中国的传统，在举办婚礼、辞旧迎新等重要时间点，人们总喜欢穿红衣、贴红字、剪红纸等。“红色”在俄罗斯的文化中还有“血色”“暴力”和“战争”等含义，这时，“红色”寓意不祥，其意义偏于贬义。

关于黄色，在古代的中国，黄色被认为是高贵的颜色，因为它是古代帝王的专属颜色。例如黄袍、皇榜（黄榜）等。而且中国的众多古建筑中，大部分都是以红色和黄色为基础颜色。所以黄色在古代的中国象征着“至高无上的权力”。但是“黄色”在俄罗斯却有着不好的象征意义，比如“胆小”。

关于白色，按照中国古代文化传统，白色一般象征着死亡、凶兆等，它与红色相对，所以在中国有红白喜事的说法。在现代汉语中，“白”还有“徒劳的”“无意义”等意思，例如，“白忙活”“白白的”等。而“白”在俄罗斯文化中则被赋予了更多褒义，它代表着“纯洁、神圣”。



（六）美食文化

美食文化是民族文化历史发展的缩影，中俄两国在各自的美食文化发展过程中，形成了自己独特的风格与特点，并且两国在食材选择、烹饪技术、餐具使用、就餐礼仪等方面存在着异同性。

1. 食材异同

中国人的日常主食，多为大米、面粉以及其他谷类、豆类所制作的食物，而且南北方也有自己的喜好，比如北方人喜欢“吃面”，而南方人喜欢“吃米”。俄罗斯人最喜欢的主食是面包，不论搭配什么主菜都少不了面包的身影。除此之外，在俄罗斯人还经常用土豆泥、通心粉、荞麦、大米以及焖炖的蔬菜搭配肉菜。

副食是除了米、面以外的食物，例如肉类、蛋奶、果蔬、干果等。中俄两国都是农业大国，副食种类多样。与俄罗斯相比，中国的气候温和，具有良好的自然条件，作为农业大国，有着悠久和丰富的栽培经验。同时，随着科学技术的不断发展，先进的科学技术融入农业生产之中，使中国的果蔬种植业逐渐发达，极大地丰富了百姓的餐桌。同时，随着“一带一路”建设的不断推进，中国又将新鲜多样的蔬菜瓜果供应到俄罗斯和其他邻国，丰富了各国人民的菜篮子。

肉类是两国人民较为喜爱的食材之一，猪肉、牛肉、羊肉、鸡肉等用来制作成各种美食。中餐在肉类的制作方式上，除了常规煮、煎、炸、蒸等，还可炖、可熘、可卤等，比俄餐制作肉类的方法更为多样。在肉类选择上，俄罗斯人偏爱猪肉和鸡肉，而中国对于各种肉类偏好差异性不大。

鱼虾蟹贝等水产品也是餐桌上不可缺少的美味。中俄两国经常用海鲜制作鲜美的海鲜汤、口感新鲜的沙拉与凉菜，以及营养丰富的热菜。在俄餐中，除鱼类外，其他水产品多用来制作海鲜汤或者沙拉，而热菜常用鱼作为主要的食材。而在中餐中，由于食材的丰富性，以及烹饪方式的多样性，水产品能够被制作成各类美食。

干果和果干类食品营养丰富，口味甜香。中俄两国将坚果和果干制作成各类零食。它们可以直接食用或者制作巧克力和各种烘焙食品，例如，在中国有花生酥糖、瓜子糖板等。在俄罗斯有干果制成的丘尔奇海拉（Чурчхела，一种用核桃、花生、榛子等坚果与红酒、樱桃、杏子、猕猴桃等制作而成的“水果肠”），这种小吃是格鲁吉亚的特产，但是在俄罗斯大街小巷非常常见。此外，俄罗斯人还可以用各种果干、浆果和蜂蜜小火熬制果汁。

2. 餐具文化

由于烹饪技法上的差异，决定了中俄两国在使用的餐具上存在差异。

中国人进餐以筷子为主，辅之以匙、碗、杯、碟等。传统筷子上端为方形，便于手持；下端为圆形，便于进食。餐具的颜色、材质、形状等方面还会根据宴会主题、菜品自身特点、食材烹饪方法等方面选用不同类型，例如：鱼类应选用长盘，炒菜可以用圆盘或者四方盘，汤品一般是较深的大碗或者汤盅等。

俄罗斯人进餐使用匙、刀、叉。在高档宴会中每一道菜都要搭配与之对应的餐具。如刀分为肉刀、鱼刀、奶油刀等，勺分为汤勺、甜品勺等。

3. 就餐习惯

俄罗斯人喜欢先喝热汤，之后再品尝其他美食。这大概与其寒冷的气候有关，餐前喝热汤有利于暖胃，有助于食物的消化。

中餐的上菜顺序为：凉菜—主菜（热菜）—汤—点心—水果。俄餐的上菜顺序为：餐前小吃（面包干、小饼干、糖果等）—头盘（多为沙拉）—汤—主菜—配菜—甜点或冰激凌—咖啡或者茶。中国就餐喜欢热闹的气氛，大家围坐在一起畅饮畅谈。座位的主次也依据位置有严格的划分。一般正对大门的位置为主位，离门口最近的为次位，同性别的客人经常坐在一起。而俄罗斯人在正式宴会就餐时，男女宾客交叉就座，这样便于男士照顾身旁的女士；只有新婚不久的夫妻才可同坐。同时，在俄罗斯就餐时，无论是高档餐厅、小饭店还是快餐店，都要尽量保持安静。因为俄罗斯人喜欢安静的就餐环境，但是俄罗斯餐厅中却很少设置独立的包间。

美食文化是中俄两国文化中的重要组成部分，每道菜肴中都融入了中俄两国国家的发展历史，民族习惯与习俗。各民族人民将对世界的感悟与认知，通过勤劳的双手，以及聪明的智慧，运用到每一道菜品的创造和烹饪之中。对比中俄两国美食、就餐礼仪、饮食文化，我们了解了中俄饮食文化存在着相同与差异。中餐在选择食材的多样性、烹饪技巧的灵活性，食材制作的灵活性等诸多方面比俄餐更为丰富。世界著名的俄式美食有口味浓香、颜色艳丽、营养丰富等方面等诸多优点。随着中国“一带一路”建设的不断推进，中国的优质新鲜食材和优良的烹调方法已经走出国门，走进了俄罗斯人民的菜篮子、摆上了俄罗斯人民的餐桌。如今中华美食文化正如汉语一样，开始走向世界，您准备成为传播中国文化的一员吗？

## 练习题四

1. 填空题

（1）汉语，属于________语系。

（2）在语音方面，汉语中有声调，而俄语中有________、________。

（3）俄罗斯人进餐采用________，就餐使用________、________、________。

（4）俄餐的上菜顺序为：餐前小吃（面包干、小饼干、糖果等）—头盘（多为沙拉）—________—主菜—配菜—________咖啡或者茶。

（5）中式和俄式烹饪的技法有许多相似之处。例如，____、____、____、____、____、____等烹饪技法。

2. 选择题

（1）在俄语中有______个词类。

A. 8　　B. 10　　C. 12　　D. 14

（2）在俄罗斯有干果制成的丘尔奇海拉，它是______的特产。

A. 亚美尼亚　　B. 阿塞拜疆　　C. 乌克兰　　D. 格鲁吉亚

（3）下列哪些词类不属于俄语？

A. 名词、代词、语气词、连接词　　B. 形容词、副词、动词、数词

C. 动词、前置词、连接词、副词　　D. 名词、介词、动词、副词

（4）俄罗斯人在正式宴会就餐时，男女宾客______就座。

A. 对面　　B. 交叉　　C. 并排　　D. 斜对

（5）水果和蔬菜的腌制方法类似，都是将用______等调制的汁进行泡制。

A. 盐、醋、大蒜、俄罗斯茴香、洋葱

B. 盐、酱油、大蒜、香菜、洋葱

C. 盐、芥末、大蒜、俄罗斯茴香、洋葱

D. 盐、醋、大蒜、甜菜、洋葱

3. 思考题

（1）中国的哪些美食文化和习俗与俄罗斯的类似？

（2）俄餐是否可以和中餐融合，你有什么好的创意吗？融合的菜肴，是否能够体现两国之美？

## 六、单元小项目

通过本单元的学习，我想你对俄罗斯的美食文化以及美食有了全新的认识和感悟，那么对于美食文化的表达，例如菜肴的名称或者是菜谱的介绍，如何用文字将其表达得淋漓尽致呢？试着以中华美食为例，谈一谈你的想法。

## 第五单元　参考文献


[1] 俄罗斯人文风情之俄罗斯的茶炊文化 [EB\OL].（2012-7-2）[2021-11-05]. https://www.wangxiao.cn/rus/2027905066.html.

[2] 宋立臣. 斯拉夫世界的美食 罗宋汤：俄罗斯帝国风情[J]. 世界博览，2019（1）：34-37.

[3] 孙越. 俄罗斯美食说[J]. 商周刊，2015（23）：86.

[4] 辛萌.中俄颜色词背后蕴藏的深层含义——关于中俄颜色词文化含义的比较研究[J].文化创新比较研究，2018，2（6）：82-83.

[5] 亚历山大·阿列费耶夫，肖伟芹. 俄语在世界上的地位与发展（上）[J]. 世界教育信息，2015，28（7）：8-12.

[6] 张建英，杨玉明. 浅谈中俄数字文化及其对比[J]. 长春理工大学学报，2010，5（9）：61-62.

[7] 祝贺. 浅谈中俄歌剧特色的美食[J]. 明日风尚，2017.（19）：1.

[8] ART Самовор [EB\OL].（2020-12-16）[2021-11-05]. https://art-samovar.ru/articles/4282/.

[9] ADVANTOUR [EB\OL]. [2021-11-05]. https://www.advantour.com/rus/russia/food/history.htm.

[10] Административно-территориальное деление Российской Федерации [EB\OL].（2020-5-13）[2021-11-05] https://ria.ru/20200513/1571369737.html.

[11] Государтсвенный Эрмитаж [EB\OL]. [2021-11-05] [12] https://www.hermitagemuseum.org/wps/portal/hermitage/?lng=zh.

[13] История происхождения русского языка [EB\OL].（2014-7-4）[2021-11-05]. https://proza.ru/2019/11/28/1138.

[14] Моспрогулка. Здание Исторического музея [EB\OL].（2017-3-27）. http://mosprogulka.ru/places/zdanie_istoricheskogo_muzeja.

[15] Прогулка в Москве [EB\OL].（2020-12-16）[2021-11-05]. https://liveinmsk.ru/places/ulicy-i-ploshadi/krasnaya-ploshad.

[16] Русский вошел в топ-5 индекса глобальной конкурентоспособности языков [EB\OL].（2020-12-06）[2021-11-05]. https://tass.ru/obschestvo/10265613.

[17] Федеральная служба государственной статистики [EB\OL]. [2021-11-05]. https://rosstat.gov.ru/.

[18] Русская газета [EB\OL].（2020-12-16）[2022-01-16]. https://rg.ru/2020/12/09/russkij-iazyk-stal-vtorym-po-kolichestvu-sajtov-v-seti.html.

[19] Индекс положения русского языка в миреПОЛОЖЕНИЯ [EB\OL].（2020-12-16）[2022-01-16] . https://www.pushkin.institute/news/index1.pdf.

[20] Русский балет [EB\OL]. [2022-01-16]. https://russia.com/ru/activity/%D1%80%D1%83%D1%81%D1%81%D0%BA%D0%B8%D0%B9-%D0%B1%D0%B0%D0%BB%D0%B5%D1%82/.

[21] Культура.рф. [EB\OL]. [2022-01-16].https://www.culture.ru/materials/253330/istoriya-cirka-v-rossii.

[22] Московский цирк на проспекте вернадского [EB\OL]. [2022-01-16]. https://xn-90aocfcrbs6cr7b.com/about/.

[23] 沪江俄语 [EB\OL].（2012-10-21）[2022-01-19]. https://ru.hujiang.com/new/p427664/.

[24] Яндекс дзен [EB\OL].（2020-01-13）[2022-01-19]. https://zen.yandex.ru/media/id/5b71796dc97e3000a82401c0/top12-rossiiskih-sladostei-samyhsamyh-sladkih-5e1c1a8d9515ee00aee33769.

[25] 简调 [EB\OL]. [2022-01-19] . https://www.jiandiao.com/shcs/15564.html.

[26] На краю земли [EB\OL].（2012-08-12）[2022-01-19].http: //lglusi.ru/far-east/vladivostok/dost-oprimechatelnosti-vladivostok/zolotoy-most-vladivostoka.

[27] Энциклопедия Кругосовет [EB\OL]. [2021-08-19]https://www.krugosvet.ru/enc/Earth_sciences/geografiya/ROSSIYA_ROSSISKAYA_FEDERATSIYA_RF.html.

[28] 中华人民共和国外交部. 俄罗斯国家概况[EB/OL].（2022-06-01）[2022-09-21].https://www.mfa.gov.cn/web/gjhdq_676201/gj_676203/oz_678770/1206_679110/1206x0_679112/.

# 第六单元 德国语言文化之美

## 学习目标

（1）知识目标：学生能够了解关于德国社会和文化的相关知识，能够阐释德国的典型文化特征。

（2）能力目标：学生能够灵活运用德国社会和文化的相关知识，认识德国文化中的时间观及德国文化背景，理解德国人的各种时间行为并能予以正确解读，能够体会到中德文化中有关时间观的差异性，并能够对中德文化差异进行客观比较和思考，提升跨文化理解力和交流能力。

（3）美育目标：学生能够品味世界文化之美，珍惜身边的美好。能够树立积极、正确的审美标准。

（4）思政目标：学生更加深刻地体会到家国情怀，坚定文化自信，能够树立正确的人生观、世界观。

## 一、单元导入

德意志联邦共和国（德语：Die Bundesrepublik Deutschland，英语：The Federal Republic of Germany），简称德意志或德国。面积 357 582 平方千米，居欧盟第四。人口 8 322 万人，是欧盟人口最多的国家，每平方千米人口密度 233 人，是欧洲人口最稠密的国家之一。国民主要是德意志人，有少数丹麦人和索布族人。外籍人口 1 091.54 万，占人口总数的 13.1%，其中土耳其人最多，约 147.64 万。通用德语。柏林（Berlin）是德国的首都，人口 366.9 万，年平均气温 9.5℃。

德国的重要节日如下。新年：1 月 1 日；复活节：每年春分月圆之后第一个周日（3 月 21 日至 4 月 25 日之间）；五一国际劳动节：5 月 1 日；德国统一日（国庆节）：10 月 3 日；圣诞节：12 月 25 日。

德国位于欧洲中部。东邻波兰、捷克，南毗奥地利、瑞士，西界荷兰、比利时、卢森堡、法国，北接丹麦，濒临北海和波罗的海。陆地边界全长 3 876 千米，海岸线长 2 389 千米。位于北纬 47 ~ 55 度之间的北温带，西北部海洋性气候较明显，往东、南部逐渐向大陆性气候过渡。平均气温 1 月是-5 ~ 1℃，7 月是 14 ~ 19℃。

德国行政区划分为联邦、州、市镇三级，共有 16 个州，13 175 个市镇。各州的名称是：巴登-符腾堡州、巴伐利亚州、柏林市、勃兰登堡州、不来梅市、汉堡市、黑森州、梅克伦堡-前波莫瑞州、下萨克森州、北莱茵-威斯特法伦州、莱茵兰-普法尔茨州、萨尔兰州、萨克森州、萨克森-安哈尔特州、石勒苏益格-荷尔斯泰因州和图林根州。其中柏林、不来梅和汉堡为市州。

962 年，德意志民族神圣罗马帝国建立。1871 年，统一的德意志帝国建立。1914 年挑起第一次世界大战。1919 年建立魏玛共和国。1939 年发动第二次世界大战。战后被美、英、法、苏四国占领。1949 年 5 月 23 日，西部颁布《基本法》，建立德意志联邦共和国。同年 10 月 7 日，东部成立德意志民主共和国。1990 年 10 月 3 日，德国实现统一。

德国是高度发达的工业国。经济总量位居欧洲首位，世界第四。2020 年外贸总额为 22 306 万亿欧元，其中出口额 12 050 亿欧元，同比下降 9.9%，进口额 10 256 亿欧元，同比下降 8.6%，顺差 1 794 亿欧元。

德国的工业结构及特点：①侧重重工业。汽车和机械制造、化工、电气等部门是支柱产业，其他制造行业如食品、纺织与服装、钢铁加工、采矿、精密仪器、光学以及航空航天业也很发达。②高度外向。主要工业部门的产品一半以上销往国外。③中小企业是中流砥柱。约 2/3 的工业企业雇员不到 100 名。众多中小企业专业化程度强，技术水平高，灵活性强。④垄断程度高。占工业企业总数 2.5%的 1 000 人以上的大企业占工业就业人数 40%和营业额的一半以上。



德国的农业发达，机械化程度很高。2020 年农林渔业产值 221.1 亿欧元，约占国内生产总值的 0.7%，同比下降 0.8%。2020 年拥有农业企业 26.35 万家，以中小企业和家庭企业为主，平均占有土地 63.05 公顷，其中生态农业企业 2.63 万家。2020 年农林渔业就业人口 57.70 万，占国内总就业人数的 1.29%。

德国的服务业包括商业、交通运输、电信、银行、保险、房屋出租、旅游、教育、文化、医疗卫生等部门。2020 年，服务业就业人数为 3 347 万，占总就业人口的 74.7%。

德国的旅游业发达。通常每年有大量国内外游客在德国旅游，受新冠肺炎疫情冲击，2020 年旅游过夜共 3.02 亿人次，同比下降 39%。其中，国内游客过夜共 2.70 亿人次，同比下降 33.4%；国外游客过夜共 3 200 万人次，同比下降 64.4%。著名景点有科隆大教堂、柏林国会大厦、波恩文化艺术展览馆、罗滕堡、慕尼黑德意志博物馆、海德堡古城堡、巴伐利亚新天鹅堡和德累斯顿画廊等。

德国的交通运输业十分发达，公路、水路和航空运输全面发展。特别是公路密度为世界之冠。2019 年，德国货运总量 47.46 亿吨，其中公路运输总量 37.69 亿吨，铁路 3.9 亿吨，内河 2.05 亿吨，海运 2.90 亿吨，管道 8 512 万吨，航空 477 万吨。2019 年，客运总量 128.1 亿人次，其中铁路运输 29.31 亿人次，公路及城市轨道交通 96.52 亿人次，航空 2.26 亿人次。新冠肺炎疫情对德航空业冲击尤为明显，2020 年航空客运量总计 5 780 万人次，同比下降 74.5%，为两德统一以来最低；2020 年民航货运量 460 万吨。

2020 年，德国公共财政总收入 15 630 亿欧元，总支出 17 026 亿欧元，国家财政预算总赤字 1 396 亿欧元。

截至 2020 年年底，德国联邦银行黄金储备约 3 065 吨，价值约 1 665 亿欧元；外汇储备 2 198 亿欧元，在国际货币基金组织的特别提款权份额为 80.6 亿欧元。

德国是世界贸易大国，同世界上 230 多个国家和地区保持贸易关系，全国近 1/3 的就业人员从事的工作与出口有关。曾于 1986—1990 年，2003—2008 年保持世界第一出口大国的地位。2020 年外贸总额为 22 306 亿欧元，其中出口额 12 050 亿欧元，下降 9.3%，进口额 10 256 亿欧元，下降 7.1%，顺差 1 794 亿欧元。

德国出口业务以质量高、服务周到、交货准时而享誉世界。主要出口产品有汽车、机械产品、化工产品、通信技术、供配电设备和医学及化工设备。主要进口产品有化学品、汽车、石油天然气、机械、通信技术和钢铁产品。主要贸易对象是西方工业国，其中进出口一半以上来自或销往欧盟国家。

2020 年德国国民总收入 34 271 亿欧元，全职雇员平均每月毛收入为 3 978 欧元。2019 年德国国民总收入 35 356 亿欧元，全职雇员平均每月毛收入为 4 846 欧元，生产性行业及服务业平均小时工资 34.9 欧元。

德国教育和文化艺术事业主要由各州负责，联邦政府主要负责教育规划和职业教育，并通过各州文教部长联席会议协调全国的教育工作。在中小学教育、高等教育以及成人教育和进修方面，主要立法和行政管理权属于各州。全国性的文化艺术活动由联邦政府予以资助。对外文化交流由外交部负责协调。



大、中、小学和职业教育发达。实行 12 年制义务教育，公立学校学费全免，教科书等学习用品部分减免。小学学制 4～6 年，中学学制 5～9 年，高等学校享有一定自主权，对高中毕业生原则上实行自由入学，对部分学科规定名额限制。职业教育实行双元制，即职业学校理论学习和企业中的实践相结合。成人教育和业余教育十分普及。教师为终身公务员，必须受过高等教育。

德国政府将欧盟和跨大西洋伙伴关系作为外交政策的两大支柱；稳妥应对英国脱欧，继续推进欧盟一体化进程和结构性改革，致力于欧盟团结和联合自强，支持“多速欧洲”；担任 2020 年下半年欧盟轮值主席国期间，在应对新冠肺炎疫情影响、推动欧盟经济复苏、强化欧盟主权和法治、加强应对气候变化等方面做出积极贡献。在近年来欧美嫌隙扩大背景下，强调增强欧洲战略自主重要性，但仍认为基于历史实践和共同价值观，美国仍是德国最紧密的伙伴，对拜登上台、德美回温抱有较高期待；重视对俄罗斯关系，虽因乌克兰问题陷入僵局，参与欧美对俄制裁，但依然致力于同俄对话协商；继续利用自身地缘和政治经济优势，深化与中东欧国家关系，维持在该地区的传统影响力；重视新兴市场国家作用，加强与中、印等国的协调合作，将中国视为德国和欧洲重要战略伙伴；继续谋求联合国安理会常任理事国席位，担任 2019—2020 年联合国安理会非常任理事国；通过向非洲、拉丁美洲推广德国政经模式，谋求扩大影响；积极谋求在气候变化、能源安全、伊朗核等国际问题上发挥作用。

## 二、世界多彩语言之美

中外历史上，或许没有哪个民族像德意志人那样长期地、深刻地受自我身份认同问题所困扰。因为在从德意志神圣罗马帝国、德意志帝国、第三帝国、两德分裂到重新统一的这条历史链上，德意志人无法简单地将身份认同、民族情感、爱国主义与一个统一的德意志国家严丝合缝地叠合在一起。如果说这样一个国家在近现代的建构和重构是一个共同体不断被形塑的过程，那么在这个过程中，地理位置、文化习俗、政治权力、人文思想和集体感情等各种要素都处在复杂的杂糅和拉扯中。恰恰就在这种复杂状态中，语言的力量凸显出来了。可以说，德语是现代德意志国家的基石。

### （一）集体身份意识的觉醒

15—16 世纪，法兰西和德意志的人文主义者都在对意大利文化霸权的反感中，发展起了一种团结独立的集体身份意识和一套连续的文化起源话语。在此过程中，他们都注意到使用和丰富自我语言的重要性。在这一时期的莱茵河东岸，官方语言是标准拉丁语，人们在日常生活中则说着与今天的德语截然不同的各种日耳曼方言，以至于“隔着 30 英里地的人们就无法恰当地理解彼此了”（马丁·路德）。1522 年，路德将伊拉斯谟编撰的希腊语版《圣经新约》翻译成德语，他用了一种从中东部和南部地区方言中选取相应词汇作为基本语义单位而“创造”出来的全新书面语。这是德语走向统一化、标准化和规范化的关键一步。



路德向德意志的人文主义者和宗教改革者展现出了身份认同与集体情感的力量。不过，语言并没有立刻成为文人们关注的焦点。16 世纪的德意志文人在形塑一种集体认同时，首先求助于历史。他们发现了塔西佗的《日耳曼尼亚志》，发现了日耳曼祖先的光荣历史，发现了德意志人的杰出品性。通过把德意志的现在与日耳曼的过去联系在一起，他们论证了自我历史的纯洁与绵长。但是在这个群体中，有一种无法调和的矛盾：就像人文主义者策尔蒂斯身上所表现出来的那样，一方面是对德意志祖先之典范形象——包括外在形象与内在品质——的完善，另一方面则仍然视德语为一种粗俗而无教养的语言，推崇古代希腊罗马的语言与文风。很显然，德意志民族的早期集体身份认同是以日耳曼族群性为核心、以“希腊—罗马古典文化继承者”为指向的，母语尚不是其关心的重点。

### （二）语言民族主义的开始

到了 17 世纪，情况已有所不同。以法语为代表的罗曼语强势崛起，令德意志学者萌发出对德语的自觉反省意识。德语被视为古老而纯正的语言，德意志人就是所有说德语的人，对德语的热爱就是对祖国的热爱，这些认知成为德意志人身份认同和集体情感的新基石。1617 年，“语言爱国主义”响起了两声号角。其一，时年 20 岁的“德语诗歌之父和复兴者”奥皮茨在奥德河畔写下了名篇《阿利斯塔克抑或论对德语的轻蔑》。在这篇用拉丁文写就的文章中，他呼吁德意志人去学习自己的母语，并以自己的母语为傲。其二，首个德语语言协会“丰收学会”在一些路德派侯爵的倡议下于魏玛成立，其任务之一是对德语进行全面梳理，丰富德语的词汇和表达，并且创立一种一致的、纯正的德语。

次年，令德意志在各方面都损失惨重的三十年战争爆发了。战争期间，纷至沓来的法国人、西班牙人、瑞典人和英国人，让德意志人耳边充斥着各种语言，却唯独没有德语。17 世纪 30 年代开始流行的一首传单诗《德意志的米歇尔》表明了时人的心境：“我，德意志的米歇尔/几乎什么也不懂/在我的祖国/有一种耻辱/德意志人现在说话/就像瑞典人一样。”在这种情况下，一股复兴德语的浪潮兴起了。斯特拉斯堡的“正直冷杉学会”、汉堡的“德意志同志会”、纽伦堡的“佩格尼茨花卉协会”等各种语言协会纷纷建立。它们不仅关心诗歌等语言表达的具体语文学问题，更重要的是关心诗歌创作的学识底蕴。在那里，一方是有改革意愿与能力的德意志贵族，另一方是在宫廷、市政或大学中任职、追求社会威望的新兴市民学者阶层，两者首次在“民族”的名义下，为细心呵护德语而共事。17 世纪，德意志语言学家肖特利乌斯在 1663 年的皇皇巨著《关于普通德语的详尽论述》中，不但证明德语是一种“原生、古老且纯正”的语言，而且还进一步宣称德语体现出德意志民族的品性。“语言民族主义”在德意志大地上显露端倪。德语变成了集统治、教化和整合等功能于一体的综合工具，变成了文化的凝练代表，并且进一步将德意志精英一体化了。

1724 年，文学家和语言学家戈特舍德将几个研习德语的小圈子整合在一起，创立了“德意志学会”。这个学会的新颖之处在于：首先，圈子的成员群体扩大了，年轻一代的大学生变成了主力军。因此，开设分会的所在地不再是邦国首都或者帝国自由市，而是耶拿、哥廷根、格赖夫斯瓦尔德等大学城。其次，对成员的语言训练提上了日程。在每周进行的例会中，所有成员都要诵读文章，做翻译、语法和词汇的练习。“德意志学会”为德语向受教育之市民阶层的传播做出了极大贡献，也帮助其成员加固了对自身阶层和民族的双重身份认同。至此，德意志人集体身份认同的内核初步形成了。在此过程中，德语脱颖而出并蓬勃发展。



### （三）共同语言的认同

从 18 世纪下半叶起，欧洲民族主义思潮风起云涌。民族要作为一个团结一致、休戚与共的行为集体行事，“一个民族”要变成“一个国家”，这些理念也激励着德意志人去形塑自己的民族精神，创建自己的民族国家。1765 年，政治学家莫泽尔写下《论德意志民族精神》一文时，开篇即是“我们是一个民族，有同一个名字，说同一种语言”。当浪漫主义先驱赫尔德将民族设想为一个有机整体时，他要求德意志人从自己的文化传统中寻找自己的民族精神，首先就是语言和文学。1854 年，格林兄弟主编的《德语辞典》第一卷问世。雅各布·格林在卷首语中写道：“除了我们的语言和文学外，我们德意志人究竟还有何共有之物？”显然，每当德意志精英们需要呼唤德意志的民族精神时，语言就成为其手中的火把，因为语言具有其他事物无法比拟的充沛生命力和强大渗透性。

1871 年，北德意志邦联和南部各邦国终于合并成统一的德意志帝国。这是在“自上而下”的统一运动中诞生的帝国，是欧洲权力版图中德意志各邦国现实主义策略的结果。但从“自下而上”的层面来看也并非无所凭依。德语，不但作为一种语言工具发挥了作用，而且作为集体身份认同的实在标杆展现出其政治功用，并因此成为国家统一的基本要件，即便此时它的标准书写规范还付之阙如。虽然 20 世纪德国人内部的身份认同随着政治信仰的变迁和领土范围的动荡变得多元化，但同一种语言的使用，最终保障了德意志人作为一个共同体的统一。

在绝大多数情况下，认同都是被构建起来的概念。人们是在程度不等的压力、诱因或自由选择的情况下，决定自己的认同的。政治、宗教都处于分裂状态下的德意志，不得不选择共同的文化背景为其民族统一服务，通过极力宣扬共同的民族语言和文化来构建民众的民族认同感。在德意志民族意识中，他们的民族语言扮演了重要的角色；而对共同语言的认同，知识分子起了重要的引导作用，民族语言成为调动民族情感、凝聚人心的重要力量之一。

### 练习题一

1. 填空题

（1）15、16 世纪时，莱茵河东岸的官方语言为________。

（2）________将伊拉斯谟编撰的希腊语版《圣经新约》翻译成德语，这是德语走向统一化、标准化和规范化的关键一步。

（3）1724 年，戈特舍德将几个研习德语的小圈子整合在一起，创立了________。

（4）________用拉丁语写下了《阿利斯塔克抑或论对德语的轻蔑》，呼吁德意志人去学习自己的母语，并以自己的母语为傲。

（5）1854 年，________主编的《德语辞典》第一卷问世。

2. 选择题

（1）______的爆发激起了复兴德语的浪潮。

A. 拿破仑战争　B. 三十年战争　C. 普法战争　D. 普奥战争

（2）1871 年，普鲁士王国通过三次王朝战争，完成德意志统一，建立了______。

A. 德意志神圣罗马帝国　B. 德意志帝国

C. 第三帝国　D. 德意志民主共和国

（3）1724 年，文学家和语言学家____将几个研习德语的小圈子整合在一起，创立了“德意志学会”。

A. 戈特舍德　B. 赫尔德　C. 马丁 · 路德　D. 歌德

（4）17 世纪成立的各种语言协会中，不论是有改革意愿与能力的德意志贵族，还是新兴市民学者阶层，两者首次在____的名义下，为细心呵护德语而共事。

A. 国家　　B. 民主　　C. 民族　　D. 统一

（5）格林兄弟是日耳曼语言学的奠基人。兄弟俩晚年编写的____力图抓住德语，解释与保留它们的根源。

A.《德语辞典》　　B.《辞源》　　C.《德语语法》　　D.《格林兄弟》

3. 思考题

（1）请思考语言在民族发展中的功能意义。

（2）请结合第（1）小题，思考德语是现代德意志国家基石的原因。

## 三、世界多样社会剪影

一个国家的政治体制是该国的立国之本和执政之基。中德两国在国情政体方面差别较大，因此，想要了解德国，就有必要了解德国这方面的国情知识。

### （一）议会制度

德国的国家政体是议会共和制（Parlamentarischer Republikanismus），议会（Parlament）是国家的最高立法机关，议会采用两院制，由联邦参议院（Bundestag）和联邦议院（Bundesrat）组成。根据主权在民原则，联邦议院是唯一由选民直接选举产生的人民代表机构，是国家的最高权力机关。联邦议院拥有立法权（Gesetzgebungsgewalt）、选举权（Wahlrecht）（组建政府）、监督权（Kontrollrecht）以及其他职权，这三项权利是联邦议院最主要的职权。而参议院则代表各联邦州。联邦议院通常每四年举行一次选举（德国大选），选出新一届联邦议院以后所做的第一件事情就是组建联邦政府，在选举中获胜的政党或政党联盟将拥有组阁权。此外，联邦议院还参与选举联邦总统、联邦议院议长和副议长，参与对联邦最高法院法官的任命，以及监督政府（行政机构）的权力行使等。

### （二）行政制度

德国实行责任内阁制，其原理是，公民把立法权和行政权交给议会，议会又把其中的行政权交给以联邦总理为首的内阁政府。而行政权主要由联邦政府、联邦总理和联邦总统来担负。联邦政府的存在以联邦与联邦议院的信任为条件，对联邦总理提出“不信任案”是联邦议院最重要的权力之一。

内阁会议是联邦政府的最高决策机构，会议由联邦总理和各部部长参加，总理（缺席时由副总理）主持。内阁会议实行集体决议、集体负责原则，会议必须有半数部长出席时才能做出决议。依德国《基本法》规定，在由联邦总理制定的政治方针范围内，联邦各部部长可独立地负责领导各自主管的部门。联邦各部部长之间出现意见分歧，不是由联邦总理一人说了算，而是要由联邦政府集体裁决。这就是联邦政府决策的三原则：总理原则、部门原则和集体原则。

德国的首脑是总理（Bundeskanzler），总理拥有组阁权，挑选各部部长和政府主要官员，提出对联邦总统有约束力的任免名单；决定联邦政府的内外方针政策，并对此项联邦议院负责决定联邦政府的建制；战时直接取代国防部部长，担任三军统帅，指挥联邦军队；必要时有权要求联邦议院提前召集联邦议院全体议会，提请联邦总统解散联邦议院，举行全国大选等大权。

德国的国家元首为总统（Staatspräsident），总统不是联邦政府成员，地位相当于立宪制国家的君主，只拥有形式上的权力，不直接领导内阁（政府），不负行政责任。

### （三）司法制度

德国司法部门的独立，比德国民主的历史还要久远。传统上，法院组织十分强势，几乎所有联邦州的行为都需经过司法审查。除了处理民事和刑事案件，针对行政、税务、劳工及社会安全各有不同的司法部门及阶层系统。除了各司法部门的最高法院是联邦层级，其余皆是州层级，维持了司法权一定程度的一致性。

另外，德国有十分权威的联邦宪法法院。联邦宪法法院独特的地方在于，德国《基本法》规定，任何人在基本权（特别是人权）被政府侵犯，或是已经在正常法院系统中上诉到最高层级，无法继续上诉时，可向联邦宪法法院提出申诉。



上诉的内容也包含立法部门所通过的法律、法院的裁定和行政行为。虽然实际上只有少部分宪法申诉是成功的，但联邦宪法法院知名的是时常采取与立法和行政部门对立的立场。甚至有法官公开声明，他们的决议完全依据宪法，不会受到政府、联邦议会、舆论等反应的影响。值得一提的是，联邦宪法法院在一般大众中享有很高的支持度。

联邦宪法法院也处理其他程序，像是国家机关间对于宪法权力的争议。另外，宪法法院还有权力取缔抵触宪法原则的政党。

### （四）德国重要政党

德国实行多党制（Mehrparteiensystem），联邦议院中的两大政党为德国社会民主党和德国基督教民主联盟。下面是德国重要政党的介绍。

社会民主党（Sozialdemokratische Partei Deutschlands），简称社民党（SPD）。社民党是德国最大的政党之一，前身是 1863 年成立的全德工人联合会和 1869 年成立的德国社会民主工党。最初为纯粹的工人阶级政党，后逐步发展成代表职工利益的全民党。社民党主张通过维护职工利益实现政治稳定和社会公正，从而推动经济发展。

联盟党，由基督教民主联盟（基民盟，CDU）与其仅活跃于巴伐利亚州的姊妹党基督教社会联盟（基社盟，CSU）组成。该党成立于 1950 年，党员以企业主、农场主、职员和知识分子为主。联盟党是西方国家传统意义上的保守政党，经济上倾向于维护企业主的利益，主张通过鼓励企业主不断扩大投资来推动经济发展。联盟党自成立以来已数次执政。

联盟 90/绿党（Bündnis 90/Die Grünen），简称绿党（Die Grünen）。绿党成立于 1980 年。1993 年，绿党与东德民权运动团体联盟 90（Bündnis 90）合并，组成联盟 90/绿党，合并后仍简称绿党。保护环境、反对修建核电站和反战是该党的基本政治主张。绿党曾于 1998 年至 2005 年与社民党联合执政。

自由民主党（Freie Demokratische Partei），简称自民党（FDP）。自由民主党成立于 1948 年，党员多为企业主、高薪阶层和高级知识分子。自民党旗帜鲜明地主张经济自由主义，认为国家应该减少对市场的干预，其政治纲领的核心目标是通过改善投资环境创造更多就业机会。自民党历史上曾分别与联盟党和社民党联合执政。

左翼党-民社党（Demokratische Linke-PDS），简称左翼党（Die Linke）。由前身为民主社会主义党的左派党和从社民党左翼力量分裂出来的劳动与社会公平党于 2005 年 7 月合并而成。左翼党主张通过包括对大企业增税在内的多种手段重新分配社会财富，停止私有化政策和采取最低工资制度。作为一个新兴政党，左翼党没有在联邦执政的经验，一直是反对党。但自组建以来，左翼党的支持率稳步上升，活动范围也从传统的东部向西部扩展。



### （五）选举制度

所有人民代议机构的选举都是普遍、直接、自由、平等和秘密的。“选举权”这个词有两层含义：一层是主动选举权，另一层是被选举权。每个年满 18 岁的德国人都有选举权，在某些前提下，在国外生活的德国人也能参加选举（即主动选举权）。每个拥有德国国籍至少一年，并在选举之日年满 18 岁，未被取消主动选举权，或没有因判决而丧失被选举权或担任公职权的人，原则上都能被选举（即被选举权）。联邦议院和州议会竞选的候选人通常由各政党提名，但无党派的个人申请者也可以参加竞选。

德国联邦议院的选举采用直接选举和候选人名单选举（多数选举法和比例选举法）相结合的方法。每个选民有权投两票。第一张选票按相对多数选举法用于选举所在选区的竞选人：谁获得多数选票，谁就当选。选民以第二张选票选举各党派的州竞选名单，党派在此名单中按一定顺序提名每个州的候选人。

对于联邦议院中的席位分配来说，起决定性作用的是在每个州的第二选票统计结果中所体现出来的各党的力量对比。但在议席分配时只有那些满足限制附加条款，即 5% 限制的党派才会受到重视。

联邦议院由议员组成。在法定的 598 名议员中，一半是通过 299 个选区的直接选举产生的；另一半是通过参加竞选的党派的州竞选名单选举出来的。但如果某个党在一个联邦州由第一张选票选出的候选人比第二张选票选出的多，那么每个直接选出的议员就获得议席。该党在这个州就获得“额外议席”。在这种情况下，联邦议院就有比法定数量更多的议员。例如：在2017年所选举的第19届德国联邦议院中，议员不是（法定的）598名，而是709名。

除了支持特定党派的忠实拥趸外，在德国还有数量众多的所谓“摇摆选民”。他们由于同党派没有关系或是按照自己的利益并不固定选择特定的党派。但有时他们对于选举结果来说是起决定性作用的，因此各党派在参加竞选活动时也非常重视吸引这些“摇摆选民”。候选人及其助手走上大街小巷，并运用诸如选举纲领、传单、选举宣传画、选举报纸、竞选金曲及读者来信活动等竞选手段进行拉票。即使是热门竞选人也会在竞选旅行中介绍自己，在广播和电视中进行演说。在网络时代，竞选运动有时是在充分利用互联网的各种特殊可能性的情况下进行的。这就包括通过电子邮件简报、网页或博客对选民、志愿者及资助人进行宣讲。为了打动选民，参选党派有时会做出常常是无法兑现或只能部分兑现的承诺（如降税及提高养老金）。

德国是一个民主的联邦国家，社会保障制度完善。《基本法》确定的国家体制体现在宪法机构（联邦总统府、联邦议院、联邦参议院、联邦政府和联邦宪法法院）、联邦制以及法制与选举体系当中。它们不仅决定了国家的日常政治事务，而且也决定了人们在德国的生活。



### 练习题二

1. 填空题

（1）德国的国家政体是________。

（2）________是德国的最高立法机关。

（3）________是德国的最高权力机关。

（4）________是联邦政府的最高决策机构。

（5）________拥有组阁权，挑选各部部长和政府主要官员。

2. 选择题

（1）______主张通过维护职工利益实现政治稳定和社会公正，从而推动经济发展。

A. 社民党　　B. 自由民主党　　C. 左翼党　　D. 绿党

（2）______党员多为企业主、高薪阶层和高级知识分子。

A. 绿党　　B. 自由民主党　　C. 基督教民主联盟　　D. 社民党

（3）德国联邦议院通常每______年举行一次大选。

A. 3　　B. 4　　C. 5　　D. 6

（4）______是唯一由选民直接选举产生的人民代表机构。

A. 联邦政府　　B. 联邦参议院　　C. 联邦议院　　D. 德国总统

（5）每个年满______岁的德国人都有选举权。

A. 16　　B. 18　　C. 20　　D. 22

3. 思考题

（1）请思考德国政治制度的主要特点有哪些。

（2）请思考德国从中世纪的等级代表会议到当今民主的议会制度的演变过程。

## 四、典型文化分析

每个国家都有一种典型的思想特征。它包括不同的特点及其国民的性格特征，即所有对于这个国家及其民众来说是典型的东西。对于什么是德国人的典型特征这一问题，经常出现的回答是“准时”。接下来，我们从西方文化背景和德国文化背景出发，对德国人的时间观进行文化解析，并探讨这些特殊时间观所形成的历史文化原因，从文化理解的角度更好认识德国人的时间观。

### （一）时间观

时间观可定义为某一文化群体基于历史、社会、宗教、传统等文化原因所形成的对时间的共同认知及所赋予时间的种种价值内涵。对时间的共同认知涉及对时间本质的认识，即对该文化群体而言，“时间是什么”“时间有什么功能”等。时间的价值内涵涉及该文化群体赋予时间的种种特殊文化意义，即某项社会活动所应发生的时间，如传统仪式、宗教节日的时间等。同时，时间观也是该文化群体价值观的一个重要范畴，反映该文化群体的价值追求，规约文化群体成员的时间行为，包括如何使用时间、分配时间等，调节和协调文化成员间的关系，维护文化群体的稳定。

时间观通常具有强烈的民族性特征，不同民族都有自己特殊的时间观，如印第安人、阿拉伯人、亚洲人等有着完全不同的时间观（Hofstede 1993，1997）。和其他价值观范畴一样，时间观也处在历史的动态发展中，会随着社会生产力的发展和生产方式的改变而有所改变，但这样的改变并非一朝一夕能完成，往往要经历一个较长的过程。

### （二）从西方文化背景看德国人的时间观

大部分西方国家对时间的认知采取了线性的认知方式，把时间分为过去、现在和将来（Samovar 1981）。时间是一种线性的现象，一直向前运动，同时，时间也是可切割的，每段都有同样的价值（Maletzke 1996）。对西方文化而言，“昨天永远失去了，今天就是现在，但只是短暂的时刻，明天则取决于今天所做的事”（Buhlmann/Fearns 2000）。按照这种线性时间观，时间一去不复返，人生只有一次，因此必须有目的地使用时间资源，珍惜时间。德国人认真计划、精确安排时间、努力工作等行为反映了这一时间认知。

人类学家霍尔（Edward Hall）在他的文化研究中区分了单向时间观（monochron）和多向时间观（polychron）。在单向时间观文化中，时间被分割成小块，在每个时间段中，通常只做一件事情。而在多向时间观文化中，人们可以同时做多件事情，并且人们的注意力主要放在人际交往，较少放在遵守时间上。北欧国家以及德国都是典型的单向时间文化。德国的单向时间观表现在时间按功能划分，并且每一段时间只能做一件事情，如休息时间、工作时间、会谈时间等。在谈话期间不能被打扰，接电话或者被同事打断都是不礼貌的行为。在正式大会或谈话时，手机都处于关机或振动状态，以避免出现多向性的交际场景（Samovar 1981）。

如同许多西方工业国家一样，德国人的时间观还具有未来取向的特征。这是受到卡尔文主义影响的结果。于是，在德国人的时间行为中，我们可以看到德国人不愿意因循守旧，语言交际中少用古语和谚语，乐于创新，喜欢规划未来，制定远期目标，并且为实现这些目标兢兢业业地工作。德国人时间观中的未来取向虽然远不如美国，但与亚洲国家，如中国、日本等相比，仍然具有鲜明的未来取向特征。如在商贸谈判发言中，美国人会直接谈到对合作的未来设想，日本人会先不厌其烦地介绍自己公司的悠久历史，而德国人则在简短介绍企业的情况后，阐明自己的时间安排及对合作的远期规划。

### （三）从德意志文化背景看德国人的时间观



#### 1. 遵守时间是对他人的尊重

德国人的时间观强调时间是宝贵的财富，守时是一种尊重他人的美德，正如谚语所表达的“Pünktlichkeit ist die Höflichkeit der Könige”（守时是国王的礼貌），反映出守时在德国人生活中的重要地位。在社会生活的各个领域，无论是学校、企业职业生活还是业余活动，人人都遵守时间。因此，德国人严肃对待每一个约定的时间，不迟到，不随意取消。在遇到取消和不能赴约的情况下，要做到及时通知、说明情况和表达歉意。

在德国，至少在商业活动中，迟到 5 分钟就有必要向等待的一方道歉，并且说明迟到的原因。如果迟到一刻钟到半小时，就必须道歉。如果迟到了 45 分钟并且不道歉，不说明迟到的原因，则是对另一方明显的侮辱，对方也会有如此感受。因为对德国人而言，生命中没有什么比时间更宝贵。在没有任何理由的情况下毫无顾忌地占用对方的时间，让对方不必要地等待，就是一种不尊重对方的时间及其本人的表现（Markowsky/Thomas 1995）。若是谈话伙伴迟到了，约定的时间也不会相应延长，只能相应缩短。这样可以避免下一个谈话伙伴的时间安排受到影响。当然，这还需要看谈话伙伴所处的社会地位和跨文化能力。不管怎样，遵守时间受到德国社会成员的推崇。正是由于这样的准时性，导致德国人在许多国家的人看来，缺乏灵活性，被时间表束缚了手脚。

“时间宝贵，要遵守时间”这一时间观的形成除了时间是线性的、可切割的、每段都有同样的价值等原因外，工业革命的影响也不可忽视。虽然德国 19 世纪 30 年代才进入工业革命时代，但德国工业革命的广度和深度以及工业革命取得的各种巨大进步，极大促进了德国社会的发展。工业革命使德国人日益认识到时间的重要性，提倡精确规划时间。如 Maletzke 提到，工业化越强的国家，老百姓就越珍惜时间（Maletzke 1996）。

在对时间的认识上，人们认识到两点：一是“时间就是金钱”。毫无疑问，资本主义的生产方式是时间观变化的发动机。企业主对利润的追逐以及劳动者的报酬与时间挂钩也使人们认识到这一观念的重要性。另外，许多人从农村进入城市工作，必须适应工业化的生产要求，按照严格的机械式的时间划分参与生产过程。“时间是金钱”这一观念便逐渐深入人心。1800 年前后，德语中出现了 100 多个与时间相关的词汇，如 Zeitabschnitt（时间段）、Zeitanschauung（时间观）、Zeitbewegung（时间运动）、Zeitdauer（时长）等。这些词汇反映了时代的进步和发展。二是时间有严格的区分，德国人把时间区分为工作时间和业余时间，包括节日、周末、餐间休息、休假以及内心的时间等，如周一洗衣日、周六洗车日、周日散步日等。工作之余的时间对德国人而言特别珍贵，在业余时间里，他们拥有了自己的独立空间，或是发展自己的业余爱好，或者与家人一同旅游，与工作有关的事情统统置于脑后，做到了“Arbeit ist Arbeit，Vergnügen ist Vergnügen”（工作是工作，娱乐是娱乐）。

因此，要在工作之余占用他人的宝贵业余时间，必须提前预约并且准时赴约，否则就是对他人的不尊重。同时，这种严格的时间划分也保障了德国人的私人空间。如午休时间不得喧哗、不得打扰，商店按时开门关门保证了店员的工作和休息时间，周日的活动安排都冠以周日二字，以突出这些时间的特殊性和宝贵性，如 Sonntagskleid（周日服装）、Sonntagsgespräch（周日谈话）等。没有预约而在这些时间打搅德国人，都会被视为冒犯。



在上述两种时间观的形成过程中，钟表的发展也起到了重要作用。从教堂的大钟到家庭的挂钟再到 18 世纪末以来出现的怀表，人们逐渐从外在的时间形成了一个内在的时间，对时间的感知也因为有内在时间而产生了新的时间行为。然而这种新的时间观的形成不是一帆风顺的，在英国，坚持传统时间文化的人曾经长期抗争，反对工业化带来的新时间行为。但社会的进步和发展最终还是使现代的时间观逐渐确立。

在工业革命的影响下，德国人的时间观由自然的时间观进入了工业时代的时间观。如 Althaus/Mog 所描述的“...hat der avancierte Standard der Industrialisierung und Automation die Vorherrschaft der linearen Zeit durchgeführt（工业革命和自动化带来的先进的标准打破了线性时间的统治地位）”。由于德意志民族相对单一，生活节奏和时间规划更容易统一，因此形成了具有普遍性的时间观念，以指导人们的时间行为。而在其他国家，如美国，在流动性、速度等方面仍然有着与德国不同的理解。

### 2. 时间是良好社会秩序的保障

对德国人而言，时间还是良好社会秩序的保障。除了各种法律法规、警示牌等，时间也参与到社会秩序的保障中来。一切社会活动，都应当按照时间表的要求进行，唯有如此，社会才能正常运转，人们才能从容面对自己的生活。与各种法律、规章及条例一样，时间也是保障社会秩序的有力工具之一。通过时间来调整人们之间的交往与各种社会活动，在一定程度上使整个社会变得稳定有序。

在日常交际中，德国人把时间的社会秩序保障功能运用得淋漓尽致。人人都有自己的日程安排表，准确安排自己的日常活动。德国人对时间的这一认知来源于德意志民族长久以来对秩序的追求（Müller/Thomas 1991）。德国人常讲的“Alles ist in Ordnung!”（一切都井井有条！）也反映出秩序的重要。即使是生活中的一些小事，也会因为不符合规矩受到旁人的批评和谴责。不管行为人是熟悉的还是不熟悉的，对违反社会行为规范、违反社会秩序的人，德国人都会对其进行相应的批评。

德国人对秩序的重视有以下三个原因。一是德国历史上存在大量封闭的诸侯小国，它们长期处于封建割据的状态，各诸侯国都要求自己的臣民遵守各种法令条例，维持封建的统治秩序。1600 年前后，德意志人还是一个极端无序的民族，没有节制、酗酒、过度沉迷于追求生活乐趣。各诸侯出于维护自身统治需要，逐渐开始在自己的统治领域内建立各项制度，保障秩序（Bausinger 2000：83）。由于老百姓与外界接触少，生活在封闭的国境内，诸侯国内的各种条令也很容易为大部分人接受和执行。在普鲁士统一德国后，普鲁士的守秩序的文化传统也加强了德国人的秩序观念。二是宗教信仰的要求。宗教要求信徒遵守现实世界中的各种等级秩序。它们使人意识到：秩序是理性和有用的。臣民要依附诸侯，依赖封建世俗势力。宗教的这些教义影响着老百姓的行为习惯。三是各种战争带来的痛苦让老百姓产生了对秩序的要求。尤其是 17 世纪发生在德国土地上的 30 年战争（1618—1648）给德意志民族带来了巨大的物质和精神损失，老百姓迫切需要安全感和社会的稳定，想要通过秩序避免各种冲突。为此，他们就必须遵守各种命令、法令及法规，教会也支持这种诉求，遵守现行法令逐渐成为公民的道德义务。



3. 时间是避免不确定性的保障

德国人的文化思维习惯和德意志历史上的种种战乱等使德国人逐渐把时间作为把握未来、避免种种不确定性的工具。德国人讨厌错误并且尝试着在所有事情上尽可能避免不确定性（Markowsky/Thomas 1995）。

历史上各种战争给德国老百姓带来的创伤使德国人意识到，要用思维的力量和精准的计划来规划和把握未来，避免发生更多的可预见的灾难。20 世纪的两次世界大战让德国人更加不信任未来，他们对安全感的诉求更加强烈，要求一切整齐有序、可预见、可把握。为此，对任何事情都要做出严谨的计划变成了具有普遍性的国民行为方式，时间也因此逐渐成为避免不确定性的保障。

从上述分析可以看到，德国人的时间观既具有普遍意义上的西方文化时间观的特征，也有受到德国自身历史、经济和社会发展影响的特征（Thomas 1996）。与其他文化的时间观相比，德国人的时间观还反映出德国文化的一种文化悲观主义和未来恐惧症（Mog 1992）。通过时间这一维系社会关系的纽带，德国人希望把人的行为、事件的发展控制在一种可预期的框架内，从而更好把握未来，提前预防种种可能出现的困难。

同时，这样的时间观也使德国人自身陷入了矛盾的境地。一方面想要通过时间把握一切的发展；另一方面则缺乏了灵活机动性，不能根据新情况适当调整，在跨文化交际中带来误解与冲突。德国人既遵守时间，又对时间有抱怨，如 Zeitknappheit（缺少时间）、Termindruck（约期压力）、Lebenstempo（生活节奏）等词反映出缺少时间、约会太多带来的负担；又如 Pünktlichkeit（准时）、Termintreu（遵守约期），“Wie spät ist es?（多晚了？）”“Deutsche lassen sich von der Zeit beherrschen（德国人被时间统治着）”“Ich habe keine Zeit（我没有时间）”“Ich habe schon einen Termin（我已经有约期了）”“Ich muss meinen Termin nachschauen（我得看看我的约期记录）”“Die Zeit vergeht wie im Fluge（时光如飞）”等反映出德国人始终有一种时间紧迫性，感到时间容易消逝。这些例子里的“Wie spät ist es?（多晚了？）”从字面上看，可以译为“多晚了”，比单纯表达问“几点了”的句子“Wie viel Uhr ist es?（几点了？）”更加反映出德国人在时间这一问题上的约期焦虑症，担心不能守时，担心迟到、变更约期等给他人带来不良后果等。

正是这种看似矛盾的时间观，决定了德国社会人人都认真拟定自己的计划和日程安排，珍惜时间，把握时间，在实现个人进步的同时也推动整个社会的平稳前进。这也提示我们在进行中德跨文化交际时，要充分认识和理解德国人的时间观，实现良好的沟通与合作。在有了对德国人时间观的充分认识后，我们可以更好地解释德国人的许多行为，消除心中的疑惑，许多有关时间的交际误会与矛盾便能迎刃而解，从而促进中德两国的文化理解与交流。



### 练习题三

1. 填空题

（1）时间观通常具有强烈的________特征，不同民族都有自己特殊的时间观。

（2）德国人认为，时间一去不复返，人生只有一次。所以，德国人认真计划、精确安排时间、努力工作等这些行为反映了________时间观。

（3）在商务洽谈会开始，日本人会先不厌其烦地介绍自己公司的悠久历史，这体现了时间观的________价值取向。

（4）要在工作之余占用德国人的宝贵业余时间，必须________，否则就是对他人的不尊重。

（5）________带来的痛苦让德国老百姓迫切需要社会安全感和社会的稳定，想要通过秩序避免各种冲突。

2. 选择题

（1）北欧国家以及德国都是典型的______时间文化。

A. 单向　　　　B. 多向

（2）大部分西方国家对时间的认知采取了______的认知方式，把时间分为过去、现在和将来。

A. 轮回　　　　　　　　　　　B. 线性

（3）德国人不愿意因循守旧，语言交际中少用古语和谚语，乐于创新，喜欢规划未来，制定远期目标。这体现了______的价值取向。

A. 过去时间观　　　　　　　　B. 未来时间观

（4）德国人常讲的“Alles ist in Ordnung!”（一切都井井有条！）体现了______的重要性。

A. 秩序　　　　　　　　　　　B. 时间

（5）“Pünktlichkeit ist die Höflichkeit der Könige（守时是国王的礼貌）”这句话体现了德意志文化背景下德国人时间观中______。

A. 遵守时间是对他人的尊重　　B. 时间是良好社会秩序的保障

3. 思考题

（1）请思考德国人的时间观中有哪些值得我们学习。

（2）请思考中德时间观文化有哪些差异。



## 五、中外文化品鉴

### （一）语言品鉴

如果说语言是反映各族人民文化的镜子，那么语言中的熟语则更能反映各民族丰富的文化传统。在德语和汉语中，都有大量以动物来作喻的熟语。由于中德动物熟语来源于不同的文化背景，因此它们反映的也是不同特色的民族文化特征和内涵。

比如，在汉语熟语中表现积极活跃的“龙”和“虎”，在德语中却很少出现。在汉语成语中“龙”和“虎”常常连用，并构成对仗的结构，如“生龙活虎”“虎踞龙盘”“龙腾虎跃”“龙行虎步”“龙争虎斗”等，而这些词通常都是褒义的。“龙”“虎”在这里代表威武英勇或精力充沛。而在德语中，和虎相关的谚语或习惯用语一条都没有，究其原因，地理因素在这里起了决定性的作用。因为欧洲大陆上是没有老虎的，而中国恰好是华南虎、东北虎的故乡。“龙”的情况则更复杂些，虽然从字面上来看，“龙”和德语中的“Drache”是对应的，可其实这两个词的内涵上有很大的区别。它们的外形、作用乃至象征意义都有着很大的不同。中国龙有着蛇身、马面、牛眼、鹿角、鹰爪和鱼须，行如水波，能为百姓兴云作雨，滋润农田。它是华夏民族的图腾，也是皇权的象征。而西方的龙长似巨型蜥蜴，还有双翅长尾，常常口吐火焰，烧毁田园，它在西方人眼中是邪恶的象征。因此龙在中德文化中的意义可以说是天差地别。德语中有一句惯用语“Ich habe einen Drachen zu Hause”（我家里有一条龙），如果让没有学过德语的中国人猜，很多人会猜是指家里的小孩很有出息，已经长大成材的意思，因为汉语中有“望子成龙”这一成语，而不会想到这句德语里的“龙”其实是“泼妇”的意思。

又比如，中国人非常痛恨老鼠，这从“老鼠过街，人人喊打”上就可见一斑，所以汉语中有关鼠类的熟语几乎清一色是贬义词，如形容胆子小的“胆小如鼠”，形容目光短浅的“鼠目寸光”，比喻气量狭小的“鼠腹鸡肠”，比喻小偷小摸的“鼠窃狗盗”，形容鬼鬼祟祟的“贼头鼠脑”“贼眉鼠眼”，形容人相貌猥琐鄙俗的“獐头鼠目”，或者形容狼狈逃窜的“抱头鼠窜”等，真是数不胜数。而在德语中，老鼠却具有不同的感情色彩，如很多德国父母都会叫自己的小孩“meine süße kleine Maus”（我可爱的小老鼠），这对于中国人来说，第一次听见肯定会觉得难以接受。这其实是一种昵称，意为“我可爱的小宝贝”。其他德语中有关鼠类的熟语也大都为中性，如“Da beißt die Maus keinen Faden ab”（老鼠也不能从上面咬下一个线头），形容一件不能再更改的事情。

通过对“龙”“虎”“鼠”这几种动物在中德熟语中象征意义的比较，我们可以发现，这些动物在两种语言中的象征意义差别较大。究其原因，主要在于中德两国有着不同的文化传统，因此文化观察动物的角度并非完全一致。

### （二）时间观品鉴

作为深层次的文化价值观，中德两国不同的时间价值取向支配着中德两国人民文化的言语行为方式，我们能从中德两国人民的一言一行中，辨析他们的时间价值取向。中德在时间观上的差异主要体现在时间取向方面，是过去时间取向还是未来时间取向；还有时间范畴方面，是属于单向计时制还是多向计时制。



过去时间取向着眼于过去，认为过去的经验最为重要，强调经验、传统及智慧的传承。中国属于典型的过去时间取向，人们对过去怀有鲜明的崇敬，过去的经验可以拿来借鉴并用以解决现在出现的问题。人们尊重长者，因为他们有智慧有经验，做事喜欢引经据典，追本求源，因为这些都与过去有关。

从语言角度看中国人的时间观，我们用“老当益壮”“老骥伏枥”来称赞老者，称呼年龄较大的人时用“张老”“您老”，这都体现了中国人对老人的尊敬，把老人看作是智慧与权威的象征。中国人的过去时间取向与中国传承了几千年的农耕文化有关。中国地大物博，丰富的自然资源与温和的气候条件非常适合发展农业经济，而在农耕过程中，为了获得好的收成，老一辈的经验传承就显得非常重要。此外，中华民族有着引以为傲的五千年悠久璀璨的文明，因此中国人非常重视历史与传统的传承。再次，中国社会一直受儒家学说的影响。在中国传统社会，提倡尽孝顺从，敬老尊师，这也使得尊老敬老成为中国的传统美德。

而德国人注重未来，属于典型的未来时间取向。未来时间取向相信明天或未来的某一时刻是最重要的，人们完成当前的活动不是为了目前自身的利益和得到赞赏，而是为了未来可能获得的潜在利益。未来时间取向的文化中，人们不安于现状，希望通过个人奋斗，以实现自我的抱负。人们追求创新，强调快速变化和进步的理念。15世纪初，德国的宗教改革产生了新教，破除了形式上的繁文缛节，解放了人们的思想。此后的几百年间，德国在科学、艺术及哲学领域都取得了举世瞩目的成就，涌现了如数学家高斯，哲学家康德、尼采和黑格尔，作曲家贝多芬、巴赫和勃拉姆斯，物理学家开普勒和爱因斯坦等举足轻重的人物。可以说到目前为止，世界上还没有一个国家像德国这样拥有如此多的哲学家和科学巨匠。这些成就也与未来时间取向所倡导的创新、求变和不断进步紧密相关。

在德国文化中，时间是一条射线，始于过去，穿越现在，直奔未来。时间一去不复返。未来价值观折射的西方单向时间制文化把时间视作有形的珍贵物品，因而不能浪费时间，相反要节约时间。为此，人们讲究效率，尽量在截止日期到来之前完成任务，随后又紧锣密鼓地投入下一个行程，因而顾名思义为单向时间制，同一时间只做一件事情。在中国文化中，时间是旋转的年轮，周而复始，主张时间是流动的，但又是循环不已的，因此现在与过去有着千丝万缕的联系。在这种过去价值取向的映射下，多向时间制是中国人的应对时间的方式。中国人习惯于同一时间做多件事情，期限只是既定的目标，达不到也没关系。计划永远不如变化快，所以中国人处理时间的方式非常灵活，效率顺应“人和”，有了良好的工作环境和人际关系，任何事情便能迎刃而解。

随着中德之间国际交流的日益增多，两国人的文化、思想观念在不断碰撞下，各自原有的传统时间观也在悄悄发生着嬗变与融合。中国人现在更具契约精神了，为了适应快节奏的生活，也更擅长规划自己的时间安排了。德国人也打破了对中国人形成的刻板印象，以更加开放的心态来接纳中国人的时间观。这种文化的融合也使得我们的跨文化交际变得越来越顺畅。



## 练习题四

1. 填空题

（1）在德语中，和虎相关的谚语或习惯用语一条都没有，究其原因，________在这里起了决定性的作用。

（2）我们用“老当益壮”“老骥伏枥”来称赞老者，称呼年龄较大的人时用“张老”“您老”，这都体现了中国人对老人的尊敬，在时间观上是________价值取向。

（3）中国人习惯于同一时间做多件事情，这是________时间文化。

（4）德国人讲究效率，尽量在截止日期到来之前完成任务，随后又紧锣密鼓地投入下一个行程，同一时间只做一件事情，这在时间范畴方面，属于________时间文化。

（5）如果说语言是反映各族人民文化的镜子，那么语言中的熟语则更能反映各民族丰富的________。

2. 选择题

（1）“龙”在中德动物熟语中的象征意义差别不大。

A. 正确　　B. 错误

（2）“meine süße kleine Maus”（我可爱的小老鼠），这句话的感情色彩是褒义。

A. 正确　　B. 错误

（3）“Ich habe einen Drachen zu Hause”（我家里有一条龙），这句话的感情色彩是褒义。

A. 正确　　B. 错误

（4）中国人的过去时间取向与中国传承了几千年的农耕文化有关。

A. 正确　　B. 错误

（5）德国人注重未来，他们认为人们完成当前的活动不是为了目前自身的利益和得到赞赏，而是为了未来可能获得的潜在利益。

A. 正确　　B. 错误

3. 思考题

（1）请举例说明中德文化差异的具体表现。

（2）通过搜集资料，请你再列举 3~5 点有关中德语言和时间观方面差异的例子。



## 六、单元小项目

本单元我们从语言、时间观文化两个方面分析了德国语言文化之美，并分别对这两个方面进行了中德文化差异品鉴。请你根据本单元所讲内容，总结一下中德文化差异的具体表现，并以小组为单位，通过课件讲演形式在班级做汇报。

**【拓展阅读】**

### 1972 年，中德建交背后的故事

2022 年是中德两国建交 50 周年，现在让我们一起将目光转向 50 年前，看看发生在 1972 年中德建交背后的故事。

“中华人民共和国政府和德意志联邦共和国政府于一九七二年十月十一日决定建立外交关系并在短期内互派大使。”1972 年 10 月 11 日上午，中国外交部部长姬鹏飞与联邦德国外交部部长瓦尔特·谢尔在北京正式签署了上述中德建交公报。当天晚上，在人民大会堂举行了欢迎酒会，乐队演奏了德国音乐家贝多芬的《欢乐颂》，这是 1966 年以来在人民大会堂第一次响起西方乐曲。中德建交的新闻，成了第二天各国报刊的头条消

息。

这个只有一句话的建交公报拉开了中国与一个西欧大国正常关系的序幕。但为了这一句话，中德双方在四十多天内进行了八轮谈判，而通向中德建交的道路，则更是曲折复杂。

1972 年 8 月 17 日上午，时任中国驻东德使馆二秘兼新闻专员的梅兆荣偕一名机要员和一名报务员，带着四百多斤的收发报设备，乘坐一辆大众牌面包车悄悄地穿过东西柏林之间的查理检查站，前往西柏林机场。在机场候机室，梅兆荣拿着一张当天的《每日镜报》（*Der Tagesspiegel*），与一个西装笔挺、戴着礼帽、拄着文明棍，拿着同样报纸的德国小老头接上了头。

在这位西德外交部官员的陪同下，梅兆荣一行飞抵科隆，然后乘车前往联邦德国临时首都波恩，三个人挤住在新华社驻波恩分社的一座三层小楼里，报务员当天下午从商店里买了两根竹竿架起天线，当晚六点便和北京建立了通讯联系。第二天，中国和西德的建交谈判正式开始。中方谈判代表是新华社驻波恩分社首席记者王殊，梅兆荣作为王殊的助手，是中方代表团里唯一的外交官。

这段故事现在听起来有些不可思议，却是当时的实际情况。第二次世界大战后，作为以美国为首的西方阵营的一员，联邦德国当时并不承认中华人民共和国。1955 年，联邦德国获得完全主权并与苏联实现关系正常化后，周恩来总理曾发出信号，表示中国愿与联邦德国建交，但是联邦德国方面未作出回应。1964 年，联邦德国政府开始与中国驻瑞士使馆进行参赞级接触，但时任联邦总理的艾哈德屈服于美国压力，在访美期间发表声明称，联邦德国无意与中国签订贸易协定或建立外交关系，使第一次接触夭折。1969 年勃兰特上台后，推行同苏联及东欧国家改善关系的“新东方政策”。当时中苏关系紧张，勃兰特由于担心得罪苏联，会影响其“新东方政策”，便决定“先苏后华”，要在“东方条约”签订之后才同中国建交。但当时在野的基民盟却通过决议，要求联邦政府和中国尽快建立外交关系，不必考虑苏联的态度。时任联邦议院外交委员会主席的基民盟领导成员之一施罗德（Gerhard Schröder，跟后来的社民党总理施罗德重名）宣布要访问中国。当时毛主席有指示，为打开外交局面，东边要争取与日本邦交正常化，西边要争取与联邦德国建立外交关系。由于施罗德是反对党人士，遂由中国人民外交学会邀请施罗德于 1972 年 7 月 14 日到 28 日访问中国。

施罗德访华期间受到周总理接见并同乔冠华副外长进行了工作会谈。施罗德向中方表示：中德建交的时机已经成熟。第一是美国的对华态度已发生变化；第二是“东方条约”已经签订批准，苏联不再成为中德建交的障碍；第三是联邦德国和民主德国 1973 年将申请加入联合国，需要已恢复联合国安理会常任理事国合法席位的中国支持。谢尔外长愿意随时来中国谈建交事宜，勃兰特也赞成两国建交，但他不愿意成为“请求者”，主张先由两国驻第三国外交代表商谈。

当时，新华社驻波恩分社是中国在联邦德国的唯一代表机构。王殊作为首席记者为两国建交做了大量联络工作。7 月 22 日，王殊被紧急召回北京并受到毛主席接见。后来王殊被任命为中方代表主持中国和联邦德国建交谈判。

1972年8月18日上午，中国与联邦德国的建交谈判在波恩外交部会议室开始。由于首任总理阿登纳的远见卓识，联邦德国从未承认过台湾，亦未与台湾建立官方关系，实际上坚持了“一个中国”的原则。双方确认了这一实际状况，谈判中不像其他国家那样，必须首先承认中华人民共和国政府是代表全中国人民的唯一合法政府。但在谈判开始后不久，出现了德方提出的与“德国问题”相关的西柏林地位问题，使谈判持续了较长时间。

所谓西柏林地位问题，就是西柏林及其公民对外由谁代表。对此，当时西方三个占领国和苏联以及民主德国与联邦德国之间存在错综复杂而微妙的分歧。德方要中方确认西柏林及其公民对外由联邦德国政府代表，并且希望签个书面文件。中方鉴于国际上对西柏林地位有争议，包括西方三个占领国也不承认西柏林是联邦德国的“宪法组成部分”，自然也不能在法律上承认，但表示中国在具体问题上将按照实际存在的状况处理。对中方的这个表态，德方原则上表示“满意”，但仍要求签个书面文件，以便向议会交代。中方不同意。最后达成的妥协是：在草签公报时，德方宣读中方在谈判中口头表达的立场，中方不予反驳。当然，宣读的措辞事先经中方认可。

谈判过程中，还出现了一个插曲。联邦德国外交部的翻译处长向梅兆荣提出，中方将联邦德国国名“Bundesrepublik Deutschland”翻译成“德意志联邦共和国”有问题，因为在德文里“Deutschland”是名词，而德意志是形容词，故“正确译法”应是“德国联邦共和国”，否则，从中文再译过来便成了“Deutsche Bundesrepublik”，德方还从汉堡请来一个汉学家作顾问。这个问题的提出，既说明德方对中国语言欠缺了解，同时也和当时东西德之前围绕德国问题的争论有关。梅兆荣不同意德方意见，并做了明确解释，指出：第一，“德意志联邦共和国”这个译法是完全正确的，已经用了很多年了，其正确性是公认的；第二，德文 Deutschland 可以译为“德国”，也可以译为“德意志”，“德意志”并非形容词。第三，要考虑中国语言的特点和规律，中文国名中不能出现两个“国”字。比如“美利坚合众国”“中华人民共和国”，如用“美国合众国”或“中国人民共和国”将不符合中国语言规则。这位翻译处长似乎感到梅兆荣的解释有道理，便提出另一个方案，说：中国把“Poland”“Finland”和“Ireland”翻译成“波兰”“芬兰”和“爱尔兰”，是否可将“Bundesrepublik Deutschland”译为“德意志兰联邦共和国”？梅兆荣感到德方的建议可笑而荒唐，便说，这样一来，世界上不就出现了第三个德国？之后，梅兆荣向德国外交部东亚处长进一步作了全面阐述，并坚决表示不能同意德方提出的两个“方案”。之后，德方代表在正式谈判时明确表示，基于梅先生的解释，德方放弃修改联邦德国国名中文译法的意见，但希望中方今后在正式文件中，提到联邦德国时按照德国《基本法》的规定书写。

9月25日，中德双方就剩下的具体问题取得一致。9月29日，王殊代表中国政府与德方代表外交部政治司司长冯·史诺登草签了只有一句话的两国建交公报。建交谈判结束后，谢尔外长应姬鹏飞外长邀请于10月11日至15日访问北京。

从那时以来，中德关系已过去了 50 个年头，在此期间中德关系虽不乏波折，但在双方共同努力下，总体上是不断向前发展的，合作共赢是主流，两国关系的广度和深度在中欧关系中起着引领作用。

## 第六单元　参考文献


[1] 陈忱，朱建华. 中德熟语中动物象征意义的比较[J]. 德国研究，2004，（4）：68-72.

[2] 桂乾元. 千姿百态看德国：国情篇[M]. 上海：上海译文出版社，2019.

[3] 李文红，于芳. 中德政治文化比较研究[J]. 学术交流，2013，（233）：50-55.

[4] 王翎芳. 遇见德国[M]. 上海：化学工业出版社，2008.

[5] 温莉. 中西时间观之比较[J]. 考试周刊，2009，（16）：47-48.

[6] 杨建培. 德国人时间观的文化解析[J]. 河南广播电视大学学报，2014-7（27）.

[7] 范丁梁. 德语：现代德意志国家的基石[EB/OL]. [2021-8-26]. https://mp.weixin. qq.com/s/XvCBbLu8QG3z2FW9LFDc2A.

[8] 蒋琪. 德国的政治制度介绍[EB/OL]. [2021-8-29]. https://mp.weixin.qq.com/s/ swYDwHgcYQ-jFmUsf_gAqA.

[9] 中华人民共和国外交部. 德国国家概况[EB/OL].（2022-06-01）[2022-09-21]. https://www.mfa.gov.cn/web/gjhdq_676201/gj_676203/oz_678770/1206_679086/1206x0_679088/.

[10] 周报君. 1972 年，中德建交背后的故事[EB/OL]. [2017-10-11]. https://mp.weixin. qq.com/s/vGwWP1oyDU2EWlfvY2ODbg.

# 第七单元 法国语言文化之美

## 学习目标

（1）知识目标：能够掌握法国文化相关的语言表达，了解法国的典型文化特征。

（2）能力目标：能够灵活运用法国文化相关的语言表达和相关知识，分析法国文化的深层表征，能够比较我国茶文化和法国咖啡文化的差异性。能够对法国典型文化相关事件进行理性评价，增强学生对世界文化相关事件的理解、判断、分析、推理、综合和论证的能力。

（3）美育目标：能够品味世界文化之美，珍惜身边的美好。能够树立积极、正确的审美标准。

（4）思政目标：能够更加深刻地体会到家国情怀，坚定文化自信，树立正确的人生观、世界观。

## 一、单元导入

随着全球化的不断推进，中西方之间的交流合作日益加深。中国和法国两国间的文化交流源远流长。提到法国，你会联想到什么？是标志性建筑埃菲尔铁塔、卢浮宫、凯旋门，旅游胜地普罗旺斯的薰衣草田、尼斯的蔚蓝海岸，还是波尔多的葡萄酒、格拉斯的香水、戛纳的电影节，抑或是曾经出现在中学历史课本中的法国启蒙运动、以“攻占巴士底狱”为开始标志的法国大革命？本单元中，我们将和大家一起走进法语及法国文化，与此同时，我们会一起比较、鉴赏中法两国极具代表性的文化——茶文化与咖啡文化——的异同，培养同学们多国语言文化基础上跨文化交际的意识和能力，培养国际视野和批判性思维，提升文化自觉和文化自信，强化人文素养和家国情怀，引导外语专业学习者更好地向世界传达中国声音，为世界讲好中国故事。

在正式开始本单元的学习之前，让我们通过阅读节选自吴国庆《列国志·法国》（2019年第4版）一书中的文段，一起来简要了解法国概况。

## （一）国土面积

法兰西共和国（英语：The Republic of France，法语：La République Française），简称“法兰西”或“法国”（la France）。国名来源于古代的法兰克王国名——Frank，它在日耳曼语中原义为“自由的”“勇敢的”。今之 la France 是从拉丁文 francia 演变而来的。

法国位于欧洲大陆西部，面积为 551 602 平方千米[包括科西嘉岛（Corse）和沿海岛屿，但不包括海外省（Départements d'Outre-Mer，简称 DOM）和海外领地（Territoires d'Outre-Mer，简称 TOM）]，占欧洲大陆面积的 5%，是西欧最大的国家，在欧洲仅次于俄罗斯和乌克兰位居第 3 位，世界排名 40 余位。

## （二）地理位置

法国最北端在敦刻尔克（Dunkerque）东北角，处于北纬 51°50'；最南端在比利牛斯山脉（Pyrénées）东南，处于北纬 42°20'，科西嘉岛最南端处于 41°20'；最东端在阿尔萨斯（Alsace）东北角，处于东经 8°18'；最西端在布列塔尼半岛（Bretagne）最西头，处于西经 4°42'。法国领土除了地中海（mer Méditerranée）中的科西嘉岛外，大致呈六边形：三面临海，三面靠陆。东南临地中海，西濒比斯开湾 [golfe de Gascogne（Biscaye）] 和大西洋（océan Atlantique），西北隔拉芒什海峡（La Manche）和加来海峡（Pas de Calais）与英国相望，正北面向北海（mer du Nord）。在陆地上，东北部紧靠比利时、卢森堡和德国，东部与瑞士、意大利和摩纳哥相邻，南部与西班牙和安道尔接壤。法国本土东西南北之间的距离大体上都在 1 000 千米左右，布局比较均匀。例如，从最北部的敦刻尔克到最南部的卡尼古（Canigou）或从最西部的韦桑岛（île d'Ouessant）到东部的斯特拉斯堡（Strasbourg）的距离大体上都是 950 千米。从西北部的布雷斯特（Brest）到东南部的芒通（Menton）是 1 050 千米。从西南部的昂代（Hendaye）到东北部的洛泰堡（Lauterbourg）则是 1 000 千米。总之，法国本土没有一个地方距离海岸的直线距离超过 500 千米。正因为法国本土的边疆在地图上呈现出优美的和比较对称的六边形，所以法国常常被称为“六角国”或者“六边形”。

法国国境线全长 5 500 千米，其中海岸线长约 3 300 千米，在西欧国家中首屈一指；陆地边界中约 1 000 千米沿山脉走向，并且一般是以山顶线为界，如比利牛斯山脉和阿尔卑斯山脉（Alpes）等；195 千米则是以莱茵河（Rhin）的左岸为界。但是，法国北部的边界则不是依据任何自然地理的因素，而是与邻国共同达成协议而划分，切断了从摩泽尔河（Moselle）至伊泽尔河（Isère）之间的很多河流及其流域。法国领土除了法国本土外，还有沿海诸岛屿，其中地中海的科西嘉岛最大，面积为 8 680 平方千米。此外，沿着大西洋海岸线星罗棋布地分布着众多的岛屿，如韦桑岛、贝勒岛（Belle-Île）、努瓦尔穆捷岛（île de Noirmoutier）、约岛（île d'Yeu）、雷岛（île de Ré）和奥莱龙岛（île d'Oléron）等，大大小小岛屿总共有 150 多个。

法国可谓是地球北半球的“中心枢纽”，它是世界各国、各大洲和各个地区的空中交通枢纽和中转站，是从陆路通往欧洲其他国家、南欧和西北欧的重要桥梁。法国首都巴黎（Paris）与欧洲联盟总部所在地布鲁塞尔相距仅300千米，与英国伦敦仅有350千米，与德国柏林相距约400千米。法国与东欧国家的距离也不算远。自巴黎到捷克的路程不过是巴黎到法国南部海滨城市尼斯（Nice）的距离。巴黎至俄罗斯首都莫斯科也只有3 000千米。正因为如此，法国人常常把自己的国家称为西欧和欧洲联盟的中心。在西欧诸国中，只有法国成为大西洋、北海和地中海之间的桥梁，充当西欧和北半球通向北美、非洲和南半球的快捷通道。

### （三）国歌

法兰西第五共和国宪法第二条规定，国歌是《马赛曲》（*Marseillaise*）。

《马赛曲》又译作《马赛进行曲》，原名《莱茵军团战歌》（*Chant de guerre de l'Armée du Rhin*），由多才多艺的青年军官克洛德·约瑟夫·鲁热·德·利勒（Claude Joseph Rouget de Lisle）上尉在1792年4月25日晚作于当时斯特拉斯堡市长家中，并于4月29日在当地的军械广场组织演唱，大受欢迎。同年6月下旬，马赛志愿军前赴巴黎时沿途高唱这支歌曲。同年8月10日，巴黎人民武装起义中，马赛义勇军又高唱这支歌冲进了王宫。从此，风行全法国，被革命军民到处传唱。由于这支歌是由马赛义勇军带到巴黎的，所以被称为“马赛曲”。

《马赛曲》由于鼓舞人民为保卫祖国而战，发挥了巨大的团结、教育和战斗的作用，成为自由和民主之歌的代名词，因而被法兰西第一共和国于1795年定为法国国歌，并沿用至今。

### （四）国花

法国是一个鲜花之国，首都巴黎有“花都”的美誉。法国国花是鸢尾科的“香根鸢尾”（Iris pallida），它体大花美，婀娜多姿。鸢尾花只有三枚花瓣，向上翘起；外围的另外三瓣乃是保护花蕾的萼片，向下翻卷。另有一些鸢尾的花心深处还长有三枚由雌蕊变成的长舌形瓣儿。鸢尾花大而美，花朵既像起舞的彩蝶，又似翩飞的隼鹰。法国人用鸢尾花表示光明和自由，象征民族纯洁、庄严和光明磊落。

### （五）国鸟

法国的国鸟是“公鸡”。公鸡除了有观赏和经济价值外，还有报时的本领，所以自古以来受到法国人的喜爱。另外，公鸡勇敢、顽强的性格也受到法国人的青睐。直到今天，法国人仍以“高卢雄鸡”代表法国而自豪。

## （六）国石

法国国石是“珍珠”。珍珠属非矿物质，具有光泽柔和与洁净美丽的外表，通常被视为圣洁和高雅的象征。

## （七）绰号

法国有个绰号叫“玛丽安娜”(Marianne)，漫画中常以戴一顶弗里吉亚三色帽(Bonnet phrygien）的女人来象征。其实，玛丽安娜（1536—1624）是西班牙的一位作家。法国一位名叫弗朗索瓦·拉瓦亚克（François Ravaillac）的人受到玛丽安娜著作的启发，在1610 年刺死了法王亨利四世（Henri Ⅳ)。19 世纪中叶，法国共和党人的一个秘密团体即以“玛丽安娜”为名，从事推翻帝制和建立共和国的斗争。此后，“玛丽安娜”成为法兰西共和国的绰号和象征。第二次世界大战后，法国政府时常选出为共和国做出贡献的女名人作为玛丽安娜的模特，以表彰她们为法兰西民族赢得的荣誉。国家将依照她们的外形制作出能够代表国家的塑像、邮票、硬币。法国政府还不断地更新玛丽安娜的形象，令她始终保持着清新、靓丽的外表。法国市长联合会已经于 2012 年选出法国电影女明星、曾有“法兰西第一美人”之称的苏菲·玛索（Sophie Marceau）作为玛丽安娜的新形象和代名词。2013 年，法国新版邮票中的玛丽安娜具有“国际性的和超越时间的元素。她的双手具有文艺复兴时期特有的现实主义和高雅，她的双眼是当代法国连环画、20 世纪 80 年代亚洲动漫和 50 年代美国动画片的现实主义的混合物”，她使法兰西共和国女神更年轻。



# 二、世界多彩语言之美

法语（Français）属于印欧语系罗曼语族。“法语文字属于表音文字，文字由标音字母组成，字母的组成与发音有关，根据不同的字母组合，可以直接读出文字的读音。”语言是文化的载体，首先让我们通过阅读节选自白露《法语的历史变迁与法国语言政策》一文中的段落，一起来了解“法语的历史变迁”：

9—14 世纪为古法语时期，这段时期所讲的古法语具有的构词特色与之前的拉丁语截然不同。从 13 世纪到 14 世纪，法语经历一项构词变化，即双变格为系统转为如今法文形容词和名词的格位体系。13 世纪，卡佩王朝为了加强王权统治，需要解决语言的标准化问题。当巴黎逐渐成为全国政治和文化的中心，法兰西岛方言的地位超越其他方言，逐渐成为民族共同语，由此便产生标准古法语。古法语真正用于官方文书始于 13 世纪初，法语的民族性地位因而得以巩固。到 15 世纪，虽然仍受外来语的影响，但法语在构词和句法方面已逐步呈现现在的光景。当时的皇室逐渐集中掌权，因此以法兰西方言为基础的宫廷方言排挤其他方言。16 世纪，文学团体“七星诗社”最早提出统一民族语言的主张，促进了法国民族语言和民族文学的发展。这种主张回应了那个时代法语在政治、司法及文学等领域所处地位的要求。1539 年，法国国王弗朗索瓦一世颁布敕令，规定今后的公证文书及法庭判决必须使用法语，这标志着法语正式取代拉丁文，真正成为法兰西全民族的语言。

1635 年，法国以规范语言使用为宗旨，创立了法兰西学院（l’Académie française）。自此，法语比其他欧洲语言要遵守更多标准，再通过法国语言学家和法兰西学院院士们的雕琢，法语变得更严谨而精确，法语便当之无愧成为欧洲文化交流和宣传启蒙思想的最佳工具。在宫廷、科学院、文学沙龙中，政治家、学者和上流社会人士都以讲法语为荣。由于法国在军事、政治和经济方面的巨大影响力，使得欧洲各国君主也都乐于同讲法语的人交流合作。在 17 世纪末，法语取代拉丁语，成为国际外交语言。

吴国庆在《列国志 · 法国》（2019 年第 4 版）一书中对法语进行了这样的描述：

18 世纪以来，法语随着法国在世界上影响的扩大而成为一种国际交流的语言工具。尤其在欧洲各国的上流社会和外交界，法语成为时髦的和高尚的语言，不讲法语似乎有失贵族身份和风度。直到 20 世纪初，法语仍然保持相当的影响力，尤其是在联合国成为工作语言之一，同时也是国际条约和协定使用的标准文字。目前，法语除了法国本土和海外省、海外领地使用外，原法属殖民地的非洲国家仍然以法语为官方语言。还有一部分比利时人、瑞士人、加拿大人也使用法语。在亚洲，越南、柬埔寨和老挝也有一部分人使用法语。

法语是比较优美的语言，语音上没有重读的音节，讲话快和平稳，柔美动听；文字具有严谨、可靠、规范和明晰的特点。但是，法语的语法比较复杂。动词需要变位还要分时态，在作为谓语时动词跟随主语变动。名词和形容词有阳性和阴性之分，还有单数和复数之别。名词之前还有冠词，也分为阳性、阴性、单数和复数。在发音方面，有小舌音，圆唇音多。法国人热爱自己的语言，很高兴使用本民族的语言与朋友和外国人交谈。如果外国人用英语而不用法语与法国朋友交流，甚至会引起对方的反感，导致双方的尴尬和不愉快。

法国出台了一整套法语保护性政策与措施。1994 年 8 月法国议会通过的《法语使用法》（又称《杜邦法》）规定，禁止在公告、广告中，在电台、电视台播送节目中使用外语（外语节目除外）。2004 年，法国政府禁止政府各部、官方文件、出版物或网站使用“E-mail”一词。上述政策与措施，都是为了捍卫法语的纯洁性。

法国的少数民族除了讲法语外，还有本民族的语言文字，如阿尔萨斯族讲德语的一种方言，巴斯克族讲不属于印欧语系的巴斯克语，弗拉芒族讲弗拉芒语，科西嘉族讲意大利语的一种方言。布列塔尼地区有近 100 万人讲布列塔尼语言，他们有自己的文化，出版自己的报刊。

由于法国采取了一系列语言保护的政策及措施，也基于语言本身的历史地位和文化积淀，经过不断的发展演变，法语在国际舞台上依然发挥着举足轻重的作用，让我们通过阅读节选自许静荣《法国语言政策研究》一书中的文段，一起来了解“法语特殊的语言地位”：

法语对自身各种维度的评估非常全面，每年官方公布的各种数据是对法语发展状况的最好说明。按照使用的人数，法语是世界第五大语言，排在汉语、英语、西班牙语和阿拉伯语（或印地语）之后，根据 2014 年“法语国家组织”（l’Organisation Internationale de la Francophonie，l’OIF）的官方统计，全球有 102 个国家和地区的近 2.74 亿人使用法语，其中 2.72 亿人把法语作为母语或日常生活语言。此外，法语还是世界第三大商业贸易语言、世界第二大媒体信息语言、国际组织第二大工作语言和第二大作为外语学习的语言。

从共时层面来说，法语不仅仅是法国的语言，它的特殊性表现在它更是一种世界性的语言。法语国家组织是 20 世纪 60 年代，法国总统戴高乐为应对第二次世界大战后法语地位日渐下降，世界影响力逐渐式微而提出并建立的一个国际性组织，是世界“所有说法语的人的共同体”。1970 年，21 个法语国家在尼日尔首都尼亚美召开的会议上签署了成立文化技术合作局宪章（l’Agence de Coopération Culturelle et Technique，l’ACCT），这标志着法语国家组织的成立。首届“法语国家首脑会议”于 1986 年召开。此后基本上每两年举行一次首脑峰会。多年来，法语国家组织已经从一个松散的组织发展成一个多功能的、全面的国际组织。截至 2019 年，该组织已经有 54 个正式成员国、27 个观察员国家、7 个准成员国。这个世界性的组织使法语关涉了世界人口的 14%，世界商业总量的 20%（l’OIF，2014）。

与其他世界性的语言（比如英语、西班牙语）不同的是，在法语圈中，法国是该语言的绝对主导者，它不但在国内不断丰富、优化法语，还积极与加拿大、比利时等几个重要的法语国家共同制定法语在世界的使用标准，规划法语在世界各功能领域的地位与作用，并把法语作为法国文化外交政策的载体，传播以法语为基础的文化思想、价值观和生活方式。目前来看，这种用语言嫁接文化价值的规划取得了成效，1972 至 2017 年，法语国家组织的规模不断扩大，从最初的 21 个国家增长至 54 个，而且越来越多的非法语国家不断加入，2017 年最新获得批准加入法语国家组织的是韩国。除了被越来越多的国家看重，法语国家组织也逐渐被许多正式的国际组织相中，比如联合国已经将其设为观察员，让其参与众多国际事务的讨论。此外，该组织已不再把法语国家、地区之间加强语言、文化、科技的交流和合作作为唯一重点，而是将法语国家内部乃至世界其他任何国家的经济、政治、民主、人权、地区安全等领域都列为关注的主题，该组织的多元性功能已在国际社会充分展现（卢暄，2015）。由此可见，由法语所代表的国际话语权权重比很多使用人数更多的语种更重，法语的国际话语权无疑拥有特殊的研究价值。我们认为，这种特殊性正是来源于法国积极的语言政策规划，赋予了法语杰出的话语功能。

正如宁继鸣（2017）所说，国际话语权作为国家软实力，并不是国家所自然享有的，而是通过主动塑造和国际竞争获得的，其决定着对国际舆论的影响力，决定着一国主导国际事务的权力。

从历时层面来说，法语也不仅仅是今天全球化背景下的法语。它从一个法兰西岛的地方性语言成长为民族国家共同语，又经历了第一次殖民时期（16世纪初至1815年）和第二次殖民时期（1830年至第二次世界大战结束）的全球语言实践，成为洲际乃至世界性的语言。然而，随着全球化影响的日益深远，一方面，英语成为真正意义上的全球通用语，语言同质化的趋势明显，法语文化圈日渐衰微；另一方面，全球化带来的知识、信息、人才的流动，导致了多语环境和多语主义的价值观。法国从单一语言、单一民族、单一国家的传统中逐渐调整语言政策的规划方向，率先竖起文化多样性的大旗，力求保护语言的多样性，并积极推行多语主义的语言价值观，希冀改变世界语言同质化的趋势，促进新的世界语言格局的形成。

2012年，法国驻中国特命全权大使白林在第一届“中法语言政策与规划比较研究国际研讨会”上说：“全球化进程影响着语言的发展。每个国家也许都需要考虑采取哪些公共政策和行动以应对语言的演变。这些演变或许传达着现代化的气息，或许看上去正在对语言文化遗产的完整性和纯正性构成威胁。对语言是否应加以保护？对演变中的语言用法是否应加以监控？如何面对现代化进程对法语的影响？如何促进法语及文化的推广，但同时又恪守历史的要求？”由此，我们不难看出，法国在积极运用公共政策和行动对法语的守成和创新进行着战略规划，这具有借鉴意义。



语言是文化的一部分，自身亦承载着文化，法语在不断的演变、守成、创新与发展中书写着法语国家和地区的历史与文化。接下来，让我们通过阅读节选自曹丹丹《透过10个词，走进法兰西文化》一文中的段落，一起来感受和领略法语语言文字背后隐藏和传递的文化信息：

1. BCBG——光鲜亮丽

BCBG（Bon Chic Bon Genre）是1984年由法国一位专栏作家所创，最早流行于里昂地区，指的是时髦的穿着和优雅的举止。bon genre指的是良好的气质、举止，chic则是一切漂亮、优雅、时尚的代名词。法国人常用“C'est chic!”来表达无限赞许之情，包含对一切有品位的风格、风范的夸奖。现如今，BCBG已渗透在时装界、文艺界等各行各业，俨然成为法兰西的风尚标杆。

2. Bon appétit——请慢用

不知是举世闻名的法国餐饮让这句饭前祝词随之风靡世界，还是“附庸风雅”的法语让它的饮食横扫全球，饭前的一句“Bon appétit”（请慢用）已经成为高档场合宾客的标准用语。bon意为“好的”，appétit来源于拉丁语，意为“渴望”，后转意为“胃口”。所以这一短语实际是最质朴的祝福——“好胃口”。法文占据了餐厨用语的天下，从“冷盘”( hors d’œuvre )、“主菜”( plat principal )、“沙拉”( salade ), 到 “餐后甜点”( dessert ), 皆是全盘借用法文。

从 17 世纪起，巴黎就已成为欧洲美食的大都会，世界各地的佳肴珍品在此交换集散。也因此，法国人极其重视餐饮，并视其为一种文化。他们认为食物不仅仅是果腹的物质食粮，更应该上升为精神的享受。法国人认为餐桌是文化交流的理想地，因此他们平均每餐在餐桌上花费数小时也就不足为奇了。不懂法式餐饮礼仪，不懂法国餐桌文化，恐怕是很难与法国人打交道的。

3. C’est la vie! ——这就是生活!

生活究竟是怎样的? 恐怕一千个人心中会有一千种答案，也许一句“C’est la vie!”(这就是生活!) 就是最妙的回答。它足以代表法国的民族特性，无论何种场合、何种境遇，只要将它说出口，所有关于法国、法国人的意旨便只可意会不可言传地显现出来：乐天、知命、通透、达观，在认清了生活的本质之后，依然热爱生活；自信、自足、激情、投入，懂得珍视生命中的点滴美好，懂得活在当下。无论身处生活的哪段路程，一句“这就是生活”便是法式哲学最好的体现。

4. Déjà vu——似曾相识

Déjà vu 字面意思为“已经见过”，也译为“既视感”。最早被法国文学家罗曼·罗兰使用，表达“司空见惯，毫无新意的事物”，如今更多地被使用在心理学领域，用来表达“似曾相识”的感觉，即在现实环境中突然感觉到自己曾经历过的某一画面。许多人都在不同时空境遇中有过这种“似曾相识”的经历。这种心理被广泛使用在绘画、音乐、摄影、电影中，与法国存在主义文学更是有着密不可分的联系。存在主义文学寓高度哲理性于文学作品之中，不求情节的复杂性和曲折性，着重对主人公的精神状态展开哲理性分析，其中充斥着大量意识流的场景描写，主人公在不同场合都会反复出现似曾相识的感觉，这点在普鲁斯特的《追忆似水年华》中就有着大量的体现。



5. Encore——安可

Encore 来自拉丁文，意为“仍然”，而后转译为“再、又”。如今，在法国表演艺术界，临场、即兴等演出场合，都能听到观众热情的“encore”呼唤声，要求“再来一个”，表达人们的赞赏之情。追溯其起源，它是 17 世纪剧院的专门用语。那个时候上流社会普遍说法语，一曲闭幕，观众便会大喊“再一次”来表达意犹未尽之意。短促响亮的节奏声便沿袭至今，作为加演前约定俗成的暗语。法国音乐、歌剧、戏剧等舞台艺术的悠久历史、灿烂成果，法国文化生活的缤纷多彩，造就了法国人极高的审美能力和艺术鉴赏能力。

6. Oh là là——哎哟喂

Oh là là 是法语中极具感情色彩的地道用语，其他语言中很难找出准确的对应词，中文勉强对应为“哎哟喂/天啊”。它是每个初学法语的人印象最为深刻的用语之一，因为它的使用语境极为丰富、多变。它的音乐性极强，可以视不同情况依据不同的语调表达惊讶、惊喜、失望、警告、不满、愤怒等多种情绪。一句 Oh là là，便可让不熟悉法兰西文化的外国人云里雾里揣摩一番，反之若能入乡随俗，对其运用自如，便足以让法国人视你为同道中人。

7. Oui，mais...——是的，不过……

法语被视为世界上最精准、最讲究的语言之一，法语的修辞、文法无不彰显着高卢民族特有的逻辑风格。法国人的好辩世人皆知，但他们辩论的目的并不是争出个对错是非，而是通过这一交流方式，充分表达自我。“Oui，mais...”（是的，不过……）便成为法式交谈的基本套式。法国人以彰显自我主张为荣，所以对话过程中常常出现打断对方的情况，这并非表示不礼貌，反而是交谈者充分关注对方、对话题感兴趣而积极介入的表现。你可以充分肯定对方的言辞，说出“oui”（是的），但随即用“mais”（不过）表达自我不同的观点主张，这一承一转之间无不显露了法国人高超的谈话艺术以及法兰西文化含蓄的一面。

8. Quatre-vingt-dix-neuf——99

坊间曾经流传过一个关于法国数字的笑话：一个国际竞赛，抢答的题目是“4 乘以 20 加上 19 等于几”，法国队毫无悬念地第一个回答成功，并不是因为法国人拥有超乎常人的运算技巧，而是因为法语中数字“99”就是用“4 乘以 20 加上 19”来表达的！

笑声过后，不禁让人们对法语的数字多加留意。法语中有许多复合数字，比如 70（“60+10”），80（“4×20”），90（“4×20+10”），直至最为冗长的 99（“4×20+19”）。法国人对其语言中繁冗拖沓之处不仅丝毫不以为然，没有修改的意向，反而频频颁布国家法典用以维护法语的纯洁性。由此可见法国人在保护、发扬其文化方面的自信、执着和决心。

9. Rive gauche——左岸

塞纳河贯穿巴黎市中心，以河为界，北面为右岸，南面为左岸。左岸地区，也称为拉丁区，它源于 14 世纪，因巴黎索邦大学等众多高等学府于此建立，师生皆以拉丁语交流而命名。左岸地区各式各样的咖啡馆林立，以高等知识分子为主体的中产阶级在此高谈阔论、针砭时弊，使得拉丁区成为当时法国人文思潮的聚集地，法国人文主义哲学思潮在此地得到宣扬传播，使之充满了浓郁的人文风情。与之相对比的是塞纳河右岸，遍布着王室及达官贵族用于挥霍金钱的商业大街。

巴黎左岸曾经成为多少人的灵魂居所：萨特和波伏娃在这里成了一辈子的灵魂伴侣；伏尔泰在这里奋笔抨击社会顽疾；雪莱、达·芬奇在这里勾勒了艺术的遗迹。如今的左岸地区仍汇集着数不胜数的艺术家、流浪者、知识分子，它也依旧是法兰西精神和文化的高地，早已超越了地理范畴的意义，成为一切拥有文学艺术追求者的灯塔，以及优雅浪漫和人文精神的代名词。左岸文化于世界而言，几乎成为一种流行的概念，彰显着法式生活和法兰西文化意识形态的强烈意涵。

10. Vin——葡萄酒

法国葡萄酒的酿造历史可追溯到罗马帝国时期。得益于良好的气候条件，除个别省份，法国全国皆产高质量的葡萄，拥有 13 个产酒区域及多个顶级酒庄，出产世界顶级好酒，更是世界排名第一的葡萄酒消费市场。法国很早就拥有一套严格的葡萄酒品管办法及分级制度，此外还会标注葡萄酒质量等级。法国对葡萄酒的评鉴管理极其严格，从而保证了其在世界葡萄酒市场中头把交椅的地位。

法国的葡萄酒文化是伴随着法国的历史与文明成长发展起来的。葡萄酒文化已渗透到法国人的政治、文化、艺术及生活的各个层面。在伏尔泰的小说中，我们会读到这样的句子："克拉里·艾黎克斯亲手倒出泡沫浓浓的阿伊葡萄酒，用力弹出的瓶塞如闪电般划过，飞上屋顶，引起了满堂的欢声笑语。清澈的泡沫闪烁，这是法兰西亮丽的形象。"品味一顿丰盛的法国大餐，啜饮一杯葡萄酒，早已超越了"吃"的含义，代表着一种礼仪、品味、浪漫及精致的享受。法国葡萄酒文化也影响着全世界人的生活方式与文化情趣。

正如曹丹丹在文章的最后提到的那样；"每个词语，都是法兰西文化的一个关键词，更是一把锁、一扇窗，带领我们领略其背后的法兰西生活史、文化史，发现法国人生活的本质。"



## 练习题一

1. 填空题

（1）法语（français）属于________语系。

（2）16 世纪，法国最早提出统一民族语言主张的文学团体是________。

（3）1539 年，________标志着法语正式取代拉丁文，真正成为法兰西全民族的语言。

（4）法兰西学院（l'Académie française）成立于________年。

（5）法语是世界第________大商业贸易语言、世界第________大媒体信息语言、国际组织第________大工作语言。

2. 选择题

（1）法语文字属于______。

A. 象形文字　　B. 表意文字　　C. 表音文字　　D.会意字

（2）下列表述正确的是______。

A. "法语国家组织"只允许法语国家加入

B. "法语国家组织"把法语国家、地区之间加强语言、文化、科技的交流和合作视为唯一工作重点

C. 法国逐渐调整语言政策的规划方向，力求保护语言的多样性

D. 法语是世界第一大作为外语学习的语言

（3）“法语国家组织”的法文缩写是______。

A. ATTC　　B. OIF　　C. ONU　　D. FIFA

（4）“法语国家组织”是一个______。

A. 国家机构　　B. 社会团体　　C. 公益组织　　D. 国际组织

（5）法语 quatre-vingt-dix-neuf 是数字______。

A. 20　　B. 70　　C. 99　　D. 80

3. 思考题

（1）法语国家组织成立的意义是什么？

（2）身为外语学习者，我们应该如何更好地促进汉语及中国文化的推广？

## 三、世界多样社会剪影

“Liberté（自由），Égalité（平等），Fraternité（博爱）”这三个法语词汇是 17—18 世纪法国启蒙思想家提出的反封建的政治口号，后来演变成为法国的国家格言，让我们通过阅读季明的《法国大革命与“自由、平等、博爱”思想》一文，一起来了解法国社会：

法国大革命的一个最直接的成果，就是确立了法国人的基本政治制度走向和核心价值观念。它集中体现在其国旗——三色旗中，三色旗分别代表着自由、平等、博爱，体现了法国大革命的精神和价值追求。如今，三色旗中间加上玛丽安娜的头像，便构成了法国最直观的识别国家公共职能的标记。从 1999 年起，只要是省、部级或使馆发出的带抬头信件、小册子、表格、广告和信息载体，都必须具备此标记。图标右边上行写有一行小字：自由，平等，博爱。下行写有一排大写字：法兰西共和国。国旗是国家的象征和标志。关于法国国旗的来历之说有多种，其中之一较为普遍：当时参与革命的巴黎市民帽子上戴有一枚红蓝双色的帽徽，红、蓝二色代表巴黎市民。贵族出身的拉法耶特在红、蓝双色之间插入代表法国王室的白色，制成三色旗，期望人民与王室携手合作，建立一个自由平等的新国家。1946 年，法国宪法确认蓝、白、红竖条三色旗为国旗。

1789 年，法国大革命的纲领《人权和公民权宣言》正式通过。宣言共 17 条，它庄严宣布：人人生而自由、平等，且始终如此；财产权神圣不可侵犯。《人权和公民权宣言》从根本上否定了旧时代的王权、皇权和特权，并确立以人权和法制作为新的社会秩序的奠基石。1789 年 8 月，从巴黎传出的自由、平等、博爱的声音响彻整个欧洲。《人权和公民权宣言》在法兰西民族的全部文化遗产中占有重要地位，其基本思想也载入了联合国的宪章和世界文化遗产。

路易十四时代的法国社会在欧洲占据一定优势，法国为欧洲各种事业在思想上发挥了榜样的作用。当时的专制政体和文化艺术发展之间相对还是比较协调的。路易十四亲自创办了法兰西舞蹈学院、音乐学院、喜剧院、建筑学院和科学院。他本人从七岁开始就每天坚持芭蕾训练，还获得了“太阳王”的美名。这一时期的法国在建筑、绘画、戏剧、舞蹈等方面将古典主义艺术发展到了高峰，显示出极大的文化影响力。整个欧洲的宫廷和贵族都以会说法语为荣，所有的外交条约都用法文来撰写。

伏尔泰被公认为启蒙运动的领袖和导师，启蒙思想经历了一个长期的国际性的发展过程，18 世纪末在欧洲产生了广泛影响，促使人们以新的观念看待自己、社会、国家乃至宗教的本质。伏尔泰和其他所有启蒙运动的思想家们，如同冲破重重黑暗的亮光，打破了欧洲中世纪的神学枷锁，开启了科学和理性之门。可以说，是启蒙运动为法国大革命的爆发提供了思想舆论准备和内驱力。

另一位思想家卢梭，则描绘了想象中的新制度。卢梭思想的核心内容是社会契约的思想，他认为人民大众有革命的权利，有义务去创造一个新的社会契约，这种社会契约不取决于财富，不取决于国王的意愿，而取决于广大人民的共同意愿。以卢梭为代表的一批激进民主派的革命主张，为法国这场旷日持久的暴力革命的爆发起到了理论先导作用。在启蒙运动声势最盛的这个国度，思想最终演变成行动。1792 年 9 月 22 日，法兰西第一共和国成立。

在经历了长达十多年的革命、恐怖和动荡之后，人们开始强烈地渴望社会的安定，期盼着强有力的人物出现，结束国家的混乱和危机。在战场上节节胜利的拿破仑，让法国人看到了恢复秩序和权威的希望。更重要的是，拿破仑颁布《法国民法典》，宣誓效忠于 1789 年的革命原则，也就是说尊重人权、自由、平等的行动，让已经饱受启蒙思想熏陶的法国人看到了延续理想的希望。这部 1804 年正式实施的《法国民法典》是由拿破仑下令起草的。在围绕法典草案召开的 102 次讨论会中，正在领导战争的拿破仑亲自参加了 97 次。后人把这部沉淀了启蒙思想和大革命精神的民法典称为《拿破仑法典》。在两个多世纪后的今天，法国的现行法律仍基本遵循《拿破仑法典》。《拿破仑法典》对德国、意大利、西班牙等国家也产生了重要影响。因为，拿破仑将它带到了自己征服的每一片土地上。

在拿破仑时代，伴随帝国的扩张，法国大革命精神也在全欧洲得到了传播。一些国家被拿破仑征服以后，新的原则即法国大革命的“自由、平等、博爱”思想也直接或间接地在这些国家得到了确立，并成为摧毁封建制度和反抗侵略者的有力思想武器。因此，拿破仑以军事力量和民族压迫来传播自己的价值观念，让法国从称霸欧洲的顶峰，重重地跌落下来。后来的一位法国政要从拿破仑身上得出了这样的结论：“这位伟大人物的一生，对于军人、统治者和政治活动家都是极有教益的，也包含着对于公民们的教训。它教导他们：决不应该让他们的国家听任一个人的权力去摆布。”

1789 年之后不到一百年的时间里，法国经历了四次大规模的革命，两个帝国，两个王朝，还有两个共和国。动荡之中，大革命的思想原则在曲折中慢慢地才得到巩固和确立。1870 年，法兰西第三共和国诞生了。此时的法国也刚刚完成了国家的工业化。1870 年到 1913 年这 40 多年时间，法国的工业生产几乎翻了一番。但随后的两次世界大战的爆发再次影响了它的发展。作为法兰西第五共和国的总统，戴高乐决心恢复法兰西应有的光荣。正是在戴高乐时代，法国的经济全面复苏。除了经济发展，更为世人所称道的是戴高乐带领战后法国走出的一条独特的大国之路。

法兰西第五共和国向世界发出了不可忽视的声音。国家独立自主的发展，倡导国与国之间的互相尊重、和平共处，使自由和平等的原则在国际事务中得到了一定程度的实践。正是在这样的思想主导下，戴高乐实现了他心目中的伟大和光荣。也正是到了这样的一个发展时期的法国，才可以说法国大革命的精神结出了其所理想的果实。即经过长达两个多世纪的努力，它才逐渐找到了一条通过践行启蒙思想的原则而成就大国地位的发展道路。

戴高乐为法国做出了卓越的贡献，他所创建的法兰西第五共和国开创了法国独特的政治体制——“半总统制”，让我们通过阅读邢国宏《英法德三国政治体制及其特点》一文中的段落，一起来了解“法国独特的政治体制”：

法国的政体历来以不稳定和多变著称，直到第五共和国建立之后，这种不稳定的状态才得以结束。法兰西第五共和国的政体是一种介于议会制与总统制之间的政体，这种政体，在总统掌握重要权力这一点上具有总统制特点，但是在政府须向议会负责这一点上又具有议会制特点，因而被称为“半总统制”。它的建立是由戴高乐一手促成的。为革除第四共和国党派林立、政府更迭频繁等诸多弊端，1958年，戴高乐主持制定了第五共和国宪法，法国从此由议会制变成半总统制。

法国总统是国家权力的中心，总统直接由选民选举，直接对选民负责。第五共和国宪法赋予了总统很大的权力，如任免总理和组织政府、统帅军队、主持外交、颁布法律、解散国民议会、举行公民投票等权力。总体上来看，总统权力凌驾于行政、立法、司法三权之上。总统缺位时，参议院议长可在50天内代理总统职权。

内阁会议所通过的法令和命令须由总统签署，但总统无须对内阁会议的决定负责任。国民议会如果通过对政府的不信任案，那么总理必须向总统提出政府辞职。

在法国，总统和议会都由全民直接选举产生，总理一职由议会的多数派出任。总统是国家元首和武装部队的最高统帅。总统任期5年（旧宪法规定的任期为7年），允许连选连任。不同的选举时间，总统和议会多数派就可能不是来自同一阵营，因而造成总统和总理二人一个来自左派，一个来自右派，形成“左右共治”的局面。这也是法国政坛独特的现象。

以上我们看到的是法国社会的一瞥及其政体的典型特征，如何进一步了解并辩证地看待和分析法国社会和政体，需要我们进一步学习与思考。

### 练习题二

1. 填空题

（1）法国的三色旗分别代表着法国的国家格言：________、________、________。

（2）《人权宣言》确立了________的奠基石。

（3）被称为“太阳王”的法国国王是________。

（4）法兰西第五共和国宪法制定于________年。

（5）1804 年正式实施的《法国民法典》，是由________下令起草的。

2. 选择题

（1）路易十四时期的法国将______艺术发展到了高峰。

A. 古典主义　　B. 抽象主义　　C. 浪漫主义　　D. 印象主义

（2）下列表述正确的是______。

A. 法兰西第五共和国的政体是总统制

B. 法国总理由全民直接选举产生

C. 法国总统和总理只能来自同一个阵营

D. 法国总统是国家元首和武装部队的最高统帅

（3）在法国总统缺位时，代行总统职务的是______。

A. 副总统　　B. 参议院议长　　C. 总理　　D. 国民议会议长

（4）法国总统任期______年，允许连选连任。

A. 4　　B. 6　　C. 5　　D. 8

（5）法兰西第五共和国宪法的缔造者是______。

A. 马克龙　　B. 戴高乐　　C. 萨科齐　　D. 希拉克

3. 思考题

（1）《人权宣言》的历史意义是什么？

（2）简要列举并分析戴高乐独立自主的外交政策。



## 四、典型文化分析

浪漫似乎早已成为法国的代名词，而遍布法国街头的咖啡馆则是法式浪漫的体现，“喝咖啡”“去咖啡馆”成了法国人生活中必不可少的一部分，正如一粟在《行走法国：小咖啡馆大社会》一文中写到的那样：“一杯咖啡配上一个下午的阳光和时间，这是典型的法式咖啡，重要的不是味道而是那种散淡的态度和浪漫的做派。”殊不知，法国的咖啡馆不仅体现着法国人悠闲浪漫的生活态度，它还是孕育文艺复兴思想、百科全书派的摇篮，也是许多文学家、艺术家思想火花碰撞的重要场所，下面让我们通过阅读野夫《法国人与咖啡文化》一文中的段落，一起走进法国的咖啡文化：

法国有句谚语："Un jour sans fromage，c'est un jour sans soleil." 意思是说，对法国人而言，如果哪天少了奶酪，哪天就没了阳光。而我却觉得，如果哪天他们的生活里少了咖啡，那他们一定会比没了阳光和奶酪还要无精打采。法国人的日常生活离不开咖啡。咖啡对他们来说不只是一种饮品，它隐含着丰富的文化内涵。遍布城市与乡村的咖啡馆是法国生活方式的一种标志。

如果有一天你去法国观光旅行，在五光十色、车水马龙的香榭丽舍大道，蔚蓝色的地中海岸，或外省清静冷僻的街道，看到那些或富丽堂皇，或古朴雅致，或斑驳简陋的咖啡馆，建议你不妨进去坐一下，感受一下那里的环境和氛围。法国人曾对外国游客做过一个调查，被问及巴黎最吸引人的东西是什么时，许多人的回答不是卢浮宫、埃菲尔铁塔等人尽皆知的名胜，而是散落在巴黎大街小巷的咖啡馆。有人曾把咖啡馆比作是法国的骨架，说如果拆了它们，法国就会散架。徐志摩也说过："如果巴黎少了咖啡馆，恐怕会变得一无可爱。"

法国人的血管中流淌着拉丁民族热烈奔放的血液，他们热衷于高谈阔论，张扬自我。中世纪封建王朝年代，法国宫廷是法国政治文化生活的中心，上流社会的沙龙一直引领着法国的大众文化和生活时尚。王公贵族轻松优雅、浪漫多彩的生活方式影响了大众的生活情趣。咖啡馆在百姓，尤其是知识分子的社交生活中传承的是贵族沙龙的某些交际功能。

法国人去咖啡馆不单单是为了喝咖啡，他们更多的是去那里放松身心。普通百姓喜欢凑热闹，聚会或聚餐，哪里人多就喜欢去那里。无怪乎在法国的普通餐馆中，服务生大多会把第一批客人安排在靠窗的桌边，然后点上一支小蜡烛。夜色降临时分，外边的客人会不由自主地被餐厅内摇曳的烛光、隐约的人影所吸引，去分享厅内温馨的空气。

不论你是一个学问深邃的哲学家，还是失意文人、潦倒的艺术家、放学下课的学生，只要点一杯热咖啡或其他饮料，你就可以在那里放松自己。当然，邀上几个朋友、同事或同学坐在那里谈天说地，交流思想，讨论功课，书写作业也无不可。一些孤独落寞的人，常会来此消磨难耐的时光，寻找心灵的慰藉。法国人崇尚的自由、平等、博爱常被浓缩在这不足百米见方的咖啡馆中。

塞纳河蜿蜒穿过巴黎市中心，河右岸是繁华的金融贸易消费区，左岸是人文荟萃、文化积淀深厚的拉丁区，那里集中了众多的咖啡馆、书店、画廊、美术馆和博物馆。

蒙巴纳斯大街、圣日耳曼大街和圣米歇尔大街上的咖啡馆在 20 世纪初达到了空前的繁荣，它们是全世界作家和艺术家心目中的圣地和精神家园。毕加索、海明威、左拉、梵·高、乔伊斯、弗洛伊德都曾在这里编织他们的梦想，度过他们的年轻时代。那些尚未成名，来自不同国家的贫困画家和作者会在温暖的咖啡馆中从早晨一直聊到黑夜，他们交谈切磋，相互影响，思想和激情常常碰撞出灿烂的艺术火花，创作出不同凡响的艺术作品。毕加索刚到法国时，囊中羞涩，靠那些尚不值钱的画作换取在咖啡馆的食宿。那善良的老板怎么也料想不到，他给予画家的人情关怀，日后竟会得到如此丰厚的回报。海明威说过："如果你有幸在年轻时去巴黎，那么以后不管你到哪里去，它都会跟着你一生一世。巴黎就是一场流动的盛宴。"蒙巴纳斯街上的丁香咖啡馆是美国作家米勒、海明威，爱尔兰作家乔伊斯和西班牙画家毕加索经常光顾的地方。时至今日，那里还保留着海明威经常坐的椅子，椅背上的铜牌镌刻着他的名字。丁香咖啡馆有一道招牌菜，叫作“海明威胡椒牛排”。许多美国观光客游览巴黎，总是少不了要去那里坐坐。

花神咖啡馆和它隔壁的双偶咖啡馆是存在主义大师萨特和波伏娃日常讨论和写作的地方。正是坐在花神咖啡馆临街的窗口，波伏娃给她的美国情人奥尔格伦写下了那些热烈的情书。

普洛可甫咖啡馆（le Procope）是巴黎第一家开张的咖啡馆。时光逝去三百年，它仍然保留着其古朴典雅的传统装饰。18 世纪欧洲启蒙运动思想家伏尔泰、卢梭曾在这里写下了影响欧美革命和社会发展进程的著作。法国大革命三巨头罗伯斯庇尔、丹东和马拉也曾在此同其他革命者畅谈变革社会的理想，描绘自己心目中的蓝图。这些光辉灿烂的名字常能使我们在交错的时空中多多少少追寻到流逝岁月的踪迹。

轻松随意、不拘一格的咖啡馆也会让我们一扫旅途的疲惫，全身心地沉入法国式的优雅和浪漫。

一杯咖啡融入了法国人的日常生活，一间小小的咖啡馆俨然成为法国社会生活的缩影，孕育着法兰西的文化和思想。正如冯凯在《浅谈法国咖啡文化》一文中所说的那样：“咖啡馆是法国人生活和工作中必不可少的一个重要元素。要全方位了解法国的文化，就一定要去了解咖啡给法国人带来的文化情怀。”



## 练习题三

1. 填空题

（1）存在主义大师萨特和波伏娃常去的咖啡馆有_______和_______。

（2）中世纪封建王朝年代，法国政治文化生活的中心是_______。

（3）人文荟萃，文化积淀深厚的拉丁区位于塞纳河_______岸。

（4）巴黎开张的第一家咖啡馆是_______。

（5）作家_______曾如此评论法国的咖啡文化，“如果巴黎少了咖啡馆，恐怕会变得一无可爱”。

2. 选择题

（1）海明威将______比作“一场流动的盛宴”。

A. 图卢兹　　B. 里昂　　C. 马赛　　D. 巴黎

（2）下列表述正确的是______。

A. 法国的咖啡馆遍布大街小巷

B. 法国人日常生活中几乎不去咖啡馆

C. 只有文人雅士才会常常去咖啡馆

D. 法国人喝咖啡只是为了提神醒脑

（3）以下哪种说法描述的是典型的法式咖啡？______

A. 仅仅在家中招待客人时才会端出咖啡。

B. 绝不在户外喝咖啡。

C. 站在吧台把咖啡喝完就走。

D. 一杯咖啡配上一个下午的阳光和时间。

（4）穿过巴黎市中心的河流是______。

A. 卢瓦尔河　　B. 罗纳河　　C. 塞纳河　　D. 加龙河

（5）______咖啡馆因为海明威常常光顾而在椅背的铜牌上刻着他的名字。

A. 丁香　　B. 花神　　C. 普洛可甫　　D. 双偶

3. 思考题

（1）谈一谈你对法国咖啡文化的理解。

（2）思考并列举中国文化中与法国咖啡文化相对应的一种文化要素，并将两者加以分析比较。

## 五、中外文化品鉴

“中法人文交流已有几百年历史。在此漫长的实践过程中，积累了丰富的交流成果和交流经验，逐步形成了一些有效的交流模式和交流平台，因而，中法两国并未因为地理距离遥远而民心陌然，中法人文交流堪称文明互鉴的典范之一。”中法两国从语言、社会、文化等诸多层面进行着交流与合作，让我们通过阅读燕金成于2014年发表的《中法建交：浪漫邂逅五十年》一文，一起走进中法邦交50周年：



2014年年初，习近平主席在中法建交50周年纪念大会上指出：“中法两国特色鲜明的文化深深吸引着对方人民”“相互理解，是中法关系发展的重要基石”。习主席的话说明，文化相通是中法关系的基础，这也是中法关系最显著的特点。

中华文化和法兰西文化是东西方文化的显著代表，两国的文化交流也是东西方文化交流的重要典范。历史上，中华文化曾经成为法国社会的时尚，在法国启蒙思想家的著作和凡尔赛宫的装饰中都能找到中华文化元素。同样，法国作家和艺术家的传世之作也深受广大中国读者喜爱。

中法文化交流的历史源远流长，早在明清时期，中华文化就已经传播到欧洲一些国家。其中，中国传统文化对法国的影响最大，法国成为当时欧洲中国文化热的中心。从17世纪开始，中国的一些儒家经典如《论语》《大学》《中庸》深受法国思想家推崇。法国18世纪的启蒙思想家很少有不受中国文化影响的，笛卡尔、卢梭、孟德斯鸠等人对中国文化颇为尊崇。

与此同时，中国人也很早就对欧洲文艺复兴产生兴趣，他们通过阅读巴尔扎克、雨果、大仲马等法国著名作家的经典作品了解法兰西源远流长的文化；巴金、徐悲鸿、冼星海等中国文学艺术巨匠都曾留学法国，在法兰西的文化土壤中汲取营养。这些交流使得中国人对法国的了解程度高于也早于其他欧洲国家。

中法两国虽然远隔万里，但是丰富多彩的文化交流缩短了民众之间心理上的距离。进入21世纪以来，中法文化交流更加频繁，交流渠道也更加多样：中法两国于2003年和2005年互办文化年，2006年起举办每年一度的“中法文化之春”，如今该活动已成为法国在海外最大的文化节及中国最大的外国文化节；中国作家莫言、贾平凹，电影导演张艺谋，演员巩俐等文艺工作者获得了由法国文化部设立并颁发的法兰西文学艺术骑士勋章；《茶花女》《悲惨世界》《高老头》等法国文学作品入选“在中国最有影响的十部法国书籍”。这一系列活动展现了中法两国文化的优秀成果，推动中法文化交流在更深层次和更广范围内开展。

50年前，毛泽东主席和戴高乐将军以卓越的战略眼光和非凡的政治勇气，推动中法两个伟大国家实现握手。中法关系50年的发展历程，为双方维持特殊友谊、走好共赢道路凝聚了许多有益经验和启迪。双方都认为，互尊互信、坦诚相待是中法关系保持健康稳定发展的必要前提。敢为人先、与时俱进是中法关系始终走在中国同西方国家关系前列的重要法宝。互利共赢、互惠共荣是中法关系能够长期造福两国人民的根本出发点。独立自主、求同存异是中法在国际事务中实现协调和配合的精神基础。同舟共济、面向全球是中法在国际风云变幻中始终致力于人类和平与发展事业的不懈追求。



上文中提到的“中法文化之春”创立于 2006 年，是“中国与法国之间举办的一项经常性的文化交流活动”，已经“成为体现中法两国文化交流之精髓的平台”。该活动脱胎于中法文化年（Les Années Chine-France）。中法文化年是“由法国政府与中国政府合作举办的一系列大型文化交流活动，根据两国政府的协议，2003年10月至2004年7月率先在法国举办中国文化年活动，2004年10月至2005年7月则在中国举办法国文化年活动”。中法文化年涉及了中、法两国间多领域的广泛交流，推动中法关系发展到一个新的高度。接下来，让我们通过阅读《中法文化交流史上新的里程碑》一文，一起来了解中法两国之间的文化交流与合作：

经过近两年的筹备，中国文化年今天在法国首都巴黎隆重开幕。中法互办文化年是两国领导人共同商议和决定的，这是中法关系史上空前的文化盛事，也是新中国成立以来我国开展的最大规模的一次对外文化交流活动。

今天，以文化年为契机，东西方两个具有代表性的文化大国相聚在法兰西。中国将通过展览、表演和其他形式表现绵延数千年的、富有生命力和创造力的文化。在“古老的中国、多彩的中国、现代的中国”三大主题下，中国将向法国公众展示古老中国的风采神韵和现代中国的勃勃生机。

在西方国家中，法国很早就被中国文化吸引。在16世纪，法国一批人文主义作家就对中国产生强烈兴趣。拉伯雷认为“智慧的神瓶”在中国，蒙田把中国看作是“欧洲的典范”。18世纪，法国的启蒙思想家掀起了长达半个世纪的“中国热”，并把“中国风”吹向整个欧洲。启蒙先哲伏尔泰、“百科全书派”思想家狄德罗等大师都对中华文明热情赞扬。伏尔泰根据元曲《赵氏孤儿》改编的《中国孤儿》在巴黎上演时曾引起轰动。此后，一代又一代的作家和思想家以各自的方式表达对中国文化和中国人民的推崇和热爱。英法联军火烧圆明园时，大文豪雨果公开站出来谴责西方侵略者毁坏中国文化的罪行；当代作家阿兰·佩雷菲特敏锐地预见到“中国睡狮”将要觉醒，写下颇具影响的论著《当中国醒来的时候》……

新中国成立后，特别是改革开放以来，中国发生了伟大的社会变革，外界了解中国的愿望日益强烈。在世界范围内，“中国热”悄然而生。在重视人文思考的法国，一批文化人从人文的视角探究中国振兴的原因，写出了一批有关中国的出版物，助推“中国热”升温。在这个背景下，中法两国决定互办文化年，灿烂的中华文化和法兰西文化将先后在中国和法国相会。从2003年至2005年，时间跨度长达三年的文化盛会，在中法文化交流史上树立起新的里程碑。

我国首次在国外举办文化年就选择了法国，因为中法两国都主张维护民族文化特性，保护世界文化多元化的发展，倡导世界文化的多样性。文化是民族的灵魂。文化之间，应该和而不同。审视当今世界的文化，我们尤其倡导以平等的态度看待其他文化，在平等的基础上互相交流与借鉴，以海纳百川的胸襟吸纳其他文化的长处。我们提倡“各美其美，美人之美”这样一种文化交流态度。中国文化年就将以这样的姿态走向法兰西。

不同文化之间的沟通有助于消除民族隔阂和偏见，有利于促进国家间政治、经济关系的发展，促进和平事业的发展。在21世纪，文化在国际关系中的作用与地位越来越突出，各国之间的文化交流与合作更显迫切和重要。文化交流以大众易于接受的形式进行，有利于增进了解，加深理解，密切各国之间的关系。文化外交同政治、经济一起，构成我国外交的三大支柱，已经成为我国整体外交战略的组成部分。

中国文化年成功筹办的事实说明，祖国强盛，综合国力增强，文化事业蓬勃发展，才有可能在国外举办规模宏大的文化年活动，才能以更加主动积极的姿态开展对外文化交流，博大精深的中华文化也才能更好地为世界上广大的人们认识和了解，在世界文化的百花苑中散发独特而恒久的馨香。

人们期待并相信，举办中国文化年活动，必将促进法国乃至欧洲的公众看到一个古老而焕发青春活力的中国，与此相联系也必将推动中法全面伙伴关系迈上新台阶。

中法两国都是拥有悠久历史和灿烂文明的国家，法国的咖啡文化闻名遐迩，中国的茶文化博大精深。唐代茶圣陆羽所著的《茶经》被誉为茶叶百科全书，“在历史上吹响了中华茶文化的号角”。在品味过香醇的法国咖啡文化过后，让我们通过阅读熊李力《中国茶文化与大国外交相融相通之道》一文中的段落，一起品茗，用心体会沁人心脾的中国传统文化的瑰宝——茶文化之美：

茶起源于中国，盛行于世界。据统计，全球超过10亿人从事与茶相关的工作，饮茶人口超过20亿。联合国设立“国际茶日”，体现了国际社会对茶叶价值的认可与重视。作为中华文明的重要组成部分，茶文化自古以来就与中国历史上不同时期的政治、经济、社会、对外交往发展密切相关。兼容并包的中华茶文化承载了中国人崇尚的与世界相处之道，是连接国际交流的纽带，“茶叙国事”“茶礼”频频出现在各种重要的外交场合，促进了中西文明的交流互鉴。中国特色大国外交植根于中华文明的深厚土壤，面向全球化时代的现代世界文明，既彰显着鲜明的中国特色，又体现了国际社会的共同理想与追求，与传承千年、历久弥新的中国茶文化具有相融相通之处。

茶已深深融入中国人的物质生活与精神生活，“柴米油盐酱醋茶”和“琴棋书画诗酒茶”构成了日常生活起居的重要部分，积淀出千姿百态、各具风采的茶俗，有着鲜明的地域和民族特色。大碗茶盛行于北方，凉茶则多见于南方。江浙一带喜饮龙井茶，闽粤台等地偏好小杯啜饮功夫茶，而川渝地区保留着喝盖碗茶的习俗。各族人民也形成了颇具民族特色的茶文化，诸如白族三道茶、苗族菜包茶、布朗族酸茶、哈尼族煎茶、佤族烧茶和擂茶、藏族酥油茶等。

有着数千年历史的中华茶文化，在以茶事、茶礼、茶会、茶宴、茶俗等为代表的行为文化层面，众彩纷呈、独具特色、自成体系，不仅保留了既有的特色，而且传遍五洲，不断吸收着新元素，生动演绎了东西方文化的交融。正因为如此，谈到中华茶文化，茶是包容的，中华文化是包容的，一个“和”字跨越时空、跨越国界，正所谓“和而不同，茶和天下”。自唐宋以来，中华茶文化跨出国门，与异国他乡原有的文化要素融合，最终演绎出具有鲜明异域特色的茶文化新乐章，内涵更丰富、色彩也更为艳丽。



茶文化与咖啡文化分别代表着中法两国的文化传统，通过阅读苏琪《从咖啡与茶文化分析中法文化差异》一文中的段落，我们一起来思考中法两国这一典型文化特征的差异：

1. 中法文化背景差异

从茶文化及咖啡文化中我们可以从中分析出中法文化背景的差异，茶文化和咖啡文化形成于不同的历史环境下，其在发展中不断广泛传播，并不断受到当地文化环境的影响。从地理和文化发展的角度来看，茶文化的发展是在传统自给自足的文化背景下，而法国咖啡文化形成于相对自由的民主氛围下，其受不同形式文化的影响，不断结合文化发展的特点，逐渐形成一种大众所接受的方式不断地为人们所用。不同的文化背景下，由于不同的民族有着自己民族的特色及文化氛围，在历史的发展过程中，所形成的文化也有所不同。同时在此过程中所形成的文化不断发展成为历史文化的载体，促进当今文化的不断发展及完善。

2. 中法文化发展过程的差异

在如今信息及网络技术飞速发展的环境下，各国文化在发展的过程中不断交流融合，且在发展的过程中也保留着自身的文化特征。茶文化在几千年的发展中不断完善，其中也包含着中国文化发展的思维。在发展中，中法不同的思维模式会使文化在发展的过程中形成不同的发展形式。中国人在发展的过程中注重思考人与人之间的关系、物质与精神发展中的关系，茶文化在发展过程中逐渐使物质与精神文化相结合，不断体现出文化发展的特点。而法国文化在发展的过程中注重去探索问题的本源，人们对于自由的向往强烈，而咖啡文化在发展的过程中，逐渐与法国文化背景相结合，形成一种闲适的生活方式。

3. 中法思维方式及价值观念的差异

中法文化在发展的过程中也有着重要的差异，法国人强调人的主体自由，而中国则较为注重集体的利益。中法文化在发展的过程中所形成的文化差异能反映出社会发展方式的不同，同时也能反映生活方式及水平的不同。正如茶文化内涵所反映出来的是注重协调人与人之间的关系，咖啡文化在发展过程中表现出来的是注重人的个人感受及生活的闲适感。由此可以看出茶文化和咖啡文化在发展的过程中逐渐形成了与中法文化思维相符合的文化发展方式。同时中法文化在发展的过程中价值观念也有所不同，中国茶文化在发展的过程中，受传统天人合一观念的影响，强调集体主义，而法国文化注重个人主义、注重追求人的自由生活及权利。咖啡和茶文化的发展过程中能反映出中法文化的特征及差异，对于研究文化具有重要的现实意义。

文化在发展的过程中作为一种载体，能反映出文化发展的特征及其差异，茶文化与咖啡文化在不同的背景下形成并不断地发展，其在一定程度上能反映出中法文化的差异。茶文化在历史的发展中不断形成具有中华文化特色的文化氛围，随着其不断传播，其对于越来越多的文化都有一定的积极作用。同样的，喝咖啡作为法国人一种重要的生活方式，对法国的社会发展影响较为显著，在不断的发展中形成了具有法国特色的文化。如今，咖啡文化与茶文化在世界上越来越受大众的喜爱，但透过咖啡和茶折射出来的文化的差异却常常被人们忽略。在文化发展的过程中，要不断地通过不同的认识方式了解民族理论及其发展的道路。

中法两国都是拥有灿烂文化的国家，两国间的文化交流历史源远流长。“一带一路”伟大构想与实践将更加有助于中法两国文明的交流与互鉴。身为外语专业学习者，同学们在提高专业素养的同时，更要肩负起向世界传递中国声音、讲好中国故事的艰巨使命。

### 练习题四

1. 填空题

（1）2021 年正值中法两国建交________周年。

（2）联合国设立每年________月________日为“国际茶日”。

（3）每年一度的“中法文化之春”开启于________年。

（4）茶文化的核心是________。

（5）________、________是中法关系能够长期造福两国人民的根本出发点。

2. 选择题

（1）以下不是儒家经典著作的是______。

A.《庄子》　B.《论语》　C.《大学》　D.《中庸》

（2）______盛行于中国北方地区，______则多见于中国南方地区。

A. 三道茶，包茶　B. 凉茶，大碗茶

C. 煎茶，酥油茶　D. 大碗茶，凉茶

（3）______入选了“在中国最有影响的十部法国书籍”。

A.《双城记》　B.《茶花女》　C.《飘》　D.《安娜·卡列尼娜》

（4）自______以来，中华茶文化跨出国门。

A. 明朝　B. 元朝　C. 唐宋　D. 清朝

（5）龙井茶原产于______。

A. 广东　B. 江浙一带　C. 云南　D. 四川

3. 思考题

（1）谈一谈你对中国茶文化的理解。

（2）谈一谈“一带一路”倡议与中国茶文化的关系。



## 六、单元小项目

结合本单元所学，请同学们选取你感兴趣的法国标志性文化，思考并找出与之相对应的中国标志性文化，选取一组进行比较和鉴赏，附上相关文化精美图片，并以小组为单位，通过课件汇报方式进行展示。

## 第七单元　参考文献

[1] 白露. 法语的历史变迁与法国语言政策[J]. 考试周刊，2015（9）：81-82.

[2] 本报评论员. 中法文化交流史上新的里程碑[N]. 人民日报，2003-10-06.

[3] 曹丹丹. 透过 10 个词，走进法兰西文化[J]. 世界文化，2018（10）：62-64.

[4] 程平. 从镜像到重塑：中法人文交流机制的形象建构[J]. 法国研究，2021（3）：14-26.

[5] 董卫星. 视觉形态语义[M]. 上海：上海大学出版社，2007.12：71.

[6] 冯凯. 浅谈法国咖啡文化[J]. 青年文学家，2013（7）：218.

[7] 季明. 法国大革命与“自由、平等、博爱”思想[EB/OL].（2014-02-13）[2021-08-28]. http://theory.people.com.cn/n/2014/0213/c40531-24348932-3.html.

[8] 苏琪. 从咖啡与茶文化分析中法文化差异[J]. 福建茶叶，2018，40（10）：411.
[9] 吴国庆. 列国志·法国[M]. 4 版. 北京：社会科学文献出版社，2019.
[10] 邢国宏. 英法德三国政治体制及其特点[J]. 云南社会主义学院学报，2014（2）：388-389.
[11] 熊李力. 中国茶文化与大国外交相融相通之道[J]. 人民论坛，2021（23）：100-103.
[12] 许静荣. 法国语言政策研究[M]. 北京：社会科学文献出版社，2020.4：2-5.
[13] 燕金成. 中法建交：浪漫邂逅五十年[J]. 新商务周刊，2014（11）：38.
[14] 野夫. 法国人与咖啡文化[J]. 科学大观园，2008（24）：29-30.
[15] 一粟. 行走法国：小咖啡馆大社会[J]. 印刷经理人，2014（6）：64-67.
[16] 中华人民共和国外交部. 法国国家概况[EB/OL].（2022-06-01）[2022-09-21]. https://www.mfa.gov.cn/web/gjhdq_676201/gj_676203/oz_678770/1206_679134/1206x0_679136/.

# 第八单元 意大利语言文化之美

学习目标

（1）知识目标：能够掌握意大利文化相关的语言表达，能够描述意大利的文化概况，能够阐释意大利的典型文化特征。

（2）能力目标：学生能够灵活运用意大利文化相关的语言表达和相关知识，分析意大利文化的深层表征，能够比较我国文化和意大利文化的异同并了解中国和意大利在东西方世界的地位。

（3）美育目标：学生能够品味意大利文化之美，学习意大利人将“美”融入日常生活的细节当中，随时享受生活的美好。

（4）思政目标：学生能够深切体验到意大利文化背后所承载的美好的灵魂，无论何时都能乐观面对生活；同时能够批判性地看待意大利人的价值观和政治制度，坚定文化自信，树立正确的人生观、世界观、价值观。

## 一、单元导入

意大利共和国（意大利语：Repubblica Italiana；英语：The Republic of Italy），简称意大利（意大利语：Italia；英语：Italy），是一个欧洲国家，主要由南欧的亚平宁半岛及两个位于地中海中的岛屿西西里岛与萨丁岛所组成。国土面积为 301 333 平方千米，人口 5 898 万人（2022 年 1 月数据）。北方的阿尔卑斯山地区与法国、瑞士、奥地利以及斯洛文尼亚接壤，其领土还包围着两个微型国家——圣马力诺与梵蒂冈。

意大利在史前就有人类活动迹象，最早可追溯到旧石器时代早期。公元前 9 世纪，伊特鲁里亚人曾创造灿烂的文明。公元前 754 年，罗马建城。古罗马先后经历王政（前 753—前 509 年）、共和（前 509—前 27 年）、帝国（前 27—476 年）三个阶段，存在长达 1 000 年。15 世纪，意大利成为欧洲文艺复兴的发源地。15 世纪末，法国和西班牙争夺亚平宁半岛的斗争激化，导致了持续数十年的意大利战争。18 世纪，民族主义开始觉醒。19 世纪，意大利复兴运动兴起，撒丁王国开始逐步统一南北，1861 年，建立意大利王国，1870 年，攻克教皇国首都罗马，完成意大利统一。第二次世界大战战败后废除君主制，成立共和国。

意大利是一个发达的资本主义国家，是欧洲四大经济体之一，也是欧盟和北约的创始会员国，还是申根公约、八国集团和联合国等重要国际组织的成员。意大利共拥有55项联合国教科文组织世界遗产，和中国并列成为全球拥有世界遗产最多的国家。意大利在艺术和时尚领域也处于世界领导地位，米兰是意大利的经济及工业中心，也是世界时尚之都。意大利作为欧洲历史最为悠久的国家之一，是欧洲文化的摇篮，曾孕育出罗马文化及伊特拉斯坎文明，也是文艺复兴的发祥地，欧洲四大经济体之一，在政治、经济、文化、艺术、宗教、饮食、建筑等方面都对整个欧洲产生了巨大的影响。意大利也被称为“欧洲的中国”，你知道是为什么吗？本单元主要介绍意大利典型语言文化特征，深入解读意大利语言、历史、普遍价值观的表现与内涵，剖析中国与意大利在历史、饮食、家庭、社交文化中的异同。一起来看看吧。

意大利
宣传片

## 二、世界多彩语言之美

意大利语是一门艺术的语言，是最接近拉丁语的罗曼语族语言，是伟大的文艺复兴的媒介，也被称为世界上最美的语言之一。意大利语听音能写，见字能读，短时间内就可以念出一篇文章，唱出一首歌曲。下面我们就一起来探秘意大利语吧！

### （一）意大利语之美

以下文章节选自杨馥《意大利语，一生之美》。

说到意大利语，恐怕许多人会马上联想到那唱腔动人、有着精妙颤舌音的意大利歌剧，这种语言有着丰富的韵律美、艺术美。著名作家朱自清更是在散文《威尼斯》中称赞意大利语是世界上发音最纯粹、最清朗的语言。意大利语发音清朗且有音乐感，它的读音规则毫无难度，即使是初学者也能迅速掌握。单词中元音的出现频率很高，几乎每个辅音都带着一个元音，加之元音发音饱满，所以听起来很有音乐感，也很适合在歌剧演唱中拉长音。另外，学习意大利语的孩子很“有福”，因为它是一门拼音语言，每个字母只有一种读音，少数的字母组合也有固定的发音，需要特别记忆的读音特例很少，所以看到意大利语单词就可以直接拼读。

虽然读音规则容易掌握，但其精妙的颤舌音对我们来说确实颇有难度。说起来很有意思，颤舌音有些像婴儿躺卧着“玩口水”时发出的颤音，这时候婴儿嘴巴张开、舌头柔软地向后放置，阻隔了部分气流才会发出这样的声音，有些婴儿还以此为乐呢。练习颤舌音的方法有很多，但还是得靠个人领悟和练习。一时没练好颤舌音的“意语人”也无须泄气，会“玩口水”就能发好颤舌音，只要多领悟和练习，就没有跨不过去的坎。

发音清晰优美的意大利语和法语、西班牙语、葡萄牙语同属印欧语系罗曼语族西罗曼语支。虽然没有英语的使用范围广，但作为文艺复兴运动的媒介，意大利语曾对西欧其他语言有着深远的影响。除意大利外，意大利语还是瑞士的四种官方语言之一，广泛使用于美国、加拿大、阿根廷和巴西，世界上说意大利语的总人数约7 000万人。

### （二）意大利语简介

目前世界语言分为九大语系，分别为① 汉藏语系，② 印欧语系，③ 阿尔泰语系，④ 闪-含语系，⑤ 乌拉尔语系，⑥ 高加索语系（伊比利亚—高加索语系），⑦ 南岛语系（马来—波利尼西亚语系），⑧ 南亚语系，⑨ 达罗毗荼语系。汉语属于汉藏语系，而意大利语属于“印欧语系罗曼语族”，是意大利、梵蒂冈和圣马力诺的官方语言，广义的意大利语包括了托斯卡纳语、伦巴底语、萨丁尼亚语、那不勒斯语、西西里语、威尼斯语等语言；而狭义的意大利语，是指以托斯卡纳语为准的标准意大利语。作为伟大的文艺复兴文化的媒介，意大利语曾对西欧其他语言产生过深刻的影响。意大利语是意大利的官方语言。标准意大利语是托斯卡纳的方言，发音介于意大利南半部方言之间。标准意大利语近来稍微加进了一些经济中心米兰的口音。在音乐作曲领域中，亦使用了为数不少的意大利文字词，但是在音乐中，意大利语一般为了流畅，将最后的一个或多个字母省去。意大利语和拉丁语一样，有长辅音。



### （三）意大利语特点

由于意大利语作为较早成熟的“拉丁语方言”，在语法上，它保持了拉丁语的大部分特点。著名作家朱自清在散文《威尼斯》中称赞意大利语是世界上发音“最纯粹”的语言，究其原因，就得归结到它的发音习惯和语法特点了。

第一，短元音丰富而简单。说它丰富，是因为几乎每个辅音都配着元音，不存在单独的元音音素。说它简单，是因为没有像英语那样的元音组合。一个元音对应一个发音。而且绝大多数的单词都是以元音结尾，难怪有人猜测意大利语的诞生来自歌剧发音的需要。

第二，除了哑音 h，没有不发音的词素。少数辅音有组合，但比较简单。不知道一个词的意思，按照汉语拼音的读法就能大致把这个词念出来。动词的词尾变换往往可以明确地指示人称，因此在一个句子中，经常是看不到主语的。

第三，宾语的用法较为复杂。意大利语是一门形态变化丰富的语言，九大词类中有六大类词有形态变化。句子中，人称、词性、时态都要保持一致。意大利语语法较为复杂，不掌握一定的语法知识，就很难进行语言实践。但是只要打好基础，学好动词变位，那么就可以无师自通。意大利语共有 7 个式，每个式都有很多种时态，加起来共有 22 个时态，大多数时态又有 6 个人称，这是外国人学意大利语的主要难点，所以学好动词是掌握意大利语语法的关键。动词是一句话的核心，在意大利语中，动词显得更为重要。

意大利语的名词分阴阳两性，阴性词主要以 a 收尾，阳性词主要以 o 收尾（也有少数特殊情况）。有单复数的变化，冠词以及修饰名词的形容词要与名词保持性和数的一致，因此意大利语的句子是牵一发而动全身，一处变处处变。

意大利歌剧欣赏

### （四）意大利语中的颤舌音

意大利语中的颤舌音可能是令中国人最头疼的事了。有的人天生就会颤舌音，但是有的人即使母语是意大利语（或者法语、德语等一些需要发小舌音的语言）也不能发出这个音。所以，练习是至关重要的。方法一：为使舌尖颤动，可先借助辅音 t 或 d，把舌尖按照口型和舌位要求放在准备振动的位置上，进行练习，如“ttttrrrrrr”“dddddrrrrrr”。练习一段时间之后，加上元音 i（因为元音 i 比其他元音更接近上齿），进行练习“trrrrri”“drrrri”，以后逐步过渡到不带辅音 t 和 d 而自如地发出 ri 音；方法二：先不断地连续发辅音 l，再使气流不断冲击舌尖，反复练习，从毫不停留地发 l，过渡到发出颤音 r，“lllllllllllrrre”。

#### 练习题一

1. 填空题

（1）著名作家朱自清在散文《威尼斯》中称赞意大利语是世界上发音最______、最______的语言。

（2）意大利语有着丰富的韵律美、艺术美，非常适合演绎唱腔动人的________。

（3）意大利语发音当中，对初习者来说最难的就是________。

（4）意大利语由______的基础上演变而来，曾对西欧其他语言有着深远的影响。

（5）意大利语同法语、西班牙语、葡萄牙语一样属于______语系______语族。

2. 选择题

（1）除意大利外，意大利语还是______的四种官方语言之一，广泛使用于美国、加拿大、阿根廷和巴西。

A. 法国　　B. 瑞士　　C. 西班牙　　D. 葡萄牙

（2）标准意大利语是______的方言。

A. 米兰　　B. 萨丁尼亚　　C. 托斯卡纳　　D. 那不勒斯

（3）意大利语中一个元音对应一个发音。而且绝大多数的单词都是以______音结尾。

A. 元音　　B. 辅音　　C. 颤舌音　　D. 长辅音

（4）意大利语的名词分阴阳两性，阴性主要词尾收 a，阳性主要词尾收______。

A. o　　B. e　　C. r　　D. g

（5）意大利语中的颤舌音指的是字母______。

A. t　　B. d　　C. l　　D. r

3. 思考题

（1）意大利语没有英语的使用范围广，但为什么说意大利语对西欧其他国家的语言产生了深远的影响呢？

（2）意大利语和英语一样也有 26 个字母（21 个字母+5 个外来语字母），它们的拼写和发音与英语字母有何异同呢？

## 三、世界多样社会剪影

### （一）意大利政体

意大利属于责任内阁制政体，是典型的议会民主制政体，总统是国家元首，内阁是国家权力的核心。其基本特点是：

（1）政党获得权力的主要途径就是赢得议会选举的胜利，即获得下院即众议院议席的多数。议员候选人大都由政党推荐或具有政党背景，多党参加的竞选是体现其所谓民主制度的重要方面，一般都设定了 3%～5%的门槛票，并实行以多数代表制为主的选举制度，更有利于大党获得多数议席。



（2）国家的权力体系以内阁为核心，内阁拥有国家的最高行政权力。内阁对议会负责，受议会制约。内阁不仅拥有行政权力，而且具有立法建议权，由执政党所控制的议会多数保证立法的通过。内阁总理或首相有很大的权力，他不仅能够挑选阁员，决定国家大政方针，甚至可以解散议会，宣布提前进行大选。

（3）总统或国王更多的是一种荣誉性职位，并无真正的实权。在这一政体中，国王均为世袭制，总统多为间接选举产生，如由国会议员投票选举产生。总统或国王作为国家元首更多地体现为一种象征性、礼仪性意义，只是在特殊情况下介入政党间的权力调解，平常较为超脱，不承担具体责任。

（4）政党大都是一个相对严密的组织体系，但右翼比左翼要松散。政党无论是作为群众党还是精英党，大都有一个从上到下的组织系统，乃至还有一套党的外围组织如工会、青年、妇女组织，对本党执政起着一种辅助作用，甚至可以对政府形成某些牵制。

（5）这种政权模式的优点是：无论是体制形成还是实际运作都相对民主、公正，更有利于决策的科学和周全。但缺点是：体制或制度容易模式化，导致官僚主义，影响执政效率。

## （二）宗教信仰

天主教为意大利第一大宗教，但政府没有正式将天主教定为国教。大约有 87.8%的意大利人信仰天主教，36.8%的人自认为是积极的教徒。

意大利天主教会是全球罗马天主教会（在梵蒂冈教宗与意主教会议的精神领导之下）的一部分。圣马力诺和梵蒂冈这两个主权国家都包含在意大利的教区之内。意大利天主教教会拥有 225 个教区。

意大利拥有丰富的天主教文化，特别是许多天主教圣人、烈士和教宗都是意大利人。意大利的罗马天主教艺术，特别在中世纪、文艺复兴时期及巴洛克时期蓬勃发展，出现许多意大利艺术家，例如米开朗琪罗、达·芬奇、拉斐尔、卡拉瓦乔、济安·贝尼尼、波提切利、提香与乔托等。意大利罗马天主教建筑同样丰富，且令人印象深刻，例如圣伯多禄大殿、圣母百花圣殿与圣马可教堂。

## （三）意大利风俗习惯

（1）亲吻礼是在比较亲近的朋友间的礼节，一般两人的脸要靠两三次，还要发出亲吻的声音。在意大利两个男性好友间也行亲吻礼，这在西方国家中是比较例外的，其他国家只在男女或女性间才行亲吻礼。普通朋友和礼节性的交往时就行握手礼。

（2）在人前勿用手指挖鼻孔，这在欧洲是社交场合的大忌。也注意不要在人前挖耳孔。在公共场合不要大声喧哗。

（3）女士受到尊重，特别是在各种社交场合，女士处处优先。宴会时，要让女士先吃，只有女士先动刀叉进餐，男士才可用餐。进出电梯时，要让女士先行。

（4）如果有人打喷嚏，旁边的人马上会说："萨尔维！"意思是说："祝你健康！"究其原因，据说欧洲人十分害怕感冒，在欧洲发生过重感冒致死的事件，所以人们特别小心感冒。如果有一点感冒，希望马上就好。此外，当着别人打喷嚏或咳嗽，被认为是不礼貌和讨嫌的事，所以本人要马上对旁边的人表示"歉意"。

（5）意大利习惯对死者进行土葬，各地都有公墓。大城市的公墓十分讲究，就像一座花园，里面还有许多精美的雕刻。

（6）赴宴迟到是常事。意大利人时间观念不强，特别是出席宴会、招待会等活动时，经常迟到。他们晚到 15 或 20 分钟是司空见惯的事。如果迟到时间过长，他们常常会说："交通太拥挤了，真是对不起。"

（7）商店门口有插葡萄枝的习惯。意大利是盛产葡萄酒的国家，许多小城镇甚至乡村农户也会酿酒。过去，有些农民家里酿了许多酒，自给有余，便出售一些。他们将葡萄枝挂在自家门口，过路人一看便知道这家有酒卖。一旦酒已售完，绿枝就被取下。这一风俗一直延续至今。

### （四）意大利十大最具优势产业

据国际货币基金组织对世界各经济体GDP总量的排名，意大利是欧洲第四大、世界第八大经济体，以制造业和中小企业闻名，中小企业数量占企业总数的99.5%以上，被誉为“中小企业王国”。意大利地区经济发展不平衡，北方工商业发达，南方主要是农业，经济发展较为落后。意大利在世界范围内拥有一些极具优势的产业，在高新技术和传统技术中均有体现。

#### 1. 意大利的航空航天产业

意大利从战斗机、运输机到直升机、无人机、卫星、导弹均能自行研发制造，在全球市场上占有一定份额。从全世界来看，具有这种制造能力的国家屈指可数。意大利米兰旁Cameri空军基地的F-35总装线交付了第一架F-35战斗机。世界上除了美国得州洛克希德· 马丁工厂之外，只有日本和意大利有两个 FACO 总装厂，美国及盟国所用的F-35战斗机都在这两个厂生产。可见，意大利的航空产业技术实力。意大利航空航天制造业总年营收约270亿美元，2018年，意大利航空航天产品出口总值51亿美元，位居全球第八。

意大利的航空航天工业有超过800家企业，总从业人员约6万人。意大利号称小企业王国，各行各业都拥有大量的小型家族企业、工作室类型企业。意大利在运载火箭结构、固体助推器、燃料泵、卫星天线、空间试验室压力舱、温控系统、密封系统等方面处于世界较高的技术水平。



#### 2. 高速铁路及城市轨道交通技术

意大利是欧洲第一个将欧洲铁路管理系统（ERMS）应用于商业化高速铁路运行的国家，在高速铁路和城市轨道设计、施工、铁路安全关键技术的集成和车辆制造技术方面处于全球领先水平。

在轨道运输车辆方面，安莎尔多公司生产的无人驾驶城市轨道车辆等技术水平先进，比如丹麦哥本哈根地铁车辆便由该公司提供。

在铁路机车制造、铁路安全控制系统和国际空间站机器人摄像系统方面，意大利的MERMEC机械制造公司处于国际领先水平。

在其他交通方面，特别令意大利人引以为豪的就是发明了高速公路，意大利于20世纪60年代建设了世界上第一条高速公路。

#### 3. 机器人和机床及专用机械设备

意大利柯马工业机器人，被誉为“制造业皇冠上的明珠”，在汽车制造领域处于世界领先水平。其“中空腕”机器人NJ4在点焊领域更是一度被认为具有无与伦比的技术优势。

意大利的机器人产业是意大利机械制造业的核心及精髓，在创新研发实力和市场规模等方面都居于国际领先水平，甚至在某些方面其技术水平已经超过德国和日本，其实力可见一斑。意大利机器人生产企业超过 50 家，企业每年投入的研发费用占其销售额最高达 10%。意大利用于车辆制造的机器人系统，比如焊接机器人、车辆组装机器人、车身喷涂工艺机器人在世界都处于领先水平。意大利工业机器人使用密度极高，位列欧洲第二，工业机器人出口规模位居世界前五，足以比肩科技强大的日本和德国。

意大利机械产业突出特点：一是具有独特创意；二是超高技术水准；三是擅长根据客户的要求来定制产品及方案，特别是拥有悠久的生产传统。德国、美国及中国都是意大利机械产品的重要客户。意大利的机械设备产业位居全球第四位（欧洲第二），总销售额达 214 亿欧元，其出口比例极高（超过产值的 70%）。

机床产品和机器人，都是意大利在高科技出口方面最为活跃、附加值高的产品，也是中国从意大利进口的主要产品。早在 2016 年，意大利机床和机器人的产值就达到 55 亿欧元。据意大利机床行业咨询公司的统计，意大利已成为中国机床市场的第六大供货国。

意大利工业十分发达，特别是它的机械工程专业在全球首屈一指。意大利是首先发明小型机械的国家，所以，在意大利的高校中，很多机械工程专业也是首屈一指的。其中在世界排名前列的专业有汽车制造、汽车引擎专业等。意大利各个大学的工程系也是含金量相当高的院系，结合意大利顶尖的设计水平，意大利制造的大小产品都在世界上拥有顶尖地位。



### 4. 意大利的医药产业

医药产业是意大利非常重要的优势产业。在竞争力、劳动生产率、研发资金密集度、出口业绩和人力资源质量方面，意大利医药产业均领先于其他制造业。

意大利医药行业产值和企业数量在欧洲仅次于德国。意大利医药行业拥有制药企业 200 余家，其中 90%以上的员工拥有大学学历，研发人员达到 6 100 名。意大利医药产品为该国主要出口产品之一。

医药行业是意大利研发创新最活跃的产业。意大利医药产业研发资金密集度高居各行业之首，为制造业平均水平的 5 倍。意大利医药产业创新企业比例超过 80%，仅次于德国。

意大利医药企业主要集中在北部的伦巴第大区和中部的拉齐奥大区。伦巴第大区拥有 100 余家医药公司总部、30 多个研究中心、100 家生物技术公司，行业雇员总规模约 3 万。拉齐奥大区的医药企业以生产为主，雇员 15 000 名，出口额占全国 43%，位居各大区首位。

### 5. 意大利的汽车制造产业

意大利是世界汽车主要生产国，也是全球重要的汽车市场。意大利拥有自己完整的汽车产业体系，以菲亚特为代表的意大利汽车制造工业，在整车及发动机设计与制造、研发能力与水平、制造工艺与技术领域均处于世界先进水平。

意大利在超级跑车方面独树一帜，表现出世界一流水平。比如意大利马拉内罗法公司是世界上唯一一家始终将 F1 技术应用到新车上的公司，制造了现今最好的高性能公路跑车。法拉利汽车经 Pininfarina 的精湛设计，优雅姿态、卓越性能、尖端科技，法拉利车队长久以来称霸 F1 世界。

意大利的兰博基尼超级跑车拥有世界超一流的汽车制造技术。作为全球顶级跑车制造商及欧洲奢侈品标志之一，其拥有霸气的外表，在意大利乃至全世界，兰博基尼都是诡异而神秘的超级跑车。

全球著名品牌玛莎拉蒂是一家知名意大利赛车与跑车生产商，于 1914 年在博洛尼亚成立。公司的总部现位于摩德纳，其徽章是一支三叉戟。玛莎拉蒂曾是法拉利的一部分，现为菲亚特克莱斯勒汽车直接拥有。如今的玛莎拉蒂全新轿跑系列是意大利顶尖轿跑车制造技术的体现，在运动车领域独树一帜。

6. 意大利的农业产业

意大利的生产模式和就业水平在欧洲处于领先水平。意大利农业产量位居欧盟前三位。意大利境内 56%的土地属于农业用地，主要农产品包括果蔬、葡萄栽培和橄榄作物。意大利的农场接近 300 万个。不同地区之间的地形和气候差异让意大利农业生产形成了鲜明的区域特色。



意大利国家统计局数据显示，意大利 2016 年农业增值总量为 316 亿欧元，位居欧盟首位。意大利农场主协会的一项报告指出，最受国外市场欢迎的农产品是意大利葡萄酒。

葡萄酒业是意大利的传统优势行业，涉及生产企业 65 万家，年销售收入超过 130 亿欧元。意大利是世界上仅次于法国的第二大葡萄酒生产大国。但 2015 年意大利葡萄酒产量超过法国，生产酿造大约 48.9 亿升葡萄酒，相当于 65.2 亿瓶。

据意讯社报道，全世界出口每 5 瓶葡萄酒中就有 1 瓶来自意大利。葡萄酒行业产量中的 55%为红葡萄酒，45%为白葡萄酒。意大利葡萄酒出口的前五大对象国分别是：德国、英国、荷兰、法国和奥地利。

意大利的农业机械化水平非常高。20 世纪 70 年代，意大利农业就全部实现机械化。意大利农业机械化程度在 20 世纪 90 年代达到了最高水平。此外，意大利在农业领域的其他方面也具有较强的技术优势，包括：

（1）农产品加工、储藏、保鲜技术与设备；

（2）食品安全技术（农产品与食品安全可追溯技术），欧洲食品安全中心设在意大利；

（3）利用农产品生产生物可降解材料的技术与设备（生物塑料等）；

（4）肉牛与奶牛品种、冷冻精液与胚胎；

（5）生物农药、生物肥料以及生物农产品的生产技术；

（6）优质水稻育种技术、优质水果品种的选育技术；

（7）高附加值低污染水产养殖技术、鲟鱼与珍珠贝人工养殖技术；

（8）农产品的快速检测技术；

（9）农业与畜牧机械；

（10）用于功能性食品原料的农作物育种技术；

（11）奶水牛遗传改良与繁殖技术。

7. 意大利的皮革工业

意大利皮革以精致工艺与时尚设计相结合的特色而享誉全球。印有“意大利制造”标签的皮革在消费者心目中往往意味着高档、质优、花色及品种齐全，成为某些国家高消费群体身份的象征，属于世界领先的一流时尚皮革。

意大利是传统皮革生产国，皮革生产工艺及产量在全球都占据领先地位。该行业拥有 1 300 家企业。意大利国家统计局数据显示，2016 年意大利皮革及相关产品销售额为 202.29 亿欧元。意大利皮革生产企业主要分布在维琴察、托斯卡纳、索洛夫拉和米兰四大生产区域，属于国际导向性企业，绝大多数与国外供应商和客户都有着密切的合作关系。

8. 奢侈品及成衣业

意大利是欧洲文艺复兴发源地。城市经济繁荣，人类思维活跃，文化艺术高度发展，成就了高端时尚产品的人文与经济基础。欧洲的文艺复兴对全欧洲乃至全人类的影响非常巨大。可见，意大利的奢侈品具有极为浓厚的历史积淀。

意大利纺织业在中世纪起就一直非常发达。特别是在路易十六时期，法国政府为了让其能够成为全球奢侈品中心，也曾经邀请意大利的纺织业的工匠给法国工匠进行培训。至今，意大利的面料质地在全球依然首屈一指，为其成为世界奢侈品中心打下技术基础。

奢侈品的魅力是富贵豪华。奢侈品（Luxury）源于拉丁文的“光”（Lux）。奢侈品往往是闪光明亮的、令人享受的。奢侈品通过其品牌视觉识别系统传达了蕴含的内容。从社会学的角度上说，奢侈品是贵族阶层的物品。购买奢侈品的人不一定是追求实用价值，而是在追求“最好”的感觉。

意大利奢侈品牌十分多：比如 FENDI、ARMANI、GUCCI、BVLGARI、ABSOLUTE 等。

（1）芬迪（FENDI）是意大利著名的奢侈品品牌，最早作为皮革世家，芬迪（FENDI）最出名的莫过于 It Bag—Fendi Baguette 手袋，由芬迪家族的 Silvia Venturini Fendi 设计。

（2）阿玛尼（ARMANI）是世界知名奢侈品牌，1975 年由时尚设计大师乔治·阿玛尼创立于意大利米兰，以使用新型面料及优良制作而闻名。

（3）古驰（GUCCI）是意大利时装品牌，由古驰奥·古驰在 1921 年于意大利佛罗伦萨创办。是全球卓越的奢华精品品牌之一。

（4）宝格丽（BVLGARI）是意大利珠宝商和奢侈品，于 1884 年在意大利创办，源自古希腊罗马文化。

（5）雅舶什（ABSOLUTE）：是意大利乃至欧洲发展速度最快的游艇品牌。它成立之初就致力于用穿越海浪的激情打造豪华游艇。雅船什是融汇了最优秀的设计，最精湛工艺的豪华游艇，也是目前最环保的豪华游艇。

（6）葆蝶家（BOTTEGA VENETA）,自 1966 年始，汇集意大利出色传统皮革工匠，以上等的材质、卓越的手工艺、现代的功能，以及创新的设计为宗旨，秉承瑰丽细致、注重美感和秉具个人风格的一贯特质。

（7）普拉达（PRADA）于 1913 年在米兰创建。Miuccia Prada 的独特天赋在于对新创意的不懈追求。而且能够预测时尚趋势，引领时尚潮流。

（8）戴里柯施（DELLE COSE）于 1977 年创立于意大利的那不勒斯，是意大利本土的小众奢侈品牌。品牌创立之初，戴里柯施一直是那不勒斯上流社会以及时尚人士等小众人士的最爱。

（9）范思哲（VERSACE）是知名的奢侈品牌。范思哲的时尚产品统领了生活的每个领域，其鲜明的设计风格，独特的美感，极强的先锋艺术表征让它风靡全球。

（10）缪缪（MIU MIU）率性且充满实验风格，与普拉达是同一设计理念的另一种表达方式。缪缪成立于 1993 年，注重优雅精致且不乏趣味，将女性气质发挥到极致。

（11）华伦天奴（Valentino）是知名的意大利高级时装品牌，成立于 1960 年。华伦天奴融合意大利手工艺和现代美感，塑造优雅的华美典范。

9. 意大利的游艇制造业



意大利的游艇制造处于世界一流水平。比如 PERSHING 私人游艇，PERSHING 为意大利名牌，具有 30 多年历史，承袭了意大利游艇制造的优良传统，以其独特设计、速度及高贵外形见称；Riva 游艇，是全球首屈一指的顶级豪华游艇品牌，始于 1842 年，有 170 多年历史，是意大利顶级奢华游艇，也是世界游艇中历史最悠久、最传奇、最昂贵的品牌之一。

再比如全球十大私人豪华游艇第 1 名的“阿扎姆”号超级游艇：其主人是沙特皇室成员阿尔瓦利德·本·塔拉勒·阿苏德王子。这艘游艇长 180 米，高度相当于 12 辆双层巴士，造价 40 亿人民币。这艘游艇拥有超过 50 套客房，此游艇的设计与缔造极为复杂，可谓游艇史上的里程碑。

10. 意大利的文化及体育产业

意大利是欧洲最早产生资本主义萌芽的国家。其先进地区有佛罗伦萨、热那亚、威尼斯等地，这 3 个著名城市成为意大利乃至整个欧洲的文艺复兴发源地和最大中心。最早的文艺复兴代表人物是佛罗伦萨诗人但丁和画家乔托。16 世纪是意大利文艺复兴特别繁荣的时期，产生了 3 位世界著名的伟大的艺术家及巨匠：达·芬奇、米开朗琪罗、拉斐尔。

达·芬奇被称为全才和奇才，既是艺术家，又是科学家，而且是当时世界上全面发展的人的完美典型。他塑造了一系列无与伦比的艺术典型。肖像画《蒙娜丽莎》被誉为世界美术杰作之冠；《最后的晚餐》为后世学习的典范。

达·芬奇精深的艺术创作又与广博的科学研究密切结合。达·芬奇在许多学科上都有重大发现，比如在解剖学、生理学、地质学、植物学、应用技术和机械设计方面建树尤多，被誉为许多现代发明的先驱。

米开朗琪罗是艺术上造诣极高的大师，在建筑，雕刻、绘画、诗歌等方面都留有很多不朽杰作。他创作的梵蒂冈西斯廷礼拜堂的巨幅屋顶壁画，被称为世界上最宏伟的艺术作品。他的许多雕塑，比如《大卫》《摩西》和《垂死的奴隶》等，在技艺上较希腊古典名作有过之而无不及。

拉斐尔是卓越的画家，被后世尊为画圣。他留下了许多第一流的杰作，如《花园中的圣母》《西斯廷圣母》，以及梵蒂冈教皇宫中的许多壁画，尤其是《雅典学派》《教义的争论》等，都达到构图和谐和形象完美的极致。

此外，意大利拥有享誉世界的三大名城：罗马，佛罗伦萨和威尼斯。

罗马是意大利的首都和最大的城市，也是全国政治、经济、文化和交通中心，已有2 500余年历史，是世界著名的历史文化名城，古罗马帝国的发祥地，因建城历史悠久被称为“永恒之城”，是意大利占地面积最广、人口最多的城市，也是世界最著名的游览地之一。罗马还是全世界天主教会的中心，有700多座教堂与修道院、7所天主教大学，市内的梵蒂冈是天主教教皇和教廷的驻地。罗马与佛罗伦萨同为意大利文艺复兴中心，在1980年，罗马的历史城区被列为世界文化遗产。



佛罗伦萨是意大利中部的一个城市。15—16世纪，佛罗伦萨是欧洲最著名的艺术中心，并以美术工艺品和纺织品驰名全欧。佛罗伦萨是欧洲文艺复兴运动的发祥地，举世闻名的文化旅游胜地。1865—1871年曾为意大利王国统一后的临时首都。佛罗伦萨国际当代艺术双年展，与威尼斯双年展、米兰三年展并称意大利三大艺术展。

威尼斯是全球著名的水城，被誉为“水上都市”“百岛城”“桥城”是世界著名的历史文化名城、威尼斯画派的发源地。其建筑、绘画、雕塑、歌剧等在世界有着极其重要的地位和影响。

意大利几千年的文化积淀及其旖旎的自然风光无不吸引着世界各地的游客到意大利游览、参观、学习。同时，意大利的体育产业十分发达，是闻名世界的体育大国。

意大利共举办过三届奥运会，一届夏季奥运会，即1960年罗马奥运会，两届冬季奥运会，即1956年科蒂纳丹佩佐冬季奥运会，2006年都灵冬季奥运会。

意大利被誉为“世界足球王国”。意大利曾获得过四届世界杯冠军。国家队中文绰号“蓝衣军团”。至今，只有意大利和巴西曾经成功卫冕世界杯冠军。1968年，意大利赢得了欧洲国家杯的冠军。这个冠军是第二次世界大战后意大利队的首个洲级冠军。1982年的西班牙世界杯，意大利凭借出色的表现，再次登上冠军宝座，该届功臣是金童保罗· 罗西，共打入6球。2006年，在里皮的带领下，意大利队再登全球之巅。意甲联赛是欧洲五大联赛之一。

### 练习题二

1. 填空题

（1）意大利属于________政体，________拥有国家的最高行政权力。

（2）________是意大利人最常见的问候礼节，两个男性好友间也行此礼。

（3）在意大利，________受到尊重，特别是在各种社交场合，处处优先。

（4）意大利是欧洲第四大、世界第八大经济体，以制造业和中小企业闻名，被誉为“________”。

（5）意大利也被誉为“________”，曾获得过四届世界杯冠军，国家队中文绰号“蓝衣军团”。

2. 选择题

（1）意大利政体下，______更多的是一种荣誉性职位，并无真正的实权。

A. 内阁　　B. 总统　　C. 总理　　D. 首相

（2）意大利人在出席宴会、招待会等活动时，经常______。

A. 提前　　B. 准时　　C. 迟到　　D. 缺席

（3）下列哪一主权国家在意大利境内______。

A. 梵蒂冈　　B. 摩纳哥　　C. 瑙鲁　　D. 图瓦卢

（4）以下哪一个品牌不属于意大利原创品牌？______

A. 阿玛尼（ARMANI）　　B. 古驰（GUCCI）

C. 宝格丽（BVLGARI）　　D. 路易·威登（LOUIS VUITTON）

（5）意大利最具优势产业，不包括下列选项中的______。

A. 航空航天产业　　B. 餐饮业

C. 汽车制造产业　　D. 文化体育产业

3. 思考题

（1）意大利的政体和我国政体相比有何异同？请举例说明。

（2）意大利的许多艺术形式，如绘画、雕塑、建筑、风俗等都与宗教主题密不可分，你知道这是为什么吗？

## 四、典型文化分析

### （一）意大利饮食文化

源远流长的意大利餐对欧美国家的餐饮产生了深厚影响，并发展出包括法餐、美国餐在内的多种派系，故有“西餐之母”之美称。下面我们就一起来领略一下意大利餐的特点。

意式菜讲究直接利用原料自身的鲜美味道，调味直接、简单，常用番茄酱、橄榄油、罗勒、番红花调味。烹调上以炒、煎、炸、红焖等方法著称，并喜用面条、米饭做菜，而不作为主食用。相传，13 世纪意大利旅行家马可波罗把我国的面条传到意大利，目前意大利面食已闻名世界，仅面条的种类就有几十个品种，此外还有各种馄饨、比萨饼等。其中最为中国人熟知并受欢迎的恐怕就是意大利面和比萨饼了。

### （二）意大利面

意大利面，又称为意粉，是西餐品种中最接近中国人饮食习惯，最容易被中国人接受。意大利面的世界就像是千变万化的万花筒，数量种类之多据说至少有 500 种，再配上酱汁的组合变化，可做出上千种的意大利面料理！

最早的意大利面约成型于 13 至 14 世纪。到文艺复兴时期后，意大利面的种类和酱汁也逐渐丰富起来。

食用面团最初出现时的制造方法是将面粉团压成薄纸状，然后覆盖在食物上，放入焗炉内烹煮食用。其后，人们想到将面团切成小块状或条棒状的细长面条，而阿拉伯人更想到了将面条风干储存的做法。

西红柿在意大利的那不勒斯首次被人用作酱汁搭配面条，这种面条由此大受欢迎，甚至连皇室贵族也深受吸引。正宗的意大利粉是由铜造的模子压制而成，由于外形较粗厚而且凹凸不平，表面较容易粘上调味酱料，吃起来的味道口感更佳。

除了原味面条外，其他色彩缤纷的面条都是用蔬果混制而成的，如：番红花面、黑墨鱼面及蛋黄面等。

正宗的原料是意大利面具有上好口感的重要条件。除此之外，拌意大利面的酱也是比较重要的。一般情况下，意大利面酱分为红酱（tomato sauce）、青酱（pesto sauce），白酱（cream sauce）和黑酱（squid-ink sauce）。红酱是主要以番茄为主制成的酱汁，是最常用的；青酱以罗勒、松籽粒、橄榄油等制成的酱汁，其口味较为特殊与浓郁；白酱是以无盐奶油为主制成的酱汁，主要用于焗面、千层面及海鲜类的意大利面；黑酱是以墨鱼汁制成的酱汁，其主要佐于墨鱼等海鲜意大利面。而意大利面用的面粉和中国的面粉不同，它用的是一种“硬杜林小麦”，所以久煮不煳，这就是最大的区别。

问到意大利面的英语表达，很多人可能会说是 spaghetti。其实正确的叫法是 pasta，spaghetti 只是其中的一种，就是那种传统的长条形状的面条。而在意大利，有超过 130 种不同形状的面。

几种常见的意大利面：

Alphabets——字母面（通常字母面是用来放在汤里起点缀作用的）

Macaroni——通心粉（短于 4 厘米才叫通心粉）

Rotini ——螺旋粉（一般短于 4 厘米，呈螺旋形）

Angel Hair，Capellini——天使面 （细长如发丝，意大利人亲切地称之为“天使的发丝”）

Manicotti——大通心面（袖筒面，直径很大，内部可填充馅料）

Jumbo Shells——大扇贝面（内部体积大，可填充馅料）

Butterflies——蝴蝶结面（因其形状深受女性的欢迎）

Medium Egg Noodles——蛋面（扁形）

Ditalini——手指面（顶针面，如同顶针一样的外形）

Spaghetti——长面（传统的长条形，也是一般意义的“意粉”）

Orzo——粒粒面（饭粒形状）。

Lasagne——千层面（宽面，一层面一层馅焗制，或者拿去包意式云吞，口感独特）

Radiatore——层层面（造型别致精巧）

Bridegrooms——新郎面（可以理解为长条形的粗通心粉）

Linguine——中细面（形状类似中国的挂面）

意大利面种类之多，分类之严格，造型之别致，口感之独特，可称得上是一门艺术。

## （三）意大利比萨饼

比萨饼起源于那不勒斯，已有 2 000 多年的历史，在庞贝古城的遗址中，就已发现它的踪迹了。至今那不勒斯的比萨饼仍是最正宗的。



真正好的比萨饼，是将面团用手擀，甩成薄薄的圆饼，按照食客的口味，加上不同的料，如蘑菇、洋葱、青椒、火腿、香肠、蔬菜、腌制的小鱼，等等。分红底和白底两种，所谓红底，就是饼底涂了一层番茄酱，白底则不涂。但有一样东西无论如何不可少，就是一种名叫“马苏里拉”（Mozarella）的奶酪，白白的像嫩豆腐，平时浸在水里以保持新鲜，吃时切片，可拌沙拉，或夹在面包里吃。最好的马苏里拉奶酪产于意大利南方，是用水牛奶做的，又弹又香，实在是上等的佳味。比萨饼里最有名和最受欢迎的一种叫“Marcherita”，是以一位意大利皇后命名的，白饼底加番茄酱和马苏里拉奶酪，再摆上两片新鲜的罗勒叶，什么配料都不加，非常简单。还有一种更加简单，就是白饼底刷上一点点的橄榄油，撒上一点盐和迷迭香叶子，香脆可口，可以当面包吃。

对意大利人来说，真正的比萨饼把饼底准备好以后，一定要放入以果木的无烟木炭为燃料的大炉子里烤，炉膛里一边是熊熊的火，另一边是饼底，为了防止受热不均，饼师傅还要不断地用铲子将饼底换方向，因为饼薄，时间不长，最多三五分钟就烤好了，时间稍稍一长，饼边就会焦掉，不过没关系，吃的时候撕掉就可以了。烤好的饼圆圆的，看起来很大，但因为很薄，女孩子一顿吃掉一整个没问题。吃的时候要喝啤酒，不能喝葡萄酒，在意大利吃饭基本都喝葡萄酒，唯独吃比萨饼一定得喝啤酒。

### （四）冰激凌——意大利人的发明

冰激凌在 16 世纪由西西里岛的一位教士改良，完善了它的制作技术。意大利艺术冰激凌的制作传统也一代一代地传下来。直到今天，西西里岛的冰激凌仍被认为是意大利最好的冰激凌。到过意大利的人们，品尝到意大利冰激凌，无不为其可口的味道以及精致的外形所惊叹。

说意大利冰激凌是真正的艺术品并不为过。从制作工艺上讲，单纯的配方是制造纯粹口感的秘密武器，不论哪一款冰激凌，它的配方中永远没有任何添加剂。

在快餐文化大行其道的今天，当咖啡也可以被流水线般制造出来的时候，每一种意大利冰激凌却始终都是专业厨师的手工制作，由此可见它的出身不凡。意大利冰激凌不会冰冻得很硬，口感细腻轻盈如丝，浪漫的感受不绝于口。

意大利的冰激凌可分为四类：

Gelato——意式冰激凌，以鲜牛奶为原料，配以各种水果，是意大利冰激凌最为传统的一款。

Sorbetto——雪芭，纯鲜水果，不含牛奶。在国外正式的西餐中，每道菜之间都会提供柠檬雪芭，用作清除上道菜的余味及提高味觉，以品尝下一道菜。

Yogurt——乳酪，由新鲜酸奶制成，口感腻滑，还可帮助消化。

Soya Gelato——大豆冰激凌，由西西里岛冰激凌大师 Mr. Russo 独创，不含胆固醇，无糖无奶。对于牛奶过敏、要保持苗条的人来说，实在是最佳之选。



### （五）意大利的咖啡文化

意大利是咖啡文化的创始国家之一。咖啡在意大利人的心中可谓是神圣的存在，也正是这种对咖啡的神圣和敬畏，使得意大利的咖啡文化在世界上独树一帜。

意大利咖啡的特色，表现在它的英文名字上（Espresso，浓缩咖啡），就是一个“快”字：做得快不超过十秒钟，喝得也快，因为只有两三口。一般意大利人起床后的第一件事就是马上煮一杯咖啡，不分男女几乎从早喝到晚，街上到处可见叫作 BAR 的咖啡小店，一杯咖啡很便宜，供人站着一饮而尽。你也许不知道，正宗的意大利咖啡是要站着喝的，坐下喝要单独加钱。

意大利人酷爱咖啡，平均一天要喝上二十杯咖啡。你也许会担心摄入这么多的咖啡因会影响睡眠和肠胃，其实意大利咖啡是最不影响睡眠而又最香的咖啡。意大利咖啡的咖啡因含量并不因味道浓就比别的咖啡含量高。意大利咖啡中咖啡因的含量是所有咖啡做法中含量最低的，因为制作过程中，咖啡和水接触的时间最短。意大利咖啡的咖啡因含量大概是普通单品咖啡的 1/4，是速溶咖啡的 1/10 ~ 1/8。调制意大利咖啡的咖啡豆是世界上炒得最深的一种豆子，真正的意式浓缩咖啡豆一般经过长时间的深度烘焙，咖啡因早已所剩无几了，至于剩下的那一点点咖啡因，也必须经过长时间的萃取才会溶解出来。因此这种看起来很浓的咖啡，其实一点不伤肠胃，甚至还有助于消化呢！

## （六）意大利式正餐

传统的意大利式正餐一般会有四至五道菜式。

第一道一般是开胃菜，或叫头盘，意大利语称 Antipasto，是“用餐之前”的意思。一般指水果沙拉、蔬菜沙拉等，但是精致的意大利人将蔬菜、水果、肉外加奶酪和其他调味品混合起来，食材更加丰富，味道更加清爽。

第二道菜主要是指汤（Zuppe）、意粉或烩饭（Risotto），意大利语是 Primo Pratto。由于之后仍有主菜，所以分量会较少。如意大利蔬菜汤、蟹肉玉米浓汤或局鸡肉面卷、牛肉面片、意式空心粉和海鲜天使面。

第三道菜即主菜。它是整个正餐的灵魂，主要是海鲜或肉类菜式，牛排、海鲜、面食，其中海鲜焗饭、意大利面、意大利香肠都是特色。不少主菜菜式都是以烧烤或油炸方式烹调，享用时随意加点桌上的盐或橄榄油便可食用。

最后一道菜一般是甜品。意大利的甜品也是最具特色的，提拉米苏、冰激凌就是意大利人发明的，至今闻名世界，不少游客为此来意大利想要品尝一下。西餐非常注重甜品，而意式甜品极为出色。意大利语中甜品 Dlolce 本身就是“甜”的意思。通常是在享用主菜后才点选的。用餐后，一般还会再来一杯浓缩咖啡或者泡沫咖啡（Cappuccino）帮助消化。



## （七）用餐礼仪

（1）到意大利人家做客，不要早到，稍晚点为好。

（2）喝汤不能发出声音，用汤匙应从里往外舀着喝，千万不要端起汤盘直接饮用。

（3）吃面条要用叉子卷好送入口中，不可发出声音。餐间谈话也等口中无食物再交谈。否则是缺少教养的表现。每一道菜吃完后，只要把刀叉并排放在盘内，就表示这菜已吃毕，有剩余的话服务员也会撤了。

（4）朋友间聚会上餐馆一起吃饭，一般采用 AA 制，除非对方声明请客。意大利人如请你上家里吃饭，那是当你为上宾了，客人可带酒（一般为葡萄酒）、甜点或纪念品、鲜花。礼品包装要讲究一些，作为主人接受礼物，应当面将礼品包装打开，并加以赞美。

（5）意大利人排座位是一男一女岔开，一般还要把丈夫与妻子分开。在主人家吃饭，传统的方式是，席间由女主人给每位客人上菜，客人如喜欢哪个菜，可以再向女主人要，主人会非常高兴。现在这个习俗也在改变，客人可以自己取，但不要站起来取菜，够不着时可请主人或其他客人把盘子递过来；现在也有让菜盘按顺序转，转到谁面前谁取；男士在这种情况下应该向自己身边的女士征求意见再给女士夹菜。

（6）意大利人饮酒的规则较多。一般饭前要喝开胃酒，主菜是鱼、虾等海鲜时饮白葡萄酒；主菜是肉时，饮红葡萄酒。红葡萄酒在室温下饮用，白葡萄酒要经过冰镇。意大利人喜欢饭后再喝少量的烈性酒。

### 练习题三

1. 填空题

（1）意大利餐源远流长，对欧美国家的餐饮产生了深厚影响，故有“________”之美称。

（2）意大利面和中国的面条最大的区别在于用的________不同，所以久煮不煳，很有嚼劲。

（3）对意大利人来说，真正的比萨饼一定要放入________里烤制，且以果木为燃料。

（4）正宗的意大利咖啡是要________喝的，否则要单独加钱。

（5）在意大利，朋友间聚会上餐馆一起吃饭，一般采用________，除非对方声明请客。

2. 选择题

（1）意大利面在英语中的正确说法是______。

A. Spaghetti　　B. Macaroni　　C. Pasta　　D. Lasagne

（2）意大利冰激凌最为传统的一款是______。

A. Gelato　　B. Sorbetto　　C. Yogurt　　D. Soya Gelato

（3）在意大利，吃比萨饼一定得喝______。

A. 白葡萄酒　　B. 红葡萄酒　　C. 啤酒　　D. 白酒

（4）传统的意大利式正餐的第一道菜一般是______。

A. 汤　　B. 甜品　　C. 主菜　　D. 开胃菜

（5）在意大利用餐时，每一道菜吃完后，只要把刀叉______放在盘内，就表示菜已吃毕。

A. 分开　　B. 并排　　C. 交叉　　D. 随意

3. 思考题

（1）意大利的食物美、礼仪美、生活节奏美，除此之外，你还能想到其他的“美”吗？

（2）意大利人十分注重追求和享受美好的生活，你觉得哪方面是你最为向往的？为什么？

## 五、中外文化品鉴

很多人将意大利称为“欧洲的中国”，你知道为什么会有这种说法吗？意大利和中国存在哪些相似之处呢？以下几方面也许能给你带来一些启示。

### （一）历史文化

意大利历史文化灿烂悠久，从古罗马遗迹到文艺复兴再到现代，可以说意大利遍地都是文化遗产。意大利全国拥有 3 200 多座博物馆、10 万座大小教堂和 5 万座历史建筑物，收藏有 500 多万件考古文物和 200 多万件艺术品。截至 2019 年 7 月 6 日，在世界遗产名录排名上，中国和意大利以 55 项并列第一。在 55 项遗产总数中，意大利的文化遗产占据了 50 项之多，是全球拥有世界文化遗产最多的国家。

中国是世界上拥有世界遗产类别最齐全的国家之一，也是世界自然与文化双遗产数量最多的国家（与澳大利亚并列），其中首都北京拥有 6 项世界遗产，是世界上拥有遗产项目数最多的城市，而且中国的世界遗产数量还在不断增加。中国 5 000 年文化蕴藏了不可估计的文化遗产，中国文化是世界之窗。因此意大利人和中国人都有着极为强烈的本国文化自豪感。

另外，中意两国的文化保护都做得非常好，基本上随便一个小城都有可以诉说的历史和可以参观的古建筑。在这两个国度，你可以欣赏到古老文明和现代文明的碰撞，矛盾却又特别，厚重而又新鲜。无论是中国还是意大利的遗产，都是我们人类宝库的瑰宝，也是世界的共同财产。



### （二）饮食文化

我们中国人在为咱们国家的八大菜系感到骄傲的同时，意大利人也为他们意大利菜在世界的地位感到自豪。“民以食为天”的中国饮食思想也写在意大利人的血液中。

意大利民族是一个美食家的民族，他们在饮食方面有着悠久历史，如同他们的艺术、时装和汽车，总是喜欢精心制作。意大利美食典雅高贵，且浓重朴实，讲究原汁原味。意大利菜系非常丰富，菜品成千上万，且每个地区都有自己的特色食物，除了大家耳熟能详的比萨饼和意大利面，它的海鲜和甜品也闻名遐迩。源远流长的意大利餐，对欧美国家的餐饮产生了深厚影响，并发展出包括法餐、美国餐在内的多种派系，故有“西餐之母”之美称。

意大利人也和中国人一样非常喜欢谈论饮食，喜欢在餐桌上谈天说地，谈古论今，增进关系。所以聚餐时间可以长达 3 个小时。调查显示，越来越多的中国男士喜欢下厨做菜，享受烹调带来的快乐，而很多意大利男士也对食物相当有研究，做得一手好菜。

### （三）家庭文化

在中国人的观念里，百善孝为先，传统的孝道文化数千年来一直影响着整个华夏民族。中国人把孝视为人立身之本、家庭和睦之本、国家安康之本，同时也是人类延续之本。孝作为儒家伦理思想的核心之一，千百年来是中国社会维系着家庭关系的道德准则，是中华民族的传统美德。

在西方，一般人都会觉得，成年人跟自己的子女组成的小家庭才是真正意义上的家庭。但是成年意大利人跟父母、祖父母的关系相较其他欧洲国家来说更为亲密。比如说，没结婚的成年男性一直跟父母生活的现象比较普遍，一切生活起居细节都由父母代劳，这种人在意大利被称为“妈宝”（mammone）。尤其是意大利南部，大家族生活在一起是一件很常见的事。老人会帮忙照看孩子，年轻一辈也会帮忙照顾老人。而到了过圣诞节或者复活节这一年中的两个大节的时候，往往大家也会像中国人一样赶着回家跟家人团聚。

意大利人的生活以家庭为中心，其中包括一系列从祖父母到阿姨、叔叔和表兄弟的亲戚。意大利人也与邻居和朋友保持着紧密的联系，来自同一地区的人被称为 paisano。在意大利，家庭生活举足轻重。家庭在意大利文化中是一个非常重要的价值取向，他们的家庭团结主要集中在整个大家庭成员的互动上，而不是仅仅局限于西方“核心家庭”的概念。

意大利人经常举行家庭聚会，他们喜欢与家人共度时光。即便成年后，孩子们也必须与家人保持亲密关系，并将未来的家庭纳入更大的家庭互动网络中来。对于意大利人来说，家庭不仅是社会结构的中心，更为其每一个家庭成员提供情感和经济支持。



### （四）文化输出

世界史专家一般认为，世界古代文明因为交通不发达等因素，导致地域文化相互影响甚小。但中国因为古代瓷器和丝绸制造技术领先于世界，曾给世界带来很大的影响。特别是汉代以后，造纸术出现后大大促进信息交流而使得中华文明独步东亚，成为亚洲各国争相效仿的对象。远隔重洋的日本，就曾派遣唐使来中国学习中华文明。朝鲜半岛曾全面使用汉字为书写语言。中国文化不但对韩国、日本，而且对东南亚、南亚一些国家如菲律宾、新加坡、越南等都产生了深远的影响。形成了世所公认的以中国文化为核心的东亚文化圈。

中华文明还通过丝绸之路和部分传教士等的传播，影响着欧洲文明的进程。古罗马是丝绸之路陆路的终点站。生于公元前 100 年的古罗马恺撒大帝就曾以一身中国丝绸服装为荣。1271 年，去过东方大元帝国的意大利人马可 · 波罗向西方介绍中华文明，并最终导致欧洲人在探寻东方新航道时发现了新大陆，引起了欧洲人开始向外移民的新浪潮。

意大利文明对外影响分两个主要时期：一是古罗马时期向殖民地强制性地输出了拉丁文化和基督教。二是起源于 500 年前的文艺复兴运动。以摆脱宗教桎梏、回归人性化为目的的伟大文艺复兴，给黑暗的中世纪点亮了明灯，欧洲从此进入了加速发展的快车道。意大利在欧洲艺术史上占有重要地位，在文学、音乐、美术、雕塑、建筑等方面都起到了开拓者的作用，对西欧各国艺术的发展有重要影响。

因此，无论是从历史文化、饮食文化、家庭文化和文化输出方面，中意两国都分别在亚洲和欧洲产生了极大的影响，这两个历史文明古国值得我们进一步探索和互鉴。

## 练习题四

1. 填空题

（1）________是世界上拥有世界遗产类别最齐全的国家之一，也是世界自然与文化双遗产数量最多的国家。

（2）意大利菜系非常丰富，除了大家耳熟能详的比萨饼和意大利面，它的海鲜和________都闻名遐迩。

（3）________作为儒家伦理思想的核心之一，千百年来是中国社会维系着家庭关系的道德准则，是中华民族的传统美德。

（4）发源于意大利的________运动，使人性得以回归，给黑暗的中世纪点亮了明灯，欧洲从此进入了加速发展的快车道。

（5）在这两个国度，你可以欣赏到________文明和________文明的碰撞，矛盾却又特别，厚重而又新鲜。



2. 选择题

（1）意大利历史悠久，遗产丰富，全国拥有 3 200 多座______和 200 多万件艺术品。

A. 教堂　　B. 历史建筑　　C. 博物馆　　D. 科技馆

（2）在中国和意大利，越来越多的______钟情于烹饪。

A. 女性　　B. 男性　　C. 老人　　D. 儿童

（3）______在意大利文化中是一个非常重要的价值取向，他们的家庭团结主要集中在整个大家庭成员的互动上，而不是仅仅局限于西方“核心家庭”的概念。

A. 家庭　　B. 职业　　C. 金钱　　D. 成功

（4）意大利文明对外影响除了文艺复兴，还通过向殖民地强制性地输出了______。

A.文学　　B. 基督教　　C. 美术　　D. 雕塑

（5）中华文明通过______和部分传教士等的传播，影响了欧洲文明的进程。

A. 瓷器　　B. 造纸术　　C. 佛教　　D. 丝绸之路

3. 思考题

（1）西方文化中的家庭观念通常是怎样的？请查找依据并说明。

（2）除了历史文化、饮食文化、家庭文化和文化输出方面，你还能找到更多中国和意大利的共通之处吗？

## 六、单元小项目

这一单元我们从各个方面探讨了意大利文化之美，但意大利在受到很多人喜爱的同时，也遭到了不少诟病。比如在新冠疫情隔离期间仍然为了追求个人自由而随意外出，忽视规则和集体利益。请你搜集资料，认真思考：意大利在不断追求和享受美好生活的同时出现了什么弊病？是什么原因造成的？（可从政治、经济、历史、社会方面进行思考）

## 第八单元　参考文献

[1] 路易吉·巴尔齐尼. 意大利人：一个民族的优点和缺点[M]. 北京：北京大学出版社，2017.
[2] 向云驹. 东西方文明交流的三个节点与历史启示——意大利与中国文化的相遇相见[C]//中国文学艺术基金会，中国文艺评论家协会. 北京师范大学中国文化国际传播研究院会议论文集：2020 年卷. 北京：北京师范大学出版集团，2020：223-226.
[3] 杨馥. 意大利语，一生之美[J]. 求学，2018（6）：27.
[4] 中华人民共和国外交部. 意大利国家概况[EB/OL].（2022-06-01）[2022-09-21]. https://www.mfa.gov.cn/web/gjhdq_676201/gj_676203/oz_678770/1206_679882/1206x0_679884/.

# 第九单元 日本语言文化之美

学习目标

（1）知识目标：掌握日本文化相关的语言表达，能够描述日本的文化概况，能够阐释日本的典型文化特征。

（2）能力目标：能够灵活运用日本文化相关的语言表达和相关知识，分析日本文化的深层表征，能够比较中日两国文化的差异性。能够对日本典型文化相关事件进行理性评价，增强学生对世界文化相关事件的理解、判断、分析、推理、综合和论证的能力。

（3）美育目标：能够品味世界文化之美，珍惜身边的美好。能够树立积极、正确的审美标准，

（4）思政目标：能够更加深刻地体会到家国情怀，坚定文化自信，树立正确的人生观、世界观。

## 一、单元导入

日本国（日语：にほんこく[①]；英语：Japan），简称“日本”，位于东亚的岛屿国家，领土由北海道、本州、四国、九州四个大岛及6 800多个小岛组成，陆地面积37.8万平方千米。国家通用语言为日语，总人口约1亿2 505万人（2022年5月数据）。主要民族为大和族，北海道地区约有1.6万阿伊努族人。主要宗教为神道教和佛教。日本全国划分为1都（东京都）、1道（北海道）、2府（大阪府、京都府）、43个县。都、道、府、县是平行的一级行政区，直属中央政府，但各都、道、府、县都拥有自治权。首都为东京（日语：とうきょう；英语：Tokyo），人口约1 401万人（2021年10月数据），是日本的政治、经济、文化中心，其他经济中心城市还有大阪、神户、名古屋、横滨等。

日本位于太平洋西岸，是一个由东北向西南延伸的弧形岛国。西隔东海、黄海、朝鲜海峡、日本海与中国、朝鲜、韩国、俄罗斯相望。主体属温带海洋性季风气候，终年

① 在日语中，“日本”有にほん和にっぽん两种较为普遍的读法。

温和湿润。6 月多梅雨，夏秋季多台风。1 月平均气温北部-6℃，南部 16℃；7 月北部 17℃，南部 28℃。日本位于环太平洋火山地震带，地震、火山活动频繁。全球有 1/10 的火山位于日本，1/5 的地震发生在日本。1995 年发生的阪神大地震、2004 年新潟县中越地震造成重大人员财产损失，引起世界关注。2011 年 3 月 11 日，日本发生里氏 9.0 级特大地震，并引发海啸和核电站泄漏事故，被称为“日本战后以来最严重的危机”。

3 世纪中叶，日本境内出现古代令制国大和国。645 年，日本向中国唐朝学习，进行大化改新。12 世纪后期，天皇皇权旁落，进入幕府统治时代。19 世纪 50 年代中期，黑船事件①迫使日本放弃“锁国政策”，签订一系列不平等条约。1868 年，明治天皇重新掌权，实行明治维新，建立日本帝国，迅速跻身帝国主义列强行列，对外走上侵略扩张的军国主义道路，曾多次侵略中国、朝鲜等亚洲国家。日本在第二次世界大战中战败，1945 年 8 月 15 日宣布无条件投降。著名画家陈坚的油画《公元一千九百四十五年九月九日九时·南京》气势磅礴，深刻反映出抗日战争胜利后日本递交投降书的庄严场面，现存于中国人民抗日战争纪念馆。

战后初期，美军单独占领日本，1947 年颁布实施新宪法，由天皇制国家变为以天皇为国家象征的议会内阁制国家。战后奉行“重经济、轻军备”路线，20 世纪 60 年代末成为西方第二经济大国。80 年代中期以来提出成为政治大国的目标，90 年代经济陷入长期低迷，2002 年起出现缓慢恢复，复苏时间创战后最长纪录。2008 年以来，先后受到国际金融危机和“3·11”特大地震冲击，经济复苏势头受挫。2012—2020 年安倍晋三再次执政，力推“安倍经济学”，实施了一系列刺激经济政策，一定程度上提振了日本经济。2020 年，受新冠疫情冲击，实际国内生产总值自 2009 年后首次呈现负增长。外交上，日本坚持日美同盟，重视多边外交，力争在国际事务中发挥重要作用。

日本是一个高度发达的资本主义国家，世界第三大经济体，G7、G20 等成员。其自然资源匮乏并极端依赖进口，发达的制造业是国民经济的支柱。科研、航天、制造业、教育水平均居世界前列。第二次世界大战中，日本的产业受到了毁灭性的打击，日本遭遇严重的通货膨胀。不过在朝鲜战争中，在军需的提振下日本重工业复苏。在制造业为龙头下日本经济快速增长。日本的经济规模于 1968 年超过联邦德国成为世界第 2 位。

1973 年，全球爆发第一次石油危机，日本经济陷入混乱，1974 年经济增长率锐减，战后以来的经济高增长宣告终结。主要出口产品由钢铁转为汽车。20 世纪 70 年代后，日本长期维持巨额贸易出超，而美国在贸易上长期赤字。此后，根据 1985 年签订的《广场协议》，日元不得不升值而导致经济不景气。20 世纪 80 年代后，因为金融环境宽松，经济持续强劲，导致股票价格和地价大幅攀升，即泡沫经济。20 世纪 90 年代，资产价格（股票价格、地价）急剧下跌，受泡沫经济崩溃引发的后遗症影响，日本经济长期低迷，被认为是“失去的十年”。2002 年后，在外国需求上升的拉动下，情况有所改善。

---

① 指 1853 年美国海军准将马休·佩里率舰队驶入江户湾浦贺海面的事件。美国海军黑色的舰艇所呈现出的高度工业化水平震撼了当时的日本人民。日语中称“黑船来航”（くろふねらいこう）。

此外，以动漫、游戏产业为首的文化产业和发达的旅游业也是其重要象征。至今保存着以茶道、花道、书道等为代表的日本传统文化。

2021 年 7 月 23 日—8 月 8 日，日本举行了第 32 届夏季奥林匹克运动会，即 2020 年东京奥运会。东京奥运会是现代奥林匹克史上首次延期举行的奥运会。受新冠肺炎疫情影响，原定于 2020 年举行的东京奥运会推迟至 2021 年举行。2020 年东京奥运会共有 204 个国家和地区的代表团以及俄罗斯奥运队和奥林匹克难民代表团 2 个参赛队伍参赛，共 11 669 名运动员参加比赛。赛事项目共设有 33 个大项、339 个小项、339 场金牌赛，其中滑板、冲浪、竞技攀岩、棒垒球和空手道 5 个新增项目。在东京奥运会上，中国体育代表团共收获 88 枚奖牌，其中包含 38 枚金牌、32 枚银牌、18 枚铜牌，位列金牌榜和奖牌榜第 2 位，38 枚金牌也追平中国代表团海外奥运最佳成绩。

通过本单元的学习，学生能够对日语及日本文化有一定的了解，客观、全面地分析理解日语、日本文化特征，从而对日本传统文化有概括性的把握，能够对日本的国家文化相关事件进行理性评价，增强对世界文化相关事件的理解、判断、分析、推理、综合和论证的能力。

## 二、世界多彩语言之美



日本的官方语言为日语，又称日本语（日语：にほんご；英语：Japanese），母语人数约有 1 亿 2 500 万人，使用日语的人数约占世界人口的 1.6%。

日本古代没有文字，使用刻木结绳的方法记事，应神十六年（285），百济人王仁携带中国的《论语》十卷、《千字文》一卷等书籍到日本，是为日本接触汉字之始，从此日本开始使用汉字写正式文书，且用汉字为日语注音。著名的《日本书纪》是日本留传至今最早的正史，为六国史之首，原名《日本纪》，与《古事记》合称为“记纪”。全书用汉字和万叶假名写成，采用编年体，共三十卷，另有系谱一卷。多半借用中国典籍上的文字，用来描述上代所传承的传说。

唐代时，日本人发明了通行于女性之间的假名，官方文字为文言文，因此现代日语受古代汉语影响极大。以昭和 31 年（1956）的《例解国语辞典》为例，日语语汇中，和语占 36.6%、汉语占 53.6%，昭和 39 年（1964）日本国立研究所对 90 种杂志用语进行了调查研究，得出了和语占 36.7%、汉语占 47.5%、西洋语占近 10%的结论。日语中的汉字与中国的汉字不同，是书写日语时所使用的汉字。《大汉和辞典》是最大的日语汉字字典，共记载接近 5 万个汉字，古典日语中的汉字则与繁体汉字无异。第二次世界大战后，日语汉字进行了一系列的简化与合并，现代日语中常用汉字为 2 136 字。日语汉字的写法基本上与汉语使用的汉字大同小异。但日语中有一部分独创的汉字，则称为“日制汉字”或“和制汉字”。所以，看到日语中的汉字，不要根据汉语的习惯断章取义。

表 9-1　部分日语汉字的汉语意义

| 日语 | 汉语 | 日语 | 汉语 |
| --- | --- | --- | --- |
| 大学（だいがく） | 大学 | 娘（むすめ） | 女儿 |
| 道路（どうろ） | 道路 | 手紙（てがみ） | 信 |
| 都市（とし） | 城市 | 丈夫（じょうぶ） | 结实/没关系 |
| 本屋（ほんや） | 书店 | 怪我（けが） | 受伤 |
| 会社（かいしゃ） | 公司 | 人参（にんじん） | 萝卜 |

汉字传入于日本的历史，至少可以追溯至公元前 1 世纪（弥生时代中期后半）。考古学家在当时的墓葬中发掘出西汉时制造的直径为 7.4 厘米的连弧文镜，上有铭文“久不相见，长毋相忘”；同时还发现了王莽新政时传入的“货泉”“货布”等刻有汉字的货币。

当时的日本并没有自己的文字，《隋书》中记载倭国（即当时的日本）“无文字，唯刻木结绳。敬佛法，于百济求得佛经，始有文字”。日本的史料也确认了这一观点。汉字是随佛教经朝鲜半岛正式传入日本的。虽然具体传入的年代如今已不可考，但是历史学家普遍认为汉籍最早在 5 世纪初开始大量流入日本。

汉字于公元 5 世纪，随着佛教僧侣将中国的经书带到日本而大量传入。这些经书的汉字当初是模仿中国僧侣的发音来读的，一套称为“汉文”的书写系统开始得以发展。汉文主要是汉语文章中插入日语独有的助词，让日语使用者可以依从日语的语法去阅读汉字写成的文章。

约在 8 世纪后半叶由大伴家持（717—785）完成《万叶集》及被称为万叶假名的表音系统，万叶假名使用的是一套指定的汉字，纯粹假借它们的发音来表记日语诗歌。以草书书写的万叶假名后来演变成今日的平假名。当时不被允许接受高等教育的女性也能使用这套平假名来书写日语。平安时代大部分的女性文学都是以平假名来书写的。片假名也是从差不多的方式发展的：寺庙里面的学生把汉字的其中一部分分拆出来成为片假名，用来标注汉字的发音和汉文里的日语助词。

和汉语一样，日语语言也凝聚着日本独特的美感。日语中也有诸多充满意蕴和美感的意象词。这些词大多来源于自然，如季节天气、花鸟植物等。这些充满意境的词汇之美除了词汇本身，更在于情境、腔调和那种微妙的心境。例如：

（1）翠雨（すいう）：意为打落在绿叶上的雨水。

（2）玉響（たまゆら）：短暂，一刹那的瞬间。

（3）東雲（しののめ）：日出时分，被染成茜色的天空。

（4）木漏れ日（こもれび）：从树叶缝隙透出的点点阳光。

（5）朝凪（あさなぎ）：早晨，海边或湖边无风静止的状态。

（6）泡沫（うたかた）：短暂、瞬间即逝之意，多用来形容烟花或短暂的恋爱。

（7）桜吹雪（さくらふぶき）：樱花纷纷飘落，如下雪一般的景象。

（8）月の雫（つきのしずく）：露水的别称。

（9）山笑う（やまわらう）：形容春天山峦微笑般的明朗的感觉。

（10）花明かり（はなあかり）：鲜艳的樱花使周围的黑暗也隐约发亮。

（11）冬萌（ふゆもえ）：看起来已经干枯的冬天的枝条，仔细看的话会看到一点点绿意。草木的嫩芽刚刚露尖。慢慢释放在寒冬储藏好的萌发的能量。

（12）花弁雪（はなびらゆき）：像花瓣一样的大雪。

（13）雪化粧（ゆきげしょう）：银装素裹。

（14）紅一点（こういってん）：万绿丛中一点红。

（15）花信風（かしんふう）：春末夏初向人们预报百花即将开放的风。

（16）花舞小枝（はなまいこえだ）：将绽放的花朵支撑起来的小小枝条。

（17）鳴き砂（なきすな）：沙滩上，脚踩下时发出独特声音的沙子。

（18）咲初小藤（さきそめこふじ）：形容为小小的明天而准备。日本以前有叫作露草、紫露草的花。这两种花的花期只有一天，它凋落的时候不像是凋落而像是融化一般落到泥土中，为明日的开花而准备。

当然每个人对语言意境的掌握会因人而异，如果没有语言基础，也许体会不到其中的美感。以上这些具有独特美感的日语词汇，希望我们在学习日语的过程中，也善于发现语言中的美好，把美好的东西都留在心里。



## 练习题一

1. 填空题

（1）日本由____、____、____、____四个大岛及 6 800 多个小岛组成。

（2）日本的官方语言为______。母语人数有______人，使用人数占世界人口的____%。

（3）日本古代没有文字，使用______的方法记事。

（4）万叶假名使用的是一套指定的_______，纯粹假借它们的______来表记日文诗歌。

（5）平安时代大部分的女性文学都是以________来书写的。

2. 选择题

（1）以下不是日本的经济中心的城市为____。

A. 东京　　B. 大阪　　C. 京都　　D. 名古屋

（2）日本由古代令制国____发展而来。

A. 伊势国　　B. 志摩国　　C. 大和国　　D. 相模国

（3）日本位于____，地震、火山活动频繁。

A. 环印度洋火山地震带　　B. 环太平洋火山地震带

C. 环渤海火山地震带　　D. 环日本海火山地震带

（4）第二次世界大战后，日本由天皇制国家变为以天皇为国家象征的____国家。

A. 议会制　　B. 议会内阁制　　C. 总统制　　D. 责任内阁制

（5）现代日语受____影响极大。

A. 现代汉语　　B. 现代朝鲜语　　C. 古代汉语　　D. 古代朝鲜语

3. 思考题

（1）简述第二次世界大战后日本的经济发展状况。

（2）日语中的汉字是经过什么途径传入日本的？

## 三、世界多样社会剪影

日本与中国一衣带水，同样处在东方儒家文化圈，和中国的历史渊源极其深远。中国盛唐时期，日本大举学习中国先进的语言文字和中华文化。长期的历史、文化交流，使得中日两国文化在某种程度上相似，但两国因各自不同的地理环境、不同的历史发展，语言、文化特点也不尽相同。

日本是岛国，某种意义上给予了与外界交流的主导权。也就是说，顺应时势或必要时日本经由大海从大陆引进所需文化，时运不济或不必要时再次利用大海一时关闭交流的大门。日本利用有利的地理环境，建立起统一的国家以来，一千多年间没有受到外来的侵略和征服。直到第二次世界大战后美军的占领，日本之前从未有过外国的进入。这与当时的亚洲大陆和欧洲不同，日本文化得以走出了自己独特的发展道路。日本在吸收外来文化时常常根据自国的需要有选择性地接收。这种开放和封闭的地理环境同时带来的是日本文化的两面性。开放的同时关闭，一时开放一时关闭的外来文化的吸收也具有两面性。

5 世纪至 6 世纪左右，中国是世界文明的中心。日本把中国隋唐的先进生产方式和政治制度移植于自身。18 世纪到 19 世纪，欧洲是世界近代资本主义的发生地、近代文明的中心，日本于是移植欧洲近代学术思想，学习近代产业经济制度。第二次世界大战之后日本又开始学习美国的制度。

日本的地理周边性是日本社会文化形成的原因之一。日本距离亚洲文明中心古代印度和中国很近，在吸收外来文化时有自己的主导性。这是日本文化主体性的一种表现，日本保存并发展了大量起源于中国的传统文化，在吸收外来文化的过程中，日本没有生搬硬套，而是表现出了强烈的融合性。究其原因，可举出日本民族多元化的思维方式。日本通过改造中国的汉字创造了自己的文字，他们以汉字的草书为基础创造了平假名，以楷书为基础创造了片假名。另外，对印度传来的佛教进行改变，使之融入日本的神道思想里去，创立了神佛习合论，又发展成为现世佛教。

在衣食风俗方面，日本也吸收了很多中华文化。日本贵族们羡慕唐朝的生活方式，模仿他们的生活。当时流行唐服，天皇的礼服和冠也都仿效中国皇帝的礼服，大臣和女性的礼服同样都以唐服为标准。唐朝的饮食文化也传到了日本，丰富了日本人的生活。

日本人自古惯吃“和食”，“和食”已有几千年的历史，名目繁多，但说其本质则不离三种日常食物：饭、日本酱汤、时菜。除了“和食”，日本人常吃素食，有着丰富的素食文化。我们熟悉的寿司、刺身、麦茶、荞麦面、纳豆、海带、煎饼、牛奶、腌咸菜等主副食，无一不体现日本饮食文化的精髓。此外，日本人离不开丰富的海产品。日本是世界上非常依赖海产品的国家，在大部分的烹饪方式中，鱼类都是主角。日本人均每年吃鱼 70 千克，是世界平均值的 5 倍。“生鱼片”是日本独有的美味，生食也是非常健康的食用方式，比烹煮方式更能减少鱼肉中营养物质的流失。日本人烹煮鱼类的方法多为低温煮熟、清蒸等。

中国烹饪讲究“色、香、味”，日本烹饪讲究“色、形、味”，这是日本饮食文化的特征，日本菜肴虽不讲究吃出什么滋味，但很注重“形”，所以说日本菜肴是用眼睛“吃”的。这也符合日本的情况。日本面积狭小而人口多，保护、不破坏自然景观是自古以来的习惯。在整个饮食环境里，处处洋溢着含蓄内敛却依然让人不可忽视的美。而重视历史的日本人更是把古人的饮食习惯较为完整地继承了下来。为此，把烹饪出来的菜肴也作为自然风物中的一束花朵，用以点缀人们的生活。

日本的传统活动中有很多也是中国的传统及习惯。例如新年、端午节、七夕、盂兰盆会、重阳节等。

日本人特别重视新年，将 12 月 31 日称之为“大晦日”，即除夕。按传统习俗，“大晦日”进行大扫除。门前摆上松、竹、梅，以示吉祥如意。除夕晚餐，全家吃过年面（荞麦面条），饭后观看新年电视节目，等待新年钟声，称“守岁”。日本人在“正日”这一天，早餐是很丰盛的，吃砂糖芋艿、荞麦面等，喝屠苏酒。此后一连三天，则吃素食，以示虔诚，祈求来年大吉大利。现日本多数城里人已放弃新年吃素习惯，改在除夕夜吃荞麦面，以祝在新的一年，健康长寿。



日本端午节又称端午之节句、菖蒲之节句，在日本已有悠久的历史，与人日、上巳、七夕、重阳统称为“五节句”。在端午节这一天，家里有男孩子的家庭会竖起鲤鱼旗，全家一起吃粽子和柏叶饼来庆祝节日。竖起鲤鱼旗，希望孩子像鲤鱼一样健康成长。有“鲤鱼跳龙门”的意思。日本人为了避邪气，把菖蒲插在屋檐下面。又或将菖蒲放入水中洗澡。

除此之外，日本还有很多风俗习惯都源自中国，同时经过多年的发展，已经成为具有当地特色的传统节日活动。

在历法方面，645 年，日本仿效中国，把年号改为大化。通过大化元年进行的大化改新，日本更加积极地引进了中国制度和文化。大化改新以建立集权的官僚国家为目的，主要引进大陆先进的生产方式和政治制度（见图 9-1）。

在土地制度方面，以班田收授法实施租、庸、调等租税法，制作户籍、账簿，逐步建立了律令社会。法律效仿了唐律令，相继颁布了近江令、飞鸟净御原律令、养老律令等。

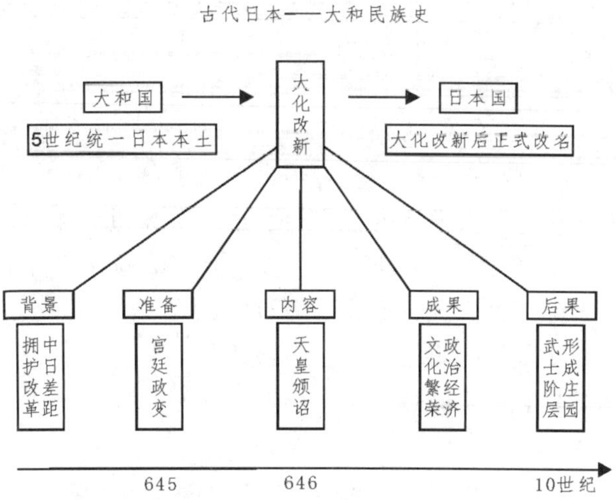

图 9-1　日本大化改新内容

在教育方面，日本学习唐朝的教育制度和教育内容，同时以中国儒家的经典《孝经》《论语》《礼记》等作为教材使用。

通过 1868 年的明治维新，日本政府吸收欧洲文明进行了多方面的改革。日本是重视教育的国家，明治政府把改革的重点放在教育上。1871 年，日本政府颁布学制，主张教育平等主义，整顿和完善了从大学到小学的学校制度。1890 年，日本政府颁布教育诏书，一方面吸收了欧洲近代教育的学制和科学内容的吸收，完善了近代教育的形式。另一方面，主张忠君爱国的非现代的教育理念，强调封建主义教育的精神约束。同时积极吸收欧洲近代科学，到了明治时代采用招聘外国专家、设立学校、派遣留学生等方法大规模引进西方的科学技术。明治时代的自然科学研究，全权依靠外国专家的直接指导，在数理化、地质、医学等领域取得了很大的成果。具体内容如下：

（1）政治方面：废藩置县，消灭了封建割据，加强了中央集权；废除封建身份制度，取消武士特权。

（2）经济方面：大力进行改革，发展资本主义经济；改革土地制度，承认土地私有；引进西方先进技术，大力发展近代资本主义工商业。为日本近代化工业发展提供了物质基础。

（3）军事改革：实行征兵制，建立新式军队。

（4）文化方面：推行“文明开化”政策。提倡新文化，改造旧文化，发展近代教育，培养资本主义建设人才。

明治维新使日本迅速崛起，通过学习西方，“脱亚入欧”，改革落后的封建制度，走上了发展资本主义的道路。同时，日本废除了不平等条约，摆脱了民族危机，成为亚洲唯一能保持民族独立的国家。但明治维新具有不彻底性，在各方面保留了大量旧日本时代的封建残余。后来，日本走上了对外侵略的道路，跻身于世界资本主义列强的行列。

### 练习题二

1. 填空题

（1）公元 5 至 6 世纪左右，________是世界文明的中心地。

（2）大化改新以________为目的，主要引进大陆先进的生产方式和政治制度。

（3）1871 年明治颁布学制，主张__________，整顿和完善了________。

（4）通过明治维新，明治政府把改革的重点放在________上。

（5）明治维新使日本迅速崛起，通过学习西方，“________”，改革落后的封建制度，走上了发展资本主义的道路。

2. 选择题

（1）日本与中国一衣带水，同样处在东方____圈，和中国的历史渊源极其深远。

A. 儒家文化　　B. 道教文化　　C. 佛教文化　　D. 神道教文化

（2）下列不属于日本传统活动的是____。

A. 七夕节　　B. 盂兰盆会　　C. 重阳节　　D. 宪法纪念日

（3）明治维新废除____制度，取消武士特权。

A. 封建身份　　B. 封建君主　　C. 封建土地　　D. 封建阶级

（4）明治时代的自然科学研究，全权依靠____的直接指导，在数理化、地质、医学等领域取得了很大的成果。

A. 外国政府　　B. 本国政府　　C. 外国专家　　D. 本国专家

（5）明治维新具有____性，在各方面保留了大量旧日本时代的封建残余。

A. 不合理　　B. 不完全　　C. 不彻底　　D. 不现实

3. 思考题

（1）简述日本大化改新内容及影响。

（2）日本是如何走上发展资本主义道路的？



## 四、典型文化分析

日本人会根据说话人与听话人的亲疏远近选择不同措辞，这种表现即为敬语。敬语用于对会话中涉及的人物或听话人表示敬意，主要分为三大类：尊敬语、自谦语和礼貌语。对什么人说什么话，这点日本人和中国人的感觉是相近的，但是日语的敬语表达相对比较复杂，所以成为很多日语学习者的学习难点。

（1）尊敬语：尊敬语是说话人对长辈、上司等所有应尊敬的人及其所属的事物、性质、状态等表示敬意的表达形式。

（2）自谦语：自谦语是通过降低自己或自己一方的人，向对方表示敬意的表达形式。

（3）礼貌语：礼貌语是使语言变得文明、客气、礼貌、文雅的表达形式。

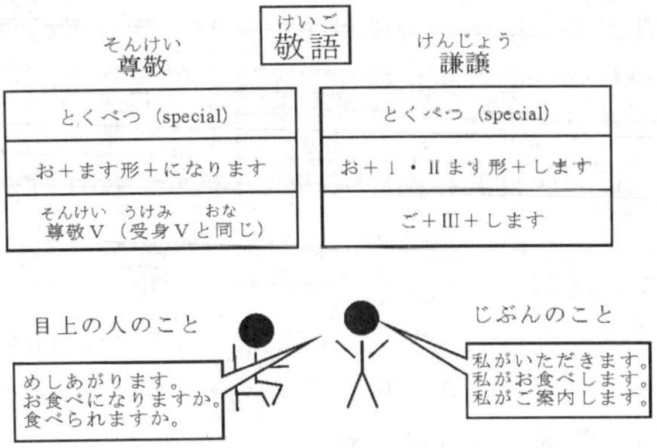


图 9-2　日语中的敬语

敬语在与陌生人、上级或长辈、应该尊敬的人之间使用。如果是比较熟悉的朋友、同学、家人，没有必要过分使用敬语。过分使用会使对方感觉关系生疏，过于客气，彼此产生一定的距离。所以建议恰当地使用敬语。

日本的敬语受日本文化背景影响深远，是日本社会人际关系、传统思想文化和历史发展的重要体现。日本的敬语从出现至今，形成了比较完善的体系。纵观世界语言文化，日本的敬语是相对发达的。从敬语的分类、语法、表现原则分析，敬语表达是人际交往的黏合剂，是本土历史文化内涵的反映。从敬语表达来看，日本文化有自己的民族特点，受诸多因素影响，不断糅合，形成了别具一格的文化特色。特别是其尊敬守礼、以和为贵，认真谨慎的民族精神已经在不断影响世界。通过对日语敬语的学习，能够分析日本敬语形成的原因和背景，探讨敬语的语法规则和表达形式，更好地认识和了解日本文化内涵。

日本社会是纵向社会，也就是说是重视上下级关系的社会。在日常生活和工作中，上下、老幼的关系十分明确，与人交流时，要重视正确使用敬语，使人际关系更为融洽。敬语是日本文化的重要特征与表现，是推进人际关系的一种手段，使用不当会影响人际关系的顺利发展。

从远古时代开始，在日本人的认知中就有“神→天皇→日本人”这样的等级观念。根据《古事记》记载，天皇是太阳神天照大神的直系子孙，天皇和民众是父母与孩子的关系。所谓天皇，顾名思义“天”是自然，人们尊重自然、顺从自然、敬畏自然，人们也理所当然臣服于代表自然的天皇。

从日本发展历史来看，自日本天皇制度确立，即便经过封建时代的武士斗争、近代的工业化革命和现代化的进步，任凭时代如何更替，天皇至高无上的地位都不曾动摇。从古至今身份的高低贵贱、尊卑有别在日本人的思想中根深蒂固，形成了强烈的阶级意识，这种阶级意识表现在语言上，人们对以天皇为代表的地位高的人使用敬语。这种传统的语言表达形式延续至今，经过社会的变迁以及国家和经济的发展，敬语成为日本人生活中不可或缺的一部分，也是日本社会文明进步的体现。

日本的敬语在使用方面有着系统的规律和严格的形式。从敬语的表现和认真谨慎的语言结构，可以体现日本文化中的严谨、规矩的一面。同时，敬语的知识是长时间的文化发展沉淀的结果，在很多国家的语言中敬语都是对人物表示尊敬，像日语敬语那样经常对物品表达尊敬是非常少见的，可以看出日本文化对大自然的尊敬。日本是一个四面环海的岛国，自然灾害频发且资源匮乏，古代的日本人对带给人们恩惠的大自然心怀感恩又心存敬畏，所以一直顺应自然，始终保持谦恭态度，这种对自然的信仰一直保留至今。伴随着经济的迅速发展，人民生活水平的普遍提高，以及社会民主化进程的发展，现代敬语在吸收外在文化的同时，也保留着传统日本文化的特点。从历史发展的角度来看，日本也是从封建社会逐步迈向文明开化的现代民主社会，日本文化也在原有的形态上不断突破，不断进步，以传统文化和世界先进文化相结合，形成了独特的日本文化，由此可见日本文化具有很强的独立性和包容性。

受日本文化的影响，在日语的敬语表达中有一个特别微妙的现象，那就是“内外有别，亲疏分明”。从同一个家庭到同一个公司，只要是有着同一共同体的一方，都是“内”。其实日本人不管身份的高低，他们优先考虑的是交谈的对方对自己来说是否是外部群体，特别是在商务日语中，这种“内外有别”的原则表现得尤为突出。在商务交际中，无论是职位低的还是年龄小的，只要是对方公司的人员，都会使用尊敬语。生活在注重礼节的社会中，日本人经常能够意识到自己与对方的距离，这种距离会随着交往的程度逐渐缩短。日本人在初次见面时一般都会使用敬语，随着交往的加深和关系的密切，敬语的使用频率会逐渐变低。所以夫妻之间、父母和子女之间、亲密的朋友之间，一般不使用敬语。



从敬语的表达来看，敬语不只是单纯地向听话人表达敬意，更是体现说话者的社会意识和文化修养。自原始社会发展至今，日本文化发展历程中的关键因素是日本所处的地理位置。由于是四面环海的岛国，又处于地震带，国土面积不够辽阔，经常会受到自然灾害的侵袭，所以从有文明记载以来，日本文化始终崇尚自然，敬畏自然。自然资源也相对匮乏，所以人们对于自然资源就无比珍惜。这种观念一直延续至今，久而久之，形成了独具特色的文化。日本在口口相传的文化时期就产生了敬语，可见敬语发展历史之悠久。传统思想文化的底蕴是以和为贵，人类与自然的和谐、人民与统治阶级的和谐以及人民内部的和谐，都在敬语中有所体现，我们可以感受到敬语维系着的人与人之间的和谐关系。另外，敬语表达中的尊敬语和自谦语给人一种平等互敬的感觉，人们在交谈中会充分考虑对方的感受，使用合适的敬语，这种表达方式也充分体现出日本人崇尚“和”的精神。而且，现代世界的发展日新月异，能够保留传统的语言文化又是一个民族尊重传统的美好修养。

从历史发展的角度来看，从 7 世纪开始，也就是中国文化发展的鼎盛时期——辉煌灿烂的大唐盛世，这个时期日本与中国的文化交流特别频繁。在遣唐使、留学僧等促进两国交往的使者的努力下，两国相互影响深远。这一时期，日本吸收了很多大唐文化，包括文字、思想、文学、宗教、风俗习惯、政治经济制度等各个方面，当时的奈良文化也一度达到了繁荣时期。也就是这一时期，日本敬语中的尊敬语和自谦语基本成型。并且，日本的敬语有一个从绝对敬语转化为相对敬语的过程，随着时代的变迁、社会政治的变动，经历了封建社会、幕府统治、明治维新等，直至近现代，敬语有了完整的体系和使用的原则依据，也有了从绝对尊敬到互相尊重的转变。从这个过程中我们可以了解到，从德川幕府崩溃到明治维新拉开序幕，从工业革命开始到第二次世界大战结束，从经济高度成长到泡沫经济破裂，日本文化的多样性和包容性使得日本文化越来越丰富，在保留其传统文化的同时不断融入新的东西，创造出更多属于自身的价值。时代的进步，社会的变迁，都给文化的发展带来重要的进步。在日本文化的发展历程中，日本不仅善于吸收他国文化，又注重本国文化输出。现代化的日本文化，集各国先进文化和本土文化于一身，尊重差异，尊重自然，形成了独一无二的文化特色。

从日语敬语表达中我们可以了解到敬语是一种独具特色的语言形式，与日本民族传统思想文化有着密不可分的关系，强烈的尊敬意识、强烈的礼仪意识、严格的内外关系、严格的使用依据，都体现了日本文化独有的内涵。通过敬语的学习，我们可以感受到日本社会的和谐平衡，更能体会到日本文化的礼貌谦和。

## 练习题三

1. 填空题

（1）日语敬语主要分为______、______、______三类。

（2）自谦语是通过________，实现向对方表示敬意的表达形式。

（3）日本社会是________社会，即是重视上下级关系的社会。

（4）受日本文化的影响，日语的敬语表达中有“______，______”的现象。

（5）日本传统思想文化的底蕴是以________为贵。

2. 选择题

（1）从远古时代开始，在日本人的认知中有______的等级观念。

A. 神→人　　B. 天皇→人

C. 神→天皇→人　　D. 天皇→神→人

（2）在商务日语中，“______”的原则表现尤为突出。

A. 长幼有别　B. 内外有别　C. 男女有别　D. 尊卑有别

（3）日本文化发展历程中的关键因素取决于日本的______。

A. 风俗习惯　B. 封建制度　C. 文明程度　D. 地理位置

（4）日本的敬语受______背景影响深远，是日本社会人际关系、传统思想文化和历史发展的重要体现。

A. 日本历史　B. 日本文化　C. 中国历史　D. 中国文化

（5）_____时期，日本敬语中的尊敬语和谦让语基本成型。

A. 江户　B. 平安　C. 奈良　D. 镰仓

3. 思考题

（1）简述日语敬语分类及表现。

（2）日语的敬语是如何发展的？

## 五、中外文化品鉴

奈良时代（710—794），日本开始全面吸收中国文化，建立了以唐朝为模式的律令制国家，从此揭开了日本学习中国的序幕，因此这个时期的日本文化也被称为“唐风文化”。唐代中国社会从政治、经济、文化等方面对日本产生了空前的影响，使日本间接吸收了相当可观的国际文化。中国文化尤其是盛唐文化的影响使日本文化在许多方面带有很深的唐代文化印记，甚至到今天有些印记依然存在，茶道、书道、花道、枯山水……这些古文化绵延至今，展现着日本传统文化的个性与魅力，同时不断孕育着自身优雅含蓄的风情。本节将从茶道、花道、服饰三方面介绍日本典型文化。

### （一）茶道

茶是日本人深爱的饮品。将抹茶放入茶碗，倒入开水，用茶筅搅动打出泡沫而饮用的过程称为茶道。日本茶道已有600余年历史，茶道文化起源于中国，南宋时期传入日本，衍生出日本茶道。现如今，茶道文化已在日本广泛流行。

日本茶道原称为“茶汤”，是一种仪式化的、为客人奉茶之事。日本茶道和其他东亚茶仪式一样，都是一种以品茶为主而发展出来的特殊文化，但内容和形式则有别。



茶道历史可以追溯到13世纪。最初是僧侣用茶来集中自己的思想，中国唐代赵州从谂禅师曾经以“吃茶去”来接引学人，后来才成为分享茶食的仪式。现在日本的煎茶道、中国台湾地区的泡茶道都来源于中国广东潮州的工夫茶，现在的日本茶道分为抹茶道与煎茶道两种，但茶道一词所指的是较早发展出来的抹茶道。

现代的日本茶道，由主人准备茶与点心、水果招待客人，而主人与客人都按照固定的规矩与步骤行事。除了饮食之外，茶道的精神还延伸到茶室内外的布置，品鉴茶室的书画布置、庭园的园艺及饮茶的陶器都是茶道的重点。

日本茶道有烦琐的规程，茶叶要碾得精细，茶具要擦得干净，主持人的动作要规范，既要有舞蹈般的节奏感和飘逸感，又要准确到位。

茶道品茶很讲究场所，一般均在茶室中进行。接待宾客时，待客人入座后，由主持仪式的茶师按规定动作点炭火、煮开水、冲茶或抹茶，然后依次献给宾客。客人按规定须恭敬地双手接茶，先致谢，尔后三转茶碗，轻品、慢饮、奉还。点茶、煮茶、冲茶、献茶，是茶道仪式的主要部分，需要专门的技术和训练。饮茶完毕，按照习惯，客人要对各种茶具进行鉴赏，赞美一番。最后，客人向主人跪拜告别，主人热情相送。

日本茶道是在“日常茶饭事”的基础上发展起来的，它将日常生活与宗教、哲学、伦理和美学联系起来，成为一门综合性的文化艺术活动。茶道主要通过茶会和学习茶礼来达到陶冶性情、培养人的审美观和道德观念的目的。

16世纪末，千利休继承历代茶道精神，创立了日本正宗茶道。他提出的“和敬清寂”，用字简洁而内涵丰富。整个茶会期间，从主客对话到杯箸放置都有严格规定，甚至点茶者伸哪只手、先迈哪只脚、每一步要踩在榻榻米的哪个格子里也有定式。正是因为定式不同，才使现代日本茶道分成了二十来个流派。

16 世纪前的日本茶道还要烦琐得多，现代茶道是经过千利休删繁就简的改革才成为现在的样子。

日本茶道的发展主要分为以下 5 个阶段：

（1）贵族茶：平安时代（794—1192），贵族圈内的上流社交行为，中国唐代的饼茶煮饮法。

（2）寺院茶：镰仓时代（1192—1333），1214 年，荣西撰写《吃茶养生记》。茶的栽培普及后，饮茶活动以寺院为中心，由寺院普及到民间。

（3）斗茶：镰仓时代末期通过品茶判断茶的产地而决定胜负，大吃大喝的炫富会。

（4）书院茶：在书院式建筑里进行的、主客都跪坐端正、主人在客人面前庄重地为客人点茶的茶会。

（5）草庵茶：千利休在安土桃山（1573—1603）时代完成了“侘茶”。

村田珠光被后世称为日本茶道的“开山之祖”。室町末期，相对于由皇室、贵族、武士、僧侣、富人垄断的各种主流茶活动，由平民百姓组织的饮茶会“云脚茶会”也开始出现，在这些初期的平民茶会中，村田珠光开创的“草庵茶”是后世茶道的出发点。晚年，他的茶道思想有了进一步的飞跃，平民奈良流“草庵茶”与贵族“书院茶”的结合，完成了由茶文化到茶道升华的最为重要的一步。茶的民间化、茶与禅的结合、贵族茶与民间茶的结合，是茶道形成的三大关键性工作，通过村田珠光的一生实践得以完成。



武野绍鸥受到村田珠光极大的影响，既是千利休的老师，也是日本茶道创始人之一。《山上宗二记》记载：“绍鸥乃珠光、引拙之后的古今茶汤名人。”武野绍鸥最初只是茶道爱好者，逐渐成为茶道专家，最后上升为茶道名人，他具有出色的鉴定能力，已经超越了“目利”的范畴，堪称“目明”。所谓“目利”，指能看出某种茶器的由来和艺术价值，而“目明”则不限于茶器，而是能从人类生活中的一切器具，乃至自然界的森罗万象中发掘美，也就是说，他能够从凡人认为平常普通的事物中发现惊人之美。《山上宗二记》中写道：“当代无数之茶具，皆出自绍鸥之目明。”也就是说，成千上万的茶具，都产生于武野绍鸥时代，包括一些此前从未见过的茶具，都是被绍鸥发现后才成了茶具。

千利休（1522—1591）幼名与四郎，法号宗易，斋号抛筌，大阪府堺市人。后因天皇敕赐“利休居士”号，故称为千利休。出生于商人家庭，热衷于茶道，18 岁时拜武野绍鸥为师，先后成为织田信长和丰臣秀吉的茶头，千利休创建了以“和敬清寂”为四规的“草庵茶道”，“和”即为和谐，“敬”即为心灵单纯主客间互敬，“清”与“寂”即为饮茶的环境和氛围，需清静典雅，“草庵茶道”的目的是达到“空无一物”“禅茶一味”的境界。“草庵茶道”的审美追求，与当时武家追求的黄金文化是两种完全相反的艺术价值和生活理想。“草庵茶道”与“黄金茶道”的差别不仅仅是内在与外在、精神与物质的差别，更是相信权力无限的权利主义，与感悟人力有限的庶民主义两种世界观的不同。由于以上的种种分歧，导致双方的矛盾随着时间而不断加深，以至于难以调和。最后作为统治者的丰臣秀吉赐千利休一死，甚至株连千利休的亲眷。

千利休去世以后，他的子孙和弟子分别继承了他的茶道，400 多年来形成了许多流派。主要有：表千家流派、里千家流派、武者小路千家流派、远州流派、石州流派、松尾流派、庸轩流派、不昧流派等。这些流派都出自千利休，都以千利休的茶道思想为指导，同时各自的茶道风格又有所不同，有的趋于素淡，有的趋于华丽，各个流派的点茶动作、茶会细则也有所不同，但各流派的茶道基本理念均为千利休所提出的“和敬清寂”。

茶道中用的茶是抹茶，新芽经蒸茶、烘干、粉碎、干燥后再用石墨碾成粉末，成为抹茶。抹茶又分为浓茶与薄茶，浓茶是茶道中最郑重的一项仪式。主人必须穿黑色带白色纹饰的和服，茶道礼法前，客人观赏茶道用具，主人请客人用茶点心。礼法进行期间主任和客人几乎不进行对话。

献茶时，客人右手扶茶碗置于左手心，轻轻转上两圈将碗上花纹图案对着献茶人并将碗举至额头表示还礼，分三次喝完为一般礼仪。喝完后用食指和拇指轻擦碗边，再将碗左旋两次放回膝前，并说些吉利的话来赞美茶具的精美、环境的典雅以及感谢主人的款待。茶道能够源远流长，是因为它在繁乱的人世之外营造了一个清静宁和的精神世界。

### （二）花道



日本花道最早来源于中国隋朝时代的佛堂供花，传到日本后，其天时、地利、国情，使之发展到如今的规模，先后产生了各种流派。“花道”亦称“华道”，作为一种在茶室内再现野外盛开的鲜花的技法而诞生。因展示的规则和方法的有所不同，花道可分成 20 多种流派，日本国内也有许多传授花道各流派技法的学校。目前日本花道主要的三大流派为池坊流、草月流、小原流。

#### 1. 池坊流

池坊流是日本最为古老的插花流派，已有五百多年历史，它恪守日本插花传统艺术，以“立花”为主，枝条数目取奇不取偶，九条枝条特点且各安于上、中、下段，形成特异的格调。

池坊流花艺插制需遵循顺序和位置，讲究线条美感，不可前后倒置，总体呈圆柱形。池坊流昔日只作为一种供花的式样，现今已成为插花艺术的一个大流派。

1998 年于北京成立了日本池坊流在中国的第一个支部——北京支部，并每年定期举办四次讲习会，参与者逾千人。

#### 2. 草月流

草月流插花着意于艺术与生活的结合，崇尚自然，兼收并蓄。花材的使用上，除生花外，还配以干燥、染色、枯萎的植物，常以此描写一个五彩缤纷的世界。草月流插花所强调的美感，是极为夸张、富于想象力的，且重于追求自然中所难寻的别具一格。

3. 小原流

小原流插花以“色彩插花”和“写景插花”为主。色彩插花分为“写实”与“非写实”两种。写实手法注重花材的季节性，形态严密约束。非写实手法不受花材季节限制，可用非植物的物件搭配，属自由插制手法。写景插花展现插花者在描写风景时的主观意向，常以石头、花、青苔来呈现。传统插花作品有远、中、近三景，而于浅盘内，创造“集自然与艺术于一体，缩崇山峻岭于咫尺之间”的境界。

小原流的表现手法以“盛花”为主，即将花“盛”于浅水盘内，展现出面的延伸性。而“盛花”的出现，打破了以立花、投花于瓶的传统手法。

各流派其特色和规模虽各有千秋，但基本点都是相通的，那就是天、地、人三位一体的和谐统一。这种思想，贯穿于花道的仁义、礼仪、言行以及插花技艺的基本造型、色彩、意境和神韵之中。

花道并非植物或花型本身，而是一种表达情感的创造。因此，任何植物，任何容器都可用来插花，任何人都可能漂亮地完成插花。花道通过线条、颜色、形态和质感的和谐统一来追求“静、雅、美、真、和”的意境。因此，从深处看，花道首先是一种道意，它逐步培养从事插花的人身心和谐、有礼。其次，花道又是一种综合艺术，它采用园艺、美术、雕塑、文学等人文艺术手段。花道还是一种技艺，可用来服务于家庭和社会。最后，花道是一种易于为大众所接受的、可以深入浅出的文化活动。

插花并不讲究花材的数量和花的华丽。在古代和现代的一些茶室里，只插上一枝白梅或一轮向日葵等简单的花草就能营造一种幽雅、返璞归真的氛围。另外插花的优劣还取决于插花的形态和不同的花材所呈现出的不同的精神。如蔷薇花象征美丽与纯洁；百合花代表圣洁与纯真；梅花象征高洁与坚毅；兰花高雅，被誉为“花中君子”；牡丹雍容华贵；杜鹃花婀娜多姿；桃花妩媚芬芳；荷花出淤泥而不染，象征高尚品德。



### （三）服饰

和服是日本传统民族服装的称呼。在被称为和服之前，日本的服装被称为“着物”，而日本古代所称的“吴服”是“着物”的一种。最初日本服装样式是仿照中国隋唐服式和吴服改制的，所以在日本被称为“吴服”和“唐衣”。吴服这个称谓源于中国三国时期，因东吴与日本的商贸活动将纺织品及衣服缝制方法传入日本的缘故，开始出现此名。在更加精确的层面上，吴服一词是专指以蚕绢为面料的高级和服，而用麻布棉布做的和服会用“太物”来称呼。

8—9 世纪，日本一度盛行过“唐风”服装。唐代前，日本和服色彩较为单一，多为原始色彩、民族色彩，同一服饰几乎同一色调。在唐朝文化的影响下，和服色彩尤其是大和型贵族服饰色彩进入鼎盛期，此时贵族以色彩划分等级，如等级自上而下服饰颜色为深紫、浅紫、绯、绀、绿、黑；女性服饰颜色装饰打破原来的单一色调，而以绿、蓝、红为主调的同时，添加其他色调或纹样，色泽艳丽，色调对比明显，给人以耳目一新之感。历史上“吴服”与“和服”分指不同的两种服装样式，但今天这两种概念已几乎重叠。很多卖和服的商店，招牌上会写着“吴服屋”，可见两词已经基本上同义化。

日本人将他们对艺术的感觉淋漓尽致地表现在和服上。在日本，出席冠礼（成人式）、婚礼、葬礼、祭礼、剑道、弓道、棋道、茶道、花道、毕业典礼、宴会、雅乐、文艺演出以及庆祝传统节日的时候，日本人都会穿上端庄的和服去参加。和服的穿着文化及礼法被称为“装道”。和服承载了近 30 项关于染织技艺的日本重要无形文化财产以及 50 多项日本经济产业大臣指定传统工艺品。制作和服的越后上布、小千谷缩以及结城细更是录入了世界非物质文化遗产。

和服以其高度的艺术性和独特的款式闻名于世。男女和服的款式基本相同，主要区别在于：女性和服色彩鲜明艳丽，通常有人物、动物、花卉、风景等图案，其款式和花色的差别是区别年龄和结婚与否的标志。而男性和服则一般选用单色布料，腰间的束带相对来说较短。

和服之所以能成为一种艺术，除了样式和色彩鲜明的特征之外，还源于和服的烦冗与细致。日本女性穿和服时，背上都要缠上腰带，用腰带系身可以不让和服松展，显示出形体美的同时也是为了装饰，使艳丽的和服更加多彩。而且腰带在背后打有不同的花结，象征的意义也是不同的，表达着日本人的信仰和祈愿。据统计，和服腰带的普通结法就有 289 种，和服除了带、节的搭配外，还有一系列烦琐的配件来陪衬，这些配件使和服的穿法变得很复杂，一般要经过 12 个步骤才能将全部的服饰穿戴好。



和服的种类很多，不仅有男式、女式之分，亦有未婚、已婚之别，而且根据其穿着场合的不同可分为礼服和便服。男式和服款式较少，色彩相对单调，多用深色，腰带细，穿戴比较方便。与男性和服相比，女性和服款式多样，色彩艳丽，腰带较宽，附属品品种繁多，穿戴烦琐。主要分为以下几种：

（1）男式和服：以染有花纹的外褂和裙为正式礼装，除黑色以外其他染有花纹的外褂和裙也可作为简易礼装随意进行服装搭配。

（2）色无地：指的是整件和服仅有除黑色（黑色是丧服）以外单一色彩而没有图案的一类和服。此处所说的“没有图案”指的是印染的图案，一般允许有纺织出来的暗纹存在。根据色无地上家纹的有无，功能和穿着场合会有所不同，或作为访问礼服，或作为日常服饰。此外，色无地与茶道的“和敬清寂”的旨趣非常相符，也很适合在茶会上穿着。也就是说，色无地对穿着的场合不很挑剔，因此应用范围比较广泛。

（3）振袖和服：有色彩斑斓的图案和纹理，是未婚女性穿着的和服。它根据袖的长短分为大振袖、中振袖及小振袖，袖长大约在 85 cm~114 cm 之间。振袖是当今未婚女性最正式的服饰，是未婚女性参加成人礼或亲友的婚礼时常穿的服饰。

（4）留袖和服：留袖和服分为黑留袖和色留袖两种。黑留袖以黑色为底色，染有五个花纹，在和服前身下摆两端印有图案。黑留袖和服通常是已婚女性参加正式的典礼、仪式时穿的礼服。色留袖是在其他颜色的面料上印有三个或一个花纹，且下摆有图案。已婚和未婚女性在上述场合均可穿着色留袖。

（5）花嫁衣裳：花嫁衣裳是神前婚礼穿着的礼服（日本的婚礼形式分为传统的神前婚礼和西式婚礼），也是和服中最为华丽的服饰。花嫁衣有打褂、白无垢和振袖（通常为大振袖）等三种，色调多以白色为主。打褂是幕府时代上层社会的正式礼装，仅在节日、庆贺仪式上穿着。白无垢则是幕府时代士族女子在神前式婚礼时穿着的礼服——白色长袖和服上披白色和式罩衫，称为“白无垢”，据说白色是为了让新郎来染成自己喜欢的颜色，也象征新娘的纯洁。

（6）浴衣：是一种简单的棉质材料的和服，它是流行于安土桃山时代浴后穿着的“汤帷子”。因其质地轻便凉快，比较适合室内、浴后、夏季炎热时穿着，所以很受平民的喜爱而演变成现在的“浴衣”。

和服是日本人的传统民族服装，也是日本人最值得向世界夸耀的文化资产之一。和服实际上源自中国服饰，后经日本历代修改，逐渐形成日本现代的和服式样，但基本上与中国汉唐服饰并无太大区别。和服的穿着技巧，乃是随着时代的风俗背景，经过琢磨考验，孕育而生。衣上高雅而优美的图案，源自日本民族对山水的欣赏及对风土的眷恋，乃至对人本精神与情境的细腻感受。

和服不仅融合了优雅气度与深层内敛的本质，更反映出穿着之人的“心”与“动”。每一套优美的和服，都经精心裁制，讲究穿着时的每一个细节及步骤。因此，不论是坐姿或站姿，都需经由完整的学习训练，而成为内外在兼具的完美礼仪。和服又有另外一个名称为“赏花幕”，因为和服的图案与色彩，反映了大自然的具体意象，当人们穿着和服走动时，会因为晃动而使得和服如同一块动态的画布。为迎接2020年东京奥运会及残奥会，日本福冈县久留米市以“畅想大同世界（Imagine Oneworld）”为主题，以196个国家各自特色为主题分别制作和服，该项目命名为“和服项目（Kimono Project）”，运营资金达4亿日元(约合人民币2 323万元)，平均每件和服耗资超过10万元人民币。其中，中国主题和服以玄色为底色，加入祥云、长城、牡丹、梅花、大熊猫、竹子等元素。

日本传统文化在形成过程中深受中国传统文化的影响，并且这种影响涉及诸多领域。进入21世纪以后，随着我国改革开放的不断深入，中日两国尽管存在分歧，但是在经济、文化、政治等方面的交流和联系日益密切。进一步加强两国在文化领域的合作关系，对于发展两国经济，维护世界和平，具有十分重要的意义。中国的传统文化博大精深、享誉海外，是每个中国人都应该热爱了解的知识。保护和发扬中国优秀的传统文化是我们每个中国人应尽的责任，为了更好地保护好中国优秀的传统文化，我们要关注传统文化、了解传统文化知识。而中国大学生应该有意识地多看传统文化书籍，吸取优秀的传统文化的营养，让中国的传统文化在学生的知识结构中不再缺失。作为新世纪的大学生，更要深刻体会家国情怀，坚定文化自信，增强民族自信，树立正确的世界观、价值观、人生观。

### 练习题四

1. 填空题

（1）日本茶道中使用的茶是________。

（2）茶道讲究“四规”，分别为：______、______、______、______。

（3）日本花道最早来源于中国隋朝时代的________。

（4）和服是日本传统民族服装的称呼，也称为________。

（5）留袖和服分为________和________两种。

2. 选择题

（1）日本开始全面吸收中国文化时期，此时的日本文化也被称为______。

A. 唐风文化　B. 和风文化　C. 隋风文化　D. 中华文化

（2）茶道文化起源于中国，______时期传入日本，衍生出日本茶道。

A. 唐朝　B. 南宋　C. 北宋　D. 隋朝

（3）日本最为古老的插花流派是______。

A. 池坊流　B. 草月流　C. 小原流　D. 小松流

（4）______指的是整件和服仅有除黑色以外单一色彩而没有图案的一类和服。

A. 振袖和服　B. 色无地　C. 留袖和服　D. 浴衣

（5）白无垢是______士族女子在神前式婚礼时穿着的礼服。

A. 江户时代　B. 幕府时代　C. 明治时代　D. 奈良时代

3. 思考题

（1）简述日本茶道发展的 5 个阶段。

（2）日本花道主要流派及其主要特点是什么？

## 六、单元小项目

通过本单元的学习，我们从日语、日本文化两方面了解了日本的语言与文化的典型特征，并分别进行了中日语言及中日文化差异品鉴。请你根据本单元所讲内容，找到自己感兴趣的部分，以小组为单位，在班级做汇报演讲。

## 第九单元　参考文献


[1] 陈至燕. 文化视角下日语语言文化特点研究[J]. 黑龙江教育学院学报，2017（6）：119-121.

[2] 金仙玉. 日本茶道文化浅析[J]. 福建茶叶，2018（12）：437-438.

[3] 李屿. 中日礼貌语言与其文化价值观比较研究[D]. 重庆：重庆师范大学. 2015.

[4] 潘钧. 日语语言学术语规范问题再思考[J]. 日语学习与研究，2021（3）：92-101.

[5] 瞿丹妮，崔露尤. 文化心理视角下日语学习中的日本文化解析[J]. 文化创新比较研究，2020

（4）：83-84.·
[6] 徐萍飞，夏菊芬，陈梦然. 现代日本语学研究[M]. 上海：复旦大学出版社，2006.
[7] 许晴，魏玉娟. 论日语敬语的表达方式和内涵[J]. 农家参谋，2019（4）：253-254.
[8] 张建立. 2019 年日本文化研究综述[J]. 日本学刊，2020（1）：40-49.
[9] 张建立. 20 世纪 80 年代以来中国的日本文化研究述评[J]. 日本问题研究，2021（2）：41-50.
[10] 翟东娜. 日语语言学[M]. 北京：高等教育出版社，2015.
[11] 中国日语教学研究会. 中国与日本——文化交流与相互认识[M]. 大连：大连理工大学出版社，2015.
[12] 中华人民共和国外交部. 日本国家概况[EB/OL].（2022-06-01）[2022-09-22]. https://www.fmprc.gov.cn/web/gjhdq_676201/gj_676203/yz_676205/1206_676836/1206x0_676838/.

# 第十单元 匈牙利语言文化之美

## 学习目标

（1）知识目标：能够掌握匈牙利国家文化相关的语言表达，能够描述文化概况，能够阐释典型文化特征。

（2）能力目标：能够灵活运用匈牙利文化相关的语言表达和相关知识，分析匈牙利文化的深层表征，能够比较中国和匈牙利传统文化和各种仪式的差异性。能够对匈牙利典型文化相关事件进行理性评价，增强学生对世界文化相关事件的理解、判断、分析、推理、综合和论证的能力。

（3）美育目标：能够感受匈牙利的文化之美，感受它的精髓和底蕴，体验世界文化的多样美，珍惜身边的美好。能够树立积极、正确的审美标准，品味世界文化之美。

（4）思政目标：能够深切体验到文化背后所承载的美好的灵魂，美好的灵魂才能创造出美好的一切。能够树立文化自信，更加深刻地体会到家国情怀，坚定本民族文化自信，树立正确的人生观、世界观。

## 一、单元导入

相对于英国、美国、俄国、澳大利亚等国家来讲，匈牙利名气较小，人们对于它的了解也较少。我们就从观看匈牙利国家宣传片开始本单元的学习。

从宣传片中，我们可以了解到匈牙利国旗由红、白、绿三色组成，红色代表爱国者的热血，白色象征和平，绿色则象征了匈牙利的繁荣昌盛。匈牙利国徽由一顶王冠和下面的盾牌组成，王冠象征匈牙利国家，盾牌则代表了勇敢坚强、不屈的民族精神。

匈牙利国宣传片

匈牙利是一个位于欧洲中部的内陆国家，位于多瑙河冲积平原，依山傍水，西部是阿尔卑斯山脉，东北部是喀尔巴阡山，与奥地利、斯洛伐克、乌克兰、罗马尼亚、塞尔维亚、克罗地亚和斯洛文尼亚接壤。著名的多瑙河从斯洛伐克南部流入匈牙利，恰恰把匈牙利截成东、西两部分。匈牙利首都为布达佩斯。布达佩斯是匈牙利主要的政治、商业、运输中心和最大的城市，也是欧洲的著名古城。匈牙利的国土面积为 93 023 平方千米，人口约为 968.9 万人（2022 年 1 月数据）。

传统的匈牙利人被称为马扎尔人，据说他们拥有蒙古人的血统，另外还有其他 13 个少数民族。吉卜赛人是匈牙利人数最多的少数民族，他们生性自由奔放，艺术天分也十分突出。匈牙利官方语言为匈牙利语，这是欧洲最广泛使用的非印欧语系语言。

## 二、世界多彩语言之美

匈牙利语（匈牙利文：Magyar）是匈牙利的官方语言，属乌拉尔语系芬兰–乌戈尔语族。匈牙利语的基本语调、语法和绝大多数词根，都是在匈牙利语的基础上发展起来的。匈牙利语中有多种元音，长短分明，其辅音系也很发达，能够避免辅音群集和重叠。每个单词的重音固定在第一个音节上，容易掌握其规律。语调的起伏均匀，变化不大，匈牙利语的这一特性决定了其运用灵活的特点。因此用匈牙利语创作的诗歌，韵律优美，简洁明快，同希腊语和拉丁语的诗歌一样优美动人，所以匈牙利语被认为是世界上最生动、最美妙的语言之一。

匈牙利语语音的明显特点是元音和谐现象，而且单词重音都落在第一个音节上。匈牙利语属黏着型语言，语法范畴通常用加后缀的方法表示；名词有数和格的变化，无性的变化；形容词和数词作修饰语时无须跟被修饰语一致。匈牙利语的日期按年、月、日次序，姓名是先姓后名，与汉语相同。匈牙利语文字采用匈牙利语字母，并使用一些变音符号，如加符号表示长元音等。匈牙利语包含了丰富的外来词汇，其数量之多，难以计算，大量的外来词汇成为匈牙利语的又一特色。

匈牙利的方言有 15 种之多。方言虽多，但差别不大。不像中国、德国、法国和西班牙等国，其方言差别之大，往往使来自本民族不同地域的人相互间无法沟通，有一种身处异乡的感觉。而匈牙利人，不管来自何地，不管发音多么南腔北调，但他们交谈起来却没有障碍。

### 练习题一

1. 填空题

（1）匈牙利国旗有三种颜色，分别是红色、白色和________。

（2）匈牙利国徽由________ 和盾牌组成。

（3）匈牙利的首都是________。

（4）匈牙利语语音的明显特点是________现象。

（5）匈牙利语文字采用匈牙利语字母和一些________。

2. 选择题

（1）匈牙利语的重音在______音节。

A. 第一　　　　　　　　B. 音节不确定

（2）流经匈牙利的著名的河流是______。

A. 多瑙河　　　　　　　B. 莱茵河

（3）匈牙利语的日期按照______顺序。

A. 月、日、年　　　　　B. 年、月、日

（4）匈牙利语书写姓名的方式和汉语类似，______。

A. 先名后姓　　　　　　B. 先姓后名

（5）匈牙利语各方言之间的差别______。

A. 很大　　　　　　　　B. 不大

3. 思考题

（1）匈牙利语属于黏着型语言，汉语是否为黏着型语言？做简要分析。

（2）匈牙利语中包含很多外来语，思考一下，汉语中是否有外来语？如果有，列举一些。

## 三、世界多样社会剪影



匈牙利人民热爱艺术，曾经有三个音乐天才将匈牙利的音乐带向国际，他们是李斯特、费伦茨和巴尔托克。还有两位最受人们喜爱的画家：利普勒-罗纳依·尤若夫和琼特瓦利·库斯特卡·蒂沃道尔。匈牙利著名作家裴多菲，是一名为了民族自由战死沙场的诗人，是匈牙利的民族英雄，全世界都传唱他的诗篇《自由与爱情》：生命诚宝贵，爱情价更高；若为自由故，二者皆可抛！另外，海蓝德瓷器是匈牙利最著名的艺术品，受到中国瓷器的影响很大。

教育方面，实行 12 年制义务教育，幼儿免费入托，小学免费教育。学制是小学 8 年，中学（包括职业中学）4 年，大学 4～6 年，医科大学 7 年。除公办学校外，还有教会学校、私立学校和基金会学校。发行量较大的全国性报纸主要有《人民自由报》，1942 年创刊；《民族体育报》，1903 年创刊；《匈牙利民族报》，1938 年创刊；《匈牙利新闻报》，1968 年创刊；《人民之声报》，1873 年创刊；《世界经济报》，1969 年创刊。主要杂志有《世界经济周刊》和《布达佩斯时代周刊》。匈牙利在体育方面是一个强国，在奥运会上获得了大量的金牌，在皮划艇方面领先其他国家；匈牙利的国球是水球，匈牙利男子国家水球队曾在奥运会中多次夺得冠军。

匈牙利人性格中有热情开朗的一面，也有严肃的一面，他们在社交生活中举止得体，体态端庄，不用手指着别人的脸部，避免做出伸懒腰等动作，认为那样是不礼貌的。在社交场合与客人相见时，一般是行握手礼，有时也行拥抱礼；如果是两位女士或者一男一女之间比较熟悉，见面或者告别的时候都会行吻面礼；如果两位都是男士就会握手或

者拥抱。日常中一般情况下只需握手。

匈牙利最大的湖泊是巴拉顿湖，人称“匈牙利海”，是儿童暑假的度假胜地。匈牙利最长的河流是多瑙河，美丽的景色要数首都布达佩斯的多，它们组成了多瑙河两岸熠熠生辉的美景，尤其是晚上，链子桥上两侧的皇宫和国会大厦在深沉的夜幕中显得格外雄伟和壮丽。

图 10-1　自由桥（位于布达佩斯）

图 10-2　纽约咖啡厅（位于布达佩斯）

坐落于首都的布达皇宫是 13 世纪时，阿鲁巴多王朝在多瑙河右岸所建，经过几次重修和扩建，成为新巴洛克式建筑。渔人堡为 20 世纪初造于古老要塞上的新罗马样式的城堡。其名称源于 19 世纪时，市民为守护城市而将王城所在的多瑙河一带交由渔夫守卫。由回廊可眺望美丽景观。城堡的一部分作为餐厅使用。国家歌剧院在多瑙河东岸佩斯城区，在战争中几经毁坏又在战后修复的近代“古迹”中，歌剧院是一个典型的代表。马加什教堂，外观属新歌德式的教堂，其实蕴含了匈牙利民俗、新艺术风格和土耳其设计等多种色彩，特别是一旁的白色尖塔和彩色屋顶，为整个教堂增加了些许趣味和生动，教堂内部有彩绘玻璃和壁画。埃格尔是匈牙利北部的英雄古城，位于布达佩斯东北 130 千米处的埃格尔河一带。前巴洛克式的建筑赋予这个城市一种悠闲的地中海风格。这里是著名的“公牛血”葡萄酒的故乡，两侧有匈牙利北部高地最美丽的景区。

笔者在匈牙利工作生活两年，充分体会了上面所说的多样社会。此外，笔者也从别的角度记录了自己的亲身经历，也是多样社会的一个缩影。

### （一）关于开车这件事

在开车这件事儿，一谈起中国人，留给别人的印象总是开快车，开很快的车。但千万别和匈牙利人比。两个月之前，作为乘客，笔者经历了人生第一次的匈牙利式驾驶。

那是在匈牙利的布达佩斯机场，一位 65 岁的女士来接机，坐她的车去佩奇。我们一起用了午餐，每人都喝了一点草本葡萄酒，当然是在驾驶限制范围内。然后，她就开车载着我，开始我们的佩奇之行。



哎呀呀，我一定是哪里做错得罪她了，她在全程加速，不停地急转弯，左转右转，上颠下颠，绝对是想把我从车里甩出去。更严重的是，她还开始了长长的演讲，介绍路两边美丽的风景，手也不停地从一边指向另一边。说到兴奋处，歌声也随之扬起。坐在车里，感受着整个驾驶，这绝对是场冒险，拿我的生命在冒险。

有时感觉车慢了下来，一看，前面有十字路口。过了路口，马上提速，伴随着轻柔的古典音乐。我不禁怀疑，开快车是怎么和古典音乐搭配起来的？毫无疑问，这位 65 岁的女士乐在其中。又到了一个路口，车又慢了下来。

三个半小时的旅程，每当有路口的时候，车会开得非常非常慢甚至停下来，观察周围环境，确定没有任何人或者任何生物在路上，才会通过。在路口，从来不提速，永远很谨慎。

到现在为止，我坐过多次匈牙利人驾驶的车，无论大车小车，都是同样的驾驶方式，无一例外，那就是在路上开得非常快，但在路口或者转弯处，开得谨慎小心，从来不和时间赛跑。

他们以这种方式，来尊重生命。

这就是匈牙利人对待生命的态度。

### （二）院长的小厨房

笔者工作的地方和办公室相隔不远，那里有一个小厨房，是所有工作人员的最爱，也是笔者的最爱。

这个小厨房足够“大”，完全可以容纳两个人肩并肩地站着，里面有你想要的一切：微波炉、冰箱、咖啡机，还有很多水杯、咖啡杯、小勺、小碗、小碟等餐具。笔者猜，大家最喜欢的还是那台洗碗机，用餐后，你只需把餐具放在洗碗机里，有专人负责清洗。

这里的咖啡杯，真的是我所见过的最小的，比中国的功夫茶杯还小；而喝水的杯子，也是我所见过的最大的，比水壶还要大。墙角的收纳桶很大很方便，放得下任何食物的外包装。

有了这个小厨房，就有了很多方便。工作间隙，可以享用一杯咖啡，午餐时间，可以吃着从家里带来的食物。更重要的是，在这里，大家有了碰面的机会，虽然只是擦肩而过，或者交谈一两句，也让人感觉温暖。

## 练习题二

1. 填空题

（1）有三位音乐天才将匈牙利的音乐带向国际，他们是________、费伦茨和巴尔托克。

（2）匈牙利两位最受人们喜爱的作家，利普勒-罗纳依 · 尤若夫和________。

（3）全世界都传唱的诗篇《自由与爱情》的作者是匈牙利诗人________。

（4）匈牙利的瓷器受中国瓷器的影响很大，其中最著名的是________。

（5）匈牙利最大的湖泊是________，是儿童暑假的度假胜地。

2. 选择题

（1）日常生活中，一般情况下，匈牙利是行______。

A. 握手礼　　B. 吻面礼

（2）匈牙利的体育项目中，尤为突出的是______。

A. 体操和田径　　B. 皮划艇和水球

（3）布达佩斯有名的景点包括______，______等。

A. 布达皇宫，渔夫堡　　B. 埃格尔，国家歌剧院

（4）匈牙利发行量较大的报纸有______，______等。

A.《人民自由报》《民族体育报》　　B.《自由报》《体育报》

（5）匈牙利的主要杂志有《世界经济周刊》和______。

A.《布达佩斯周刊》　　B.《布达佩斯时代周刊》

3. 思考题

（1）查阅相关资料，对比匈牙利和中国的教育体制。

（2）匈牙利的建筑，都有什么风格？各有什么特点？

## 四、典型文化分析

每个国家都有自己的多重文化。作为中欧国家，匈牙利也有着欧洲国家普遍的特点，那就是在遵循传统和保护传统方面，人们有着相同的认识，对于有历史有特殊意义的地点和建筑物，尽力维护保护修缮。这一点，不仅从著名建筑物上得到体现，一般的日常物件也是如此。笔者在匈牙利工作生活期间，认真观察人们对待事物的态度和做法，对此深有体会，下文记录了笔者的所见所闻。

办公室的对面，是一个大阶梯教室，可以坐下 200 人。每一个桌面上，都安装着电脑终端屏幕和键盘，桌椅有些陈旧了。日常的课程、讲座、考试和各种活动，都在这里举行。

每天，都有好几位工作人员，身穿紫色工作服，在这里打扫卫生。每个人都推着清洁车，车上有各种工具，包括墩布、扫把、吸尘器、擦桌布，还有各种不同型号的刷子。这些小刷子和桌布用来擦拭清理键盘和屏幕，每天都是一个一个地擦，一个一个地刷，打扫完一行桌椅再打扫下一行，直到擦干净整个教室，天天如此，认真耐心，不紧不慢。

在这个办公楼内，除了这一组负责清洁的工作人员，还有另一组负责维修的工作人员，身穿标志性的蓝色背带工作服，他们负责维修翻新楼内的所有物品。你会发现，他们总是在忙：忙着加固门窗桌椅，忙着拧大小螺丝，忙着给窗户门框上漆等。



有人维修，有人打扫，整个楼都非常干净，即使是角落里，你也不会发现灰尘。这是老旧的办公楼，但是整洁有条理，一切都在正常有序运行。

同样，在欧洲的很多地方，很多东西都很陈旧，但都被保护得很好。因为人们相信一切都是历史的见证，保护历史就是保护文化，就是保护人类自己。

图 10-3　修建于 15 世纪的主教宫殿碉楼（位于佩奇）

历史与文化的关系在这里就不赘述，毋庸置疑的是，各民族保护好自己的历史与文化，就是在保持民族文化的传承，也是维护世界文化多样性和创造性，促进人类共同发展的前提。

### 练习题三

1. 填空题

（1）上文作者提到的两组工作人员，分别负责清洁和________。

（2）在历史文化方面，上文作者认为保护历史就是保护________。

2. 选择题

（1）文中作者提到的工作人员，工作态度是______。

A. 认真耐心　　B. 不认真

（2）文中提到两组工作人员，按照着装分工作性质，着装分别是______。

A. 紫色和蓝色　　B. 红色和黄色

（3）每个国家都有自己的______文化。

A. 单一　　B. 多重

（4）匈牙利作为中欧国家，对于历史建筑遗迹等，态度是______。

A. 尽力保护维护修缮　　B. 拆除遗弃

3. 思考题

（1）查阅相关文献，看看我国在文物古迹建筑等保护方面，都做了哪些努力。

（2）从某一个角度，简要论述历史和文化的关系。

## 五、中外文化品鉴

世界是一个地球村，村内的“各家各户”既遵循维护自己的传统，又相互学习、相互借鉴。礼仪方面亦是如此，欧洲一直是被公认的非常注重仪式感的地区。笔者在匈牙利工作期间，参加见证过很多充满仪式感的场合，大到国庆日、重要的节日，小到日常会面、用餐，都是仪式感满满。下文是最平常的每周例会，笔者记录了整个过程，周周如此，次次如是。看似是简单的重复，实际是心灵的暗示，暗示这是一个重要时刻，不能懈怠忽视。阅读下文，提取相关仪式感的信息，认真体会文中的仪式之美。

每周，我都要面见外方院长，这是一个非常重要且充满仪式感的时刻，是每周的例会。

例会前五分钟，我总是准时来到院长秘书办公室，等着开会（院长办公室是个里外套间，院长在里间，秘书在外间）。到了约定开会的时间，准点，里间门打开，院长精神饱满地走出来，身穿熨烫得非常平整的西服套装，系着特意搭配的领带，穿着擦得发亮的皮鞋，和我握手，相互问候，然后，非常绅士地站在门口让我进去。这番仪式过后，一股崇敬感从心底油然而生。

落座后，就正式开始会议讨论。严格意义上来说，这不是讨论。程序是，院长真切热情地讲话，我细心地聆听，并做好笔记。在此期间，我可能会提问或者深究院长某句讲话的含义，他会非常和蔼地耐心讲解，用权威的语言，回答我的可能是愚蠢的问题。

会议期间，从来不会有任何自由讨论时间，或者是有意无意地开个玩笑。我正襟危坐，面带礼貌的微笑。一方是严肃正式的讲，一方是礼貌正式的听。会议结束，我起立，和院长握手表示感谢，承诺会努力工作，并且表达我的真诚愿望：期待下一次的会面讨论。

然后，院长非常绅士地，打开门，请我出去。

下面是一篇描写中国会务礼仪的文章，与上一篇文章做个对比。

中国具有五千年文明历史，素有“礼仪之邦”之称，中国人也以其彬彬有礼的风貌而著称于世。礼仪文明作为中国传统文化的一个重要组成部分，对中国社会历史发展起了广泛深远的影响，其内容十分丰富，涉及的范围十分广泛，几乎渗透于社会的各个方面。

提起会务礼仪，与会者无论参加哪一类会议，衣着整洁、举止大方都是必要的礼仪。与会者要准时到场，进出井然有序。在会议中，要认真听讲，切忌与人交头接耳、哈欠连天。每当发言精彩或结束时，都要鼓掌致意。中途离开会场要轻手轻脚，不影响他人。会议进行时禁止吸烟，应将手机关闭或调整到振动状态。与人交谈时，态度诚恳，表情自然、大方，语言和气亲切，表达得体。

谈话时，不可用手指指人，做手势动作幅度要小。谈话者应保持一定距离。对长辈、师长、上级说话要尊重，对晚辈、学生、下级说话则注意平易近人。同时与几个人谈话，不要把注意力集中在一两个人身上，要照顾到在场的每一个人，注意听取对方的话。

握手时应注意不用湿手或脏手，不戴手套和墨镜，不交叉握手，不摇晃或推拉，不坐着与人握手。握手的顺序一般讲究“尊者决定”，即待女士、长辈、已婚者、职位高者伸出手之后，男士、晚辈、未婚者、职位低者方可伸手去呼应。平辈之间，应主动握手。若一个人要与许多人握手，顺序是：先长辈后晚辈，先主人后客人，先上级后下级，先女士后男士。

会议发言有正式发言和自由发言两种，前者一般是领导报告，后者一般是讨论发言。正式发言者，应注意举止礼仪。发言时应口齿清晰、逻辑分明。如果是书面发言，要时常抬头环视一下会场，不要只是埋头苦读。发言完毕，应对听者表示谢意。自由发言则较为随意，但要讲究顺序、注意秩序，不能争抢发言。与他人有分歧，态度应平和，不要与人争论无休。如果有参加者提问，发言人应礼貌作答，对不能回答的问题，应巧妙地回应，不能粗暴拒绝。

上文对会务礼仪的描述，反映了我国对礼节的重视。正像文中提到的，中国是礼仪之邦，各方面礼节礼仪都有既定之规。遵守礼节礼仪，是尊重自己也是尊重别人的表现，是个人性格、品质、情趣、素养、精神世界和生活习惯的外在表现。

图 10-4　中国大使馆（位于布达佩斯）

图 10-5　佩奇中医孔子学院所在地（位于佩奇）

### 练习题四

1. 填空题

（1）不管是在中国还是在外国，一般来讲，握手礼是最基本的见面礼节，握手时，应遵循的原则是“________”。

（2）会议发言有正式发言和________两种，前者一般是领导报告，后者一般是讨论发言。

（3）礼仪文明作为中国________的一个重要组成部分，对中国社会历史发展起了广泛深远的影响，

（4）提起会务礼仪，与会者无论参加哪一类会议，衣着整洁、举止大方都是必要的礼仪。与会者要________到场，进出井然有序。

（5）会务场合下，两人或多人谈话时，应保持一定________。

2. 选择题

（1）与人谈话时，不可用手指指人，做手势动作幅度要______。

A. 大　　B. 小

（2）同时与几个人谈话，______，注意听取对方的话。

A. 要把注意力集中在一两个人身上

B. 不要把注意力集中在一两个人身上，要照顾到在场的每一个人

（3）上文中，提到与院长的例会，会议中，作者总是______，院长总是______。

A，聆听，讲话　　B. 讲话，聆听

（4）例会时，院长总是着装______。

A. 正式　　B. 随意

（5）会议发言时，如果是书面发言，______，发言完毕，应对听者表示谢意。

A. 要埋头苦读　　B. 要时常抬头环视会场

3. 思考题

（1）你所了解的欧洲礼仪有哪些？都是什么场合、什么时刻的礼节礼仪？

（2）你所了解的中国礼仪有哪些？都是什么场合、什么时刻的礼节礼仪？

## 六、单元小项目

本单元介绍了匈牙利文化中的遵循传统和遵守礼仪之美，传统和礼仪都充满仪式感。提取我国相关的文化元素，加以对比分析体会。

# 第十单元　参考文献


[1] 顾宗英，龚坤余.匈牙利语语法[M]. 北京：外语教学与研究出版社，2005.

[2] 龚坤余. 匈牙利语教程（第 1 册）[M]. 北京：外语教学与研究出版社，1998.

[3] 龚坤余. 匈牙利语教程（第 2 册）[M]. 北京：外语教学与研究出版社，1998.

[4] 中华人民共和国外交部. 匈牙利国家概况[EB/OL].（2022-06-01）[2022-09-22].https://www.mfa.gov.cn/web/gjhdq_676201/gj_676203/oz_678770/1206_679858/1206x0_679860/.

# 附　录

## 练习题参考答案

### 第一单元　练习题参考答案

练习题一

1. 填空题

（1）汉语　（2）汉藏，五分之一，现代标准汉语　（3）官话，吴语，赣语，闽语，粤语，湘语，客家话　（4）上古，唐宋　（5）平上去入

2. 选择题

（1）B　（2）A　（3）C　（4）D　（5）C

3. 思考题

略

练习题二

1. 填空题

（1）5 800，5 300，3 800　（2）人民民主专政　（3）“华”，“夏”，“中华”，“神州”，“中土”　（4）《尼布楚条约》　（5）儒，道，释

2. 选择题

（1）D　（2）C　（3）B　（4）D　（5）A

3. 思考题

略

练习题三

1. 填空题

（1）汉字　（2）甲骨文，钟鼎文　（3）大，小　（4）汉　（5）右，左

2. 选择题

（1）B　（2）B　（3）A　（4）C　（5）D

3. 思考题

略

练习题四

1. 填空题

（1）复合，加缀，重叠，缩略 （2）复合，派生，转换，缩略 （3）助，冠 （4）归纳 （5）演绎

2. 选择题

（1）C （2）D （3）C （4）C （5）C

3. 思考题

略

## 第二单元 练习题参考答案

练习题一

1. 填空题

（1）标准英语（RP），河口英语（Estuary English），伦敦英语（Cockney English） （2）你再说一遍试试 （3）改天来玩，改天到家里来坐 （4）恕我直言 （5）外面下倾盆大雨

2. 选择题

（1）A （2）B （3）B （4）B （5）B

3. 思考题

略

练习题二

1. 填空题

（1）伊丽莎白·温莎 （2）"your majesty""Her majesty""ma'am" （3）温莎城堡 （4）柯基犬 （5）机械师

2. 选择题

（1）A （2）B （3）B （4）A （5）A

3. 思考题

略

练习题三

1. 填空题

（1）所有品行端庄、彬彬有礼的人　（2）维多利亚女王　（3）保持沉默　（4）心灵和精神，外在　（5）道德

2. 选择题

（1）A　（2）AB　（3）A　（4）C　（5）C

3. 思考题

略

练习题四

1. 填空题

（1）人和自然关系取向、时间取向、行为取向、人性取向和社会关系取向　（2）"天人合一""道法自然""天人相分"　（3）过去时间，未来时间　（4）人性本善，人性本恶　（5）集体，人伦本位，个人主义

2. 选择题

（1）A　（2）B　（3）B　（4）A　（5）A



3. 思考题

略

## 第三单元　练习题参考答案

练习题一

1. 填空题

（1）the United States of America　（2）Uncle Sam　（3）宪政联邦共和制　（4）《独立宣言》　（5）个人主义

2. 选择题

（1）B　（2）A　（3）C　（4）A　（5）C

3. 思考题

略

练习题二

1. 填空题

（1）保守性　（2）简化　（3）北部方言（Northern Dialects）、中部英语（Midland

Dialects）和南方方言（Southern Dialects） （4）政治竞争力 （5）英语官方化

2. 选择题

（1）A （2）A （3）B （4）C （5）B

3. 思考题

略

练习题三

1. 填空题

（1）夏威夷群岛 （2）937 （3）大陆性气候 （4）西班牙 （5）6%

2. 选择题

（1）A （2）C （3）A （4）B （5）B

3. 思考题

略

练习题四

1. 填空题

（1）美国殖民 （2）贬义词 （3）个人奋斗和勇于创新 （4）欧洲 （5）牛仔小说

2. 选择题

（1）B （2）A （3）C （4）A （5）C

3. 思考题

略

练习题五

1. 填空题

（1）晚餐 （2）调和 （3）重味道 （4）营养 （5）时间观念

2. 选择题

（1）A （2）B （3）B （4）B （5）C

3. 简答题

略

## 第四单元　练习题参考答案

练习题一

1. 填空题

（1）土著　（2）堪培拉　（3）北岛　南岛　（4）毛利语　（5）复合词

2.选择题

（1）A　（2）A　（3）B　（4）C　（5）D

3.思考题

略

练习题二

1. 填空题

（1）联邦制君主立宪制　（2）联邦议会　（3）11　（4）最高行政机构　（5）库克群岛

2. 选择题

（1）A　（2）C　（3）C　（4）C　（5）B

3.思考题

略

练习题三

1.填空题

（1）合十礼　（2）达尔文装　（3）刀　叉　（4）握手礼　（5）哈卡

2.选择题

（1）D　（2）A　（3）D　（4）C　（5）A

3. 思考题

略

练习题四

1. 填空题

（1）袋鼠岛　（2）85　（3）失望之山　（4）北京　（5）中央　圣洁

2. 选择题

（1）D　（2）A　（3）D　（4）A　（5）C

3. 思考题

略

## 第五单元　练习题参考答案

### 练习题一

1. 填空题

（1）阳、阴、中　（2）科学、军事、海军　（3）33、10、21　（4）2　（5）6

2. 选择题

（1）D　（2）C　（3）B　（4）C　（5）C

3. 思考题

略

### 练习题二

1. 填空题

（1）冬宫、小冬宫、旧冬宫、新冬宫、冬宫剧院　（2）莫斯科　（3）莫斯科国立大学　（4）22、46、9、4、1、3　（5）英雄母亲

2. 选择题

（1）D　（2）D　（3）B　（4）C　（5）B

3. 思考题

略

### 练习题三

1. 填空题

（1）平安、富裕　（2）面条、饺子　（3）砂糖、柠檬、牛奶、蜂蜜　（4）黑面面包、蜂蜜　（5）传统婚礼

2. 选择题

（1）D　（2）D　（3）C　（4）C　（5）B

3. 思考题

略

### 练习题四

1. 填空题

（1）汉藏　（2）重音、语调。　（3）分餐制、匙、刀、叉。　（4）汤、甜点或

冰激凌　（5）煮、炸、煎、烤、闷、焗。

2. 选择题

（1）B　（2）D　（3）D　（4）B　（5）A

3. 思考题

略

## 第六单元　练习题参考答案

### 练习题一

1. 填空题

（1）标准拉丁语　（2）马丁·路德　（3）德意志学会　（4）奥皮茨　（5）格林兄弟

2. 选择题

（1）B　（2）B　（3）A　（4）C　（5）A

3. 思考题

略



### 练习题二

1. 填空题

（1）议会制共和制　（2）议会　（3）联邦议院　（4）内阁议会　（5）德国总理

2. 选择题

（1）A　（2）B　（3）B　（4）C　（5）B

3. 思考题

略

### 练习题三

1. 填空题

（1）民族性　（2）线性　（3）过去　（4）提前预约并且准时赴约　（5）战争

2. 选择题

（1）A　（2）B　（3）B　（4）A　（5）A

3. 思考题

略

练习题四

1. 填空题

（1）地理因素 （2）过去 （3）多向 （4）单向 （5）文化传统

2. 选择题

（1）B （2）A （3）A （4）B （5）A

3. 思考题

略

## 第七单元 练习题参考答案

练习题一

1. 填空题

（1）印欧 （2）“七星诗社” （3）法国国王弗朗索瓦一世颁布敕令 （4）1635 （5）三、二、二

2. 选择题

（1）C （2）C （3）B （4）D （5）C

3. 思考题

略

练习题二

1. 填空题

（1）自由、平等、博爱 （2）以人权和法制作为新的社会秩序 （3）路易十四 （4）1958 （5）拿破仑

2. 选择题

（1）A （2）D （3）B （4）C （5）B

3. 思考题

略

练习题三

1. 填空题

（1）花神咖啡馆、双偶咖啡馆 （2）法国宫廷 （3）左 （4）普洛可甫咖啡馆使用 （5）徐志摩

2. 选择题

（1）D　（2）A　（3）D　（4）C　（5）A

3. 思考题

略

练习题四

1. 填空题

（1）57　（2）5，21　（3）2006　（4）茶道　（5）互利共赢、互惠共容

2. 选择题

（1）A　（2）D　（3）B　（4）C　（5）B

3. 思考题

略

## 第八单元　练习题参考答案

练习题一

1. 填空题



（1）纯粹，清朗　（2）意大利歌剧　（3）颤舌音　（4）拉丁语　（5）印欧罗曼

2. 选择题

（1）B　（2）C　（3）A　（4）A　（5）D

3. 思考题

略

练习题二

1. 填空题

（1）责任内阁制内阁　（2）亲吻　（3）握手　（4）女士　（5）天主

2. 选择题

（1）B　（2）C　（3）C　（4）A　（5）D

3. 思考题

略

练习题三

1. 填空题

（1）西餐之母　（2）面粉　（3）大炉子　（4）站着　（5）AA 制

2. 选择题

（1）C （2）A （3）C （4）D （5）B

3. 思考题

略

练习题四

1. 填空题

（1）中国 （2）甜品 （3）孝 （4）文艺复兴 （5）古老现代

2. 选择题

（1）C （2）B （3）A （4）D （5）D

3. 思考题

略

## 第九单元 练习题参考答案

练习题一

1. 填空题

（1）北海道、本州、四国、九州 （2）日语，1 亿 2500 万，1.6 （3）刻木结绳 （4）汉字，发音 （5）平假名

2. 选择题

（1）C （2）C （3）B （4）B （5）C

3. 思考题

略

练习题二

1. 填空题

（1）中国 （2）集权的官僚国家 （3）教育平等主义，从大学到小学的学校制度 （4）教育 （5）脱亚入欧

2. 选择题

（1）A （2）D （3）A （4）C （5）C

3. 思考题

略

练习题三

1. 填空题

（1）尊敬语、自谦语、礼貌语 （2）降低自己或自己一方的人 （3）纵向 （4）内外有别，亲疏分明 （5）和

2. 选择题

（1）C （2）B （3）D （4）B （5）C

3. 思考题

略

练习题四

1. 填空题

（1）抹茶 （2）和、敬、清、寂 （3）佛堂供花 （4）着物 （5）黑留袖、色留袖

2. 选择题

（1）A （2）B （3）A （4）B （5）B

3. 思考题

略



## 第十单元 练习题参考答案

练习题一

1. 填空题

（1）绿色 （2）王冠 （3）布达佩斯 （4）元音和谐 （5）变音符号

2. 选择题

（1）A （2）A （3）B （4）B （5）B

3. 思考题

略

练习题二

1. 填空题

（1）李斯特 （2）琼特瓦利·库斯特卡·蒂沃道尔 （3）裴多菲

（4）海蓝德瓷器 （5）巴拉顿湖

2. 选择题

（1）A （2）B （3）A （4）A （5）B

3. 思考题

略

练习题三

1. 填空题

（1）维修 （2）文化

2. 选择题

（1）A （2）A （3）B （4）A

3. 思考题

略

练习题四

1. 填空题

（1）尊者决定 （2）自由发言 （3）传统文化 （4）准时 （5）距离

2. 选择题

（1）B （2）B （3）A （4）A （5）B

3. 思考题

略